KB028269

나 혼자 간다!
여행 아랍어

나 혼자 간다! 여행 아랍어

초판 1쇄 인쇄 2023년 8월 22일
초판 1쇄 발행 2023년 8월 30일

....

지은이 하미드
펴낸이 서덕일
펴낸곳 문예림

....

출판등록 1962.7.12 (제406-1962-1호)
주소 경기도 파주시 회동길 366 (10881)
전화 (02)499-1281~2 **팩스** (02)499-1283
전자우편 info@moonyelim.com
홈페이지 www.moonyelim.com

....

....

ISBN 978-89-7482-929-2 (13790)
값 14,000원

나 혼자 간다!

여행
아랍어

하미드(이정환) 지음

문예림

머리말

일러두기

· 이 책의 외래어는 국립국어원의 외래어표기법 기준을 적용하였다.

· 〈생생 여행팁〉〈아랍이 궁금해〉는 2023년 기준으로 작성하였다.

· 문법적 발음이 아닌 아랍 현지 발음으로 작성하였다.

아랍은 22개국이며 인구는 약 4억 5천만 명이다. 영토는 동쪽으로 사우디아라비아가 위치한 아라비아반도를 시작으로 북아프리카 서쪽 끝에 위치한 모리타니아까지 광활하다. 22개 아랍 국가들은 모두 UN 6대 공용어인 아랍어를 사용하고 있으며 레바논을 제외한 21개국의 국교는 이슬람이다.

한국은 사우디아라비아를 시작으로 아랍국가들과 수교를 맺은 지 60년이 되었지만 우리에게는 아직 낯선 곳이기도 하다. 최근에는 아랍 산유국들이 포스트 오일 시대를 대비하며 경제개혁에 박차를 가하고 있는데 한국은 수많은 분야에서 최대 협력국으로 떠오르며 상호 간에 활발한 교류가 이루어 지고 있다.

매년 아랍으로 여행을 떠나는 한국인들이 증가하는 시점에 여행 아랍어를 집필하게 되었다. 한국에서는 다른 국가들에 비해 아랍 여행 정보와 언어를 알기 쉽지 않아 여행 시 고생하는 모습을 많이 보았다.

그래서 이번에 출판하는 여행 아랍어는 필자가 아랍 현지에서 거주하고 여행하며 터득한 노하우와 유용한 정보들 위주로 구성하려고 노력 하였다. 이외에도 아랍 이슬람 문화와 여행시 필요한 다양한 상황별 아랍어 회화까지 수록하였으니 여행뿐만 아니라 이주, 유학, 주재원 등 많은 분께 도움이 되었으면 하는 바람이다.

마지막으로 아랍현지 생활정보와 회화 검수에 수고를 아끼지 않은 최예슬 양에게 진심으로 감사함을 표한다.

저자 하미드

차례

1 기본표현

10 일상생활

아랍어는 고대 셈어족에 속한 언어로 수 세기 동안 다양한 변천사를 이룩하며 21세기까지 쓰이고 있습니다. 아랍어는 아라비아 반도에서 샴지역 그리고 북아프리카까지 아랍연맹에 가입되어 있는 22개국의 모국어이자 공식어이기도 합니다.

아랍어 사용 인구는 아랍권에서만 대략 3억 명이며 전 세계에 이슬람을 국교로 두고 있는 57개국까지 더해지면 대략 13억 명 정도로 추산됩니다. 또한 아랍어는 UN에서 정한 6대 공용어 중 하나이며 경쟁력 있는 언어로 영국문화원에서는 2위, 볼룸버그 통신사에서는 3위에 선정되기도 하였습니다. 스칸디나비아 국가들에서는 아랍어가 제2외국어로 지정될 정도로 관심이 높아지고 있습니다.

아랍어의 특징은 다음과 같습니다.

첫째, 알파벳은 28개의 문자로 구성되어 있습니다. 28개의 문자에 점 표기가 많으며 이 점의 위치와 개수에 따라 발음이 달라지고, 아랍어 배열은 왼쪽에서 오른쪽 배열인 한국어와는 반대로 오른쪽에서 왼쪽으로 씁니다.

둘째, 28개의 모든 알파벳은 어두형 – 어중형 – 어말형 – 연결형 형태를 가지고 있습니다. 어두형 – 어중형 – 어말형은 문자 표기시 각각의 위치 변화를 말하며 이를 토대로 모든 문자를 이어서 씁니다. (6개 문자 – 알리프함자, 달, 딸, 라, 자이, 와우 제외)

셋째, 모음은 크게 단모음, 장모음, 이중모음 3가지가 존재합니다. 단모음은 u(우), a(아), i(이)이고 장모음은 단모음에 u(우-), a(아-), i(이-)를 길게 발음합니다. 이중모음은 aw(아우-), ai(아이) 2개가 존재합니다.

넷째, 문자 표기시 각 문자 하나의 모음 하나씩을 위 또는 아래 방향에 표기한 후 이를 결합하여 읽습니다. 읽을 때는 모든 자음의 첫 발음만 모음과 결합하여 읽습니다. (예 카프+우=쿠)

다섯째, 아랍어는 모든 명사가 남성형과 여성형으로 나뉩니다. 여성명사에는 '타마르부타'(ة)를 표기하고 남성명사에는 표기하지 않습니다.

여섯째, 아랍어의 수는 다른 언어들과 달리 단수/쌍수/복수 3가지로 이루어져 있습니다. 아랍어에서는 숫자 3부터 복수 취급하고 숫자 2는 쌍수라고 합니다. 이 쌍수는 사물이 두 개거나 사람이 두 명일때만 사용하며 변화규칙과 불규칙이 존재합니다.

일곱째, 아랍어는 한 문장안에 남성형과 여성형을 동시에 표기할 수 없으므로 각각 분리하여 표기합니다. (불규칙 제외)

여덟째, 불규칙이 많은 언어입니다. 단수명사를 복수형으로 변화시 규칙변화 보다는 불규칙 변화가 훨씬 많습니다. 단수와 복수 명사를 각각 암기해야 합니다.

아홉째, 동사 변환시 각각 인칭과 수에 맞게 변화하는 복잡한 체계를 가지고 있으며 한 동사의 의미가 굉장히 많습니다.

열째, 모음부호(일부만 표기)를 표기하지 않습니다. 예를 들어 '아랍어' 라는 명사를 아랍인들이 일반적으로 쓸때 'ㅇㄹㅇ'처럼 표기하는 것을 말합니다. 아랍어를 처음에 공부하기 시작하면 어떻게 발음을 해야 하는지 알아야 하기 때문에 초급과정에서는 모음부호를 표기하여 공부합니다. 하지만 추후 모음부호가 전혀 없는 상태에서도 문자를 읽을 수 있는 실력을 키워야 합니다.

열 한 째, 문어체 아랍어(푸스하)와 구어체 아랍어(암미야)로 나뉩니다. 문어체 아랍어는 공식어로 뉴스, 신문 등처럼 공식석상에서만 사용하고 구어체 아랍어는 아랍인들의 일상 생활 속에서만 사용합니다.

열둘 째, 구어체 아랍어는 표준이 없습니다. 일부만 표준어와 비슷할 뿐 완전히 다른 언어입니다. 한국에서는 제주도 방언을 가장 적절한 예로 들 수 있겠습니다. 한국도 각 지역마다 여러가지의 방언이 존재하듯이 아랍국가들도 각 나라 그리고 지역마다 셀 수 없을 정도의 수많은 방언들이 존재합니다.

열셋 째, 각 나라마다 알파벳 발음이 조금씩 다르고 명사의 의미를 다르게 사용하기도 하므로 가끔 아랍인들끼리도 의사소통에 문제가 생기기도 합니다.

열넷 째, 이슬람이라는 종교적 표현이 많은 언어입니다.

열다섯 째, 영어는 3,000개 스페인어는 4,000개, 포르투칼어에서는 400개의 어휘들과 페르시아어 32개의 알파벳 문자 중 28개의 문자를 아랍어에서 그대로 차용하여 사용하는 등 우리의 일상속에서 다수 사용되고 있습니다.

● 아랍어에서 차용된 어휘

영어	아랍어	한국어
Mecca	مكة [멕카]	메카
Lemon	ليمون [라이문]	레몬
Safari	سفر [싸파르]	여행
Alcohol	الكحول [알쿠훌]	알콜
Kamal	جمل [자말]	낙타
Coffee	قهوة [까흐와]	커피
Sugar	سكر [쑷까르]	설탕
Jasmine	ياسمين [야-쓰민]	자스민
Syrup	شراب [쉬랍]	시럽
Candy	قندي [깐디]	사탕
Chemistry	الكيمياء [알키미야]	화학
Algorithm	الخوارزمي [알카와-리즈미]	알고리즘
Arsenal	دار الصناعة [다-르 씨나-아]	아스널(축구팀)
Guitar	قيتارة [끼-타-라]	기타 (악기)

아랍어 기초

● 아랍어 알파벳

🎧 0-1.mp3

연결형	어말형	어중형	어두형	독립형	발음
أأأ	ـأ	ـأـ	أ	أ	알리프(함자) [Alif-Hamzah]
ببب	ـب	ـبـ	بـ	ب	바 [Baa]
تتت	ـت	ـتـ	تـ	ت	타 [Taa]
ثثث	ـث	ـثـ	ثـ	ث	싸 [Thaa]
ججج	ـج	ـجـ	جـ	ج	찜 [Jiim]
ححح	ـح	ـحـ	حـ	ح	하 [Ħaa]
خخخ	ـخ	ـخـ	خـ	خ	카 [Khaa]
ددد	ـد	ـدـ	ـد	د	달 [Daal]
ذذذ	ـذ	ـذـ	ـذ	ذ	달 [Dhaal]
ررر	ـر	ـرـ	ـر	ر	라 [Raa]
ززز	ـز	ـزـ	ـز	ز	자이 [Zaay]
سسس	ـس	ـسـ	سـ	س	씬 [Siin]
ششش	ـش	ـشـ	شـ	ش	쉰 [Shiin]
صصص	ـص	ـصـ	صـ	ص	써드 [Saad]

연결형	어말형	어중형	어두형	독립형	발음
ضضض	ـض	ـضـ	ضـ	ض	더드 [Daad]
ططط	ـط	ـطـ	طـ	ط	따 [Taa]
ظظظ	ـظ	ـظـ	ظـ	ظ	돠/자 [Daa/Zaa]
ععع	ـع	ـعـ	عـ	ع	아인 [Ayn]
غغغ	ـغ	ـغـ	غـ	غ	가인 [Ghayn]
ففف	ـف	ـفـ	فـ	ف	파 [Faa]
ققق	ـق	ـقـ	قـ	ق	까프 [Qaaf]
ككك	ـك	ـكـ	كـ	ك	카프 [Kaaf]
للل	ـل	ـلـ	لـ	ل	람 [Laam]
ممم	ـم	ـمـ	مـ	م	밈 [Miim]
ننن	ـن	ـنـ	نـ	ن	눈 [Nuun]
ههه	ـه	ـهـ	هـ	ه	하 [Haa]
ووو	ـو	ـو-	و-	و	와우 [Waaw]
ييي	ـي	ـيـ	يـ	ي	야 [Yaa]

독립형은 말 그대로 문자를 독립적으로 쓸 때만 사용합니다. 어두형-어중형-어말형은 각 문자들의 위치를 의미합니다. 어두형은 앞자리, 어중형은 가운데 자리, 어말형은 마지막 자리를 말하며 연결형은 문자들을 연결하여 쓰는 것을 말합니다. 이중 6개 문자 (أ د ذ ر ز و)는 분리 문자이므로 이 문자들과 이어질 문자를 쓸 때는 살짝 분리시켜 씁니다.

주의할 점은 각각의 문자들에 표기된 점의 위치와 개수입니다. 점에 위치와 개수에 따라 발음이 달라지며 비아랍권 아시아인들에게는 발음하기 힘든 문자들이 있습니다.

ح 하[Haa]
목 깊은 곳에서 내는 발음입니다. 한국 발음중에는 창문에 입김을 [하]하고 불때 나는 발음인데 그 발음보다 [하] 소리를 더욱 강하게 내주어야 합니다.

ع 아인[Ayn]
턱을 당겨 목구멍을 닫은 상태에서 [아]에 강세를 주며 발음하고 [인]에서 약하게 풀어주면서 말합니다. غ 가인[Ghayn] 또한 마찬가지 방법입니다.

ق 까프[Qaaf]
목젖을 혀 끝부분에 붙였다가 띄면서 [ㄲ]에 강세를 주며 발음합니다.

● **분리문자**

아랍어 알파벳 중 (أ د ذ ر ز و) 6개 문자는 그 다음에 이어지는 문자를 연결해 쓰는 것이 아니라 살짝 분리해 사용하며, 말 그대로 분리문자라고 말합니다.

분리문자 ر / و	분리문자 أ / ر	분리문자가 없는 형태
رُوسِيَا	أَرْض	بَيْت

단모음

아래 표는 단모음이며 주격, 목적격, 소유격 각각의 발음기호를 보고 있습니다. 아랍어는 3격을 가지고 있는 언어이며 주격(우), 목적격(아), 소유격(이) 로 발음합니다. 알파벳과 예시에 표기된 단모음이 만났을 때 어떻게 발음이 나는지 보도록 하겠습니다.

소유격	목적격	주격	격변화
ــِ	ــَ	ــُ	모음표기
이	아	우	발음

소유격	목적격	주격	격변화
ص + ــِ	ص + ــَ	ص + ــُ	모음부호
써드 + 이	써드 + 아	써드 + 우	발음결합
씨	싸	쑤	발음

ص 지금 보고 있는 알파벳의 발음은 써드[Saad]입니다.

예시에 발음결합 주격부터 보게 되면 [ㅆ+우= 쑤] 형태로 발음나는 것을 알 수 있습니다. 목적격은 [ㅆ+아=싸] 소유격은 [ㅆ+이=씨]처럼 자음이 모음을 만나면 모든 알파벳은 첫 자음 + 모음을 결합하여 발음하는 체계를 가지고 있습니다. 알파벳 발음이 2음절 3음절이어도 1음절에 있는 첫 번째 자음만 모음부호와 겹합하여 발음 합니다.

예시

소유격	목적격	주격	격변화
إِ	أَ	أُ	알파벳+모음부호
알리프함자 + 이 = 이	알리프함자 + 아 = 아	알리프함자 + 우 = 우	발음
خِ	خَ	خُ	알파벳+모음부호
카 + 이 = 키	카 + 아 = 카	카 + 우 = 쿠	발음
وِ	وَ	وُ	알파벳+모음부호
와우 + 이 = 위	와우 + 아 = 와	와우 + 우 = 우	발음

*알리프함자에 소유격을 표기하면 문자를 거꾸로 표기해 줍니다. 알리프함자를 제외한 나머지 알파
벳들은 변화 없이 그대로 표기합니다.

*"와우"에 목적격과 소유격 발음을 각각 표기하면 '아/이'로 발음이 나지 않고 앞자음 '와' 발음을 그대
로 사용 하여 '와/위'로 발음합니다.

● 장모음

🎧 0-3.mp3

장모음은 단모음에서 주격(우-), 목적격(아-), 소유격(이-)을 길게 발음만 해주
면 되며 모음부호가 표기 되지 않은 문자 앞에 위치한 모음부호를 길게 끌어주면
서 발음합니다.

소유격	목적격	주격	격변화
ـِي	ـَا	ـُو	모음부호
이-	아-	우-	발음

예시

소유격	목적격	주격	격변화
رَبِيع	بَاب	بُيُوت	모음부호
라비-으	밥	부유-트	발음
رَخِيص	كِتَاب	حُرُوف	모음부호
라키-쓰	키탑-	후루-프	발음
جَدِيد	جَامِع	خَرُوف	모음부호
자디-드	자-미으	카루-프	발음

*예시를 보면 모두 마지막 자리에만 모음부호가 표기 되어 있지 않습니다. 아랍인들은 실제 회화시
항상 마지막 발음을 약하게 발음하는 특징이 있기 때문입니다.

● 수쿤과 이중모음

알파벳이 모음을 가지지 않을 때 사용되며 알파벳 위에 ̊ 이런 모양인 수쿤을 표기 합니다. 수쿤은 첫 번째 자음(어두)에는 올 수 없고 2번째 자음(어중)부터 사용하며 [으] 발음입니다.

ز	ج	ث
르	즈	트
ط	ض	س
뜨	드	쓰
ن	ف	غ
느	프	그

이중모음은 말 그대로 모음을 2개 가지고 있기 때문에 이중모음이라고 부르며 발음은 [아우/아이] 2개만 존재 합니다. 수쿤을 표기했는데도 불구하고 [으] 발음이 아닌 [우] 나 [이] 발음한다면 이중모음 때문입니다.

سَيْ	سَوْ	격변화
아이	아우	발음
عَيْن	مَوْعِد	모음부호
아인	마우이드	발음
صَيْف	فَوْق	모음부호
싸이프	파우끄	발음
خَيْر	يَوْم	모음부호
카이르	야움	발음

● 한정과 비한정

0-5.mp3

아랍어에도 한정과 비한정이 존재합니다. 한정을 시키기 위해서는 간단하게 정관사 (اَلْ) 를 명사에 붙이고 정관사가 없으면 비한정이 됩니다. 아랍어에서 정관사는 영어의 〈the〉와 동일합니다.

(한) 책	كِتَاب [키탑]	비한정
이/그 책	اَلْكِتَاب [알키탑]	한정

(한) 낙타	جَمَل [자말]	비한정
이/그 낙타	اَلْجَمَل [알자말]	한정

(한) 사원	مَسْجِد [마쓰지드]	비한정
이/그 사원	اَلْمَسْجِد [알마쓰지드]	한정

● 샷다

0-6.mp3

샷다는 똑같은 알파벳 두 개가 중복될 때 쓰이는 문법사항입니다. 중복된 두 개의 문자 중 첫 번째 문자에는 모음이 없어 ْ 수쿤을 표기하고 나머지 문자에는 샷다가 없다고 가정 했을때 남은 모음부호를 표기해 줍니다.

샷다 활용	예시
ر + رُ + زَ + حَ + تَ	تَحَرُّر [타하르루르]
ر + كَ + كُ + سُ	سُكَّر [쑷카르]
س + رِ + رَ + دَ + مُ	مُدَرِّس [무다리리쓰]

첫 번째와 세 번째 어휘를 보게 되면 수쿤을 그대로 발음하여 [르]로 발음한 반면 두 번째 어휘는 [쏫]에 받침을 주어 발음하였습니다. 발음의 유연성 때문에 수쿤의 발음을 앞 자음에 받침으로 주어 발음하기도 합니다.

● 맛다

맛다(آ)는 알리프함자가 중복될 때 사용합니다. 위에서 알파벳이 중복이 되면 샷다를 표기 한다고 하였으나 알리프함자만 맛다를 표기해주고 샷다는 표기하지 않습니다. 맛다는 발음을 장모음으로 [아~] 를 길게 끌어주면 됩니다.

الآن [알안-]	آسِف [아-씊]
القُرآن [알꾸르안-]	آثَار [아-싸-르]

● 타마르부타

아랍어는 명사 사용시 남성과 여성을 항상 구분하여 사용합니다. ة [발음: ㅌ] 이런 모양의 타마르부타가 있으면 여성형, 없으면 남성형으로 취급하며 명사에서 가장 마지막 자리에 표기 하지만 아랍인들은 실제 회화시 거의 발음하지 않습니다.

여성형	남성형
صَدِيقَة [싸디-까]	طَالِب [딸-립]
كَاتِبَة [카-티바]	مَكْتَب [마크탑]
حَقِيبَة [하끼-바]	رَجُل [라줄]

● 함자

알파벳 알리프함자에서 알리프와 함자를 분리하여 따로 표기하기도 합니다. ء 함자만 단독으로 사용할 수도 있고 أ 알리프 또는 ؤ 와우 받침으로 사용하기도 하며 ئ 이렇게 사용하기도 합니다. ء 함자는 "ㅇ" 발음이므로 함자에 표기하는 모음부호 발음을 그대로 읽지만 어말형 자리에 위치 했을 때는 발음하지 않습니다.

غَدَاء [가다-]	حِذَاء [히다-]	ء
أَبِي [아비]	إِسْلَام [이슬람-]	أ
رُؤُوس [루우-쓰]	لُؤْلُؤَة [루으루아]	ؤ
هَادِئ [하-디]	شَيْئ [샤이]	ئ
سَائِح [싸-이흐]	عَائِلَة [아-일라]	ئـ

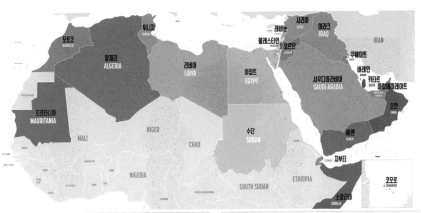

فِلَسْطِين [필라쓰띤-]	팔레스타인	ٱلْمَمْلَكَةُ الْعَرَبِيَّة السّعُوديَّة [알맘라카툴 아라비야 쑤우-디야]	사우디아라비아
مِصْر [미쓰르]	이집트	ٱلْيَمَن [알야만]	예멘
ٱلسّودَان [앗쑤-단]	수단	عُمَان [우만]	오만
لِيبِيَا [리-비야]	리비아	ٱلْإِمَارَاتُ الْعَرَبِيَّة الْمُتَّحِدَة [알이마-라-툴 아라비야 뭇타히다]	아랍에미리트
تُونس [투-니쓰]	튀니지	قَطَر [까따르]	카타르
ٱلْجَزَائِر [알자자-이르]	알제리	ٱلْبَحْرَين [알바흐레인]	바레인
ٱلْمَغْرب [알마그립]	모로코	ٱلْكُوَيت [알쿠와이트]	쿠웨이트
ٱلْمُورِيتَانِيَّة [알무-리-타-니야]	모리타니아	ٱلْعِرَاق [알이라-끄]	이라크
جُمْهُورِيَّة جِيبُوتِيَ [줌후-리야 지-부-티]	지부티	سُورِيَا [수-리야]	시리아
ٱلِاتّحَاد الْقَمَرِيّ [알잇티하-드 까마리]	코모코	لُبْنَان [루브난]	레바논
ٱلصّومَال [앗쑤-말]	소말리아	ٱلْأُرْدُنّ [알우르둔]	요르단

중동, 아랍 어떻게 쓰일까?

우리는 흔히 아랍이라는 말보다 중동이라는 말을 더욱 많이 사용합니다. 여기서 우리는 중동과 아랍의 차이점을 명확히 알아야 아랍인들을 만났을 때 실수를 미연에 방지할 수 있습니다. 이에 대한 차이점을 명확히 알아야 한다고 언급한 이유는 아랍인들이 중동(영어로는 The Middle East), (아랍어로는 앗샤르낄 아우싸뜨 الشرق الأوسط) 이라는 용어를 불편하게 여기기 때문입니다.

그럼 아랍과 중동 차이점을 보도록 하겠습니다.

아랍은 모국어가 아랍어이며 아랍문화를 공유하면서 소속감을 가진 사람들로 아랍연맹에 가입된 22개국을 말합니다. 그리고 중동은 아랍연맹에 가입된 22개국 + 3개국(이란, 이스라엘, 튀르키예)까지 포함해 25개국 또는 튀르키예를 제외한 24개국으로 표기하기도 합니다. 튀르키예를 제외하는 이유는 나토(NATO) 회원국 중 하나이며 유럽 챔피언스 리그(UEFA)에 꾸준히 참가할 만큼 유럽 연합(EU) 가입 의지가 강하기 때문입니다.

언어적인 측면에서 아랍은 이슬람 종교적 언어인 아랍어를 모국어로 사용하는 반면 이란은 인도유럽어족인 페르시아어, 이스라엘은 가나안어인 히브리어, 튀르키예는 알타이어계인 튀르키예어를 사용합니다. 그리고 종교적인 부분에서 아랍국가들은 이슬람 예언자 무함마드를 추종하는 다수종파 수니파인 반면 이란은 무함마드의 사위인 알리를 추종하는 시아파, 이스라엘은 유대교를 믿습니다

일부 아랍국가들에서는 페르시아라는 용어가 국가적 금기어로 지정되어 있기도 하는데 실제로 아랍의 한 신문사가 페르시아라는 용어를 신문에 실었다가 다음날 흔적도 없이 사라졌습니다. 일부 국가에서는 이스라엘 방문한 흔적이 있으면 입국금지가 될 만큼 역사적, 외교적으로도 불편한 관계를 지속하고 있습니다. 이러한 다양한 이유들 때문에 아랍은 중동이라는 용어를 달가워하지 않는 것입니다.

우리에게 가장 적합한 예로는 일부 외국인들이 한국, 중국, 일본을 구분하지 못하거나 혼동하는 것입니다. 우리도 이런 말을 들으면 언짢음을 넘어 불쾌감을 느낄 것입니다. 아랍인과의 첫 만남에서 이러한 부분들을 구분하지 못해 실수를 한다면 큰 실례이므로 꼭 상기해야 할 중요한 부분입니다.

참고로 중동이라는 용어는 팔레스타인 땅에 이스라엘 건국 이후 생겨난 용어입니다. 위에서 언급한대로 유대인들은 아랍과 비교 했을때 언어, 종교, 인종까지 모두 다른데 자신들이 아랍인들과 동화되어 아랍이라고 불릴 경우 이 지역에서 이질적인 국가로 불리며 심각한 심리적 안보 위협을 느끼며 살아가야 했을 것입니다.

중동(서아시아)이라는 용어를 사용한다면 이스라엘은 자연스럽게 이 지역에 포함되면서 국가와 민족, 종교의 정체성을 유지할 수 있습니다. 이러한 이유 때문에 유대인들이 이 용어를 전 세계적으로 널리 퍼뜨려 현재까지 사용하고 있습니다.

중동이라는 표현은 유럽중심주의적 시각에서 나온 용어로써 우리 입장에서는 서쪽에 있는 아시아 즉, 서아시아라는 용어가 적합합니다.

아랍 통화 및 화폐

아랍은 EU국가들에서 사용하는 유로처럼 서로 통용 되는 화폐는 없으며 국가간 독자
적인 화폐를 사용하는데 화폐명이 같더라도 환율 차이가 많이 납니다. 국내에서는 원
화를 아랍화폐로 환전하기 쉽지 않으므로 아랍 현지에서 ATM 기계를 통해 인출하는
것이 가장 간편합니다. 만약 달러나 유로 그리고 다른 아랍국가의 화폐가 있다면 여권
과 같은 신분증 소지하에 현지 환전소 또는 은행을 통해 환전을 진행할 수 있습니다.
아랍으로 가기전 최소 1-10까지(읽기, 발음) 숫자 공부를 해두면 많은 도움이 될 것입
니다. 현지 마트나 슈퍼 그리고 식당을 가면 아랍어만 적혀 있는 경우도 있으며 외국
인이다 보니 각종 사기의 위험이 도사리고 있기 때문입니다. 또한 물건 구입시 아랍
어를 조금 이라도 구사한다면 가격 흥정에 아주 유리합니다.

● 화폐 표기 방법

한국 화폐명을 KRW(Korean won)으로 표기하는 것처럼 아랍국가들도 화폐명
을 국가명과 함께 사용하여 영어로 표기합니다. 요르단을 예시로 들면 국가명
(Jordan) + 화폐명 디나르(Dinar) = JOD 이런 식입니다. 이것을 Jordan Dinar 라
고 말합니다.
사우디아라비아는 Saudi Arabia + Riyal = SAR, 모로코는 Moroccan + Dirham
=MAD 이집트는 Egyptian + Pound = EGP로 표기합니다.

● 화폐 환율 및 통화 사용국가

환율은 한국 화폐를 원으로 환산해 비교했을 때 나라마다 큰 차이가 있습니다.
사우디아라비아와 카타르는 1리얄 (ريال)에 300~400원인 반면 같은 화폐명을 사용하는 오만은 1리얄 (ريال)에 3,000원이 훌쩍 넘어 갑니다.

아랍에미리트는 1디르함(درهم)에 300~400원, 모로코는 100~200원 정도하며 아랍 국가들 중 독자적으로 주나이히(جنيه)를 사용하는 이집트에서는 1주나이히 (جنيه)에 50~100원 정도 합니다.

공식 화폐명인 리라(ليرة)보다 Pound를 더 많이 사용하는 레바논은 1Pound에 0.8~1원으로 물가가 가장 저렴한 나라이긴 하나 경제 위기로 치안이 매우 불안한 국가입니다. 디나르 (دينار)를 사용하는 국가들 중 쿠웨이트는 1 디나르 (دينار)에 4,000원이 넘어가는 반면 튀니지는 1 디나르 (دينار)에 400원 정도 합니다.

〔한국인들이 주로 방문하는 아랍국가들 위주로 계산한 2023년 기준 평균 환율값〕

사용 국가	화폐명
사우디아라비아, 오만, 카타르, 예멘	리얄 (ريال)
아랍에미리트, 모로코	디르함 (درهم)
이집트, 수단 (방언으로는 기니 영어로는 Pound)	주나이히 (جنيه)
시리아, 레바논 (영어로는 Ponud)	리라 (ليرة)
쿠웨이트, 바레인, 요르단, 이라크, 리비아, 튀니지	디나르 (دينار)

● **아랍국가들과 통화** ‹أَسْمَاء الدُّوَل الْعَرَبِيَّة وَالْعُمَلَات› 🎧 0-9.mp3

각국통화	국가명 (아랍어)	국가명(한국어)
دِينَار بَحْرَيْنِيّ [Bahraini Dinar - BHD]	اَلْبَحْرَيْن [알바흐레인]	바레인
دِينَار كُوَيْتِيّ [Kuwaiti Dinar - KWD]	اَلْكُوَيْت [알쿠와이트]	쿠웨이트
دِينَار عِرَاقِيّ [Iraqi Dinar - IQD]	اَلْعِرَاق [알이라-끄]	이라크
دِينَار أُرْدُنِّيّ [Jordan Dinar - JOD]	اَلْأُرْدُنَّ [알우르둔]	요르단
دِينَار لِيبِيّ [Libyan Dinar - LYD]	لِيبِيَا [리-비야]	리비아
دِينَار جَزَائِرِيّ [Algerian Dinar - DZD]	اَلْجَزَائِر [알자자-이르]	알제리
دِينَار تُونِسِيّ [Tunisian Dinar - TND]	تُونِس [투-니쓰]	튀니지
دِرْهَم إِمَارَاتِيّ [United Arab Emirates Dirham - AED]	اَلْإِمَارَاتُ الْعَرَبِيَّة الْمُتَّحِدَة [알이마-라-툴 아라비야 뭇타히다]	아랍에미리트
دِرْهَم مَغْرِبِيّ [Moroccan Dirham - MAD]	اَلْمَغْرِب [알마그립]	모로코
رِيَال سُعُودِيّ [Saudi Arabian Riyal - SAR]	اَلْمَمْلَكَةُ الْعَرَبِيَّة السُّعُودِيَّة [알맘라카툴 아라비야 쑤우-디야]	사우디아라비아
رِيَال عُمَانِيّ [Omani Riyal - OMR]	عُمَان [우만]	오만

각국통화	국가명 (아랍어)	국가명(한국어)
رِيَال يَمَنِيّ [Yemeni Riyal - YER]	اَلْيَمَن [알야만]	예멘
رِيَال قَطَرِيّ [Qatari Riyal - QAR]	قَطَر [까따르]	카타르
لِيرَة سُورِيَّة [Syrian pound or Lira - SYP]	سُورِيَا [수-리야]	시리아
لِيرَة لُبَنَانِيَّة [Lebanese Pound or Lira - LBP]	لُبْنَان [루브난]	레바논
جُنَيْه مِصْرِيّ [Egyptian pound - EGP]	مِصْر [미쓰르]	이집트
جُنَيْه سُودَانِيّ [Sudanese pound - SDP]	اَلسُّودَان [앗쑤-단]	수단
شِيقَل جَديد [Israeli new shekel - ILS]	فِلَسْطِين [필라쓰띤-]	팔레스타인
فُرَنْك جِيبُوتِيّ [Djiboutian Francs - DJF]	جُمْهُورِيَّة جِيبُوتِي [줌후-리야 지-부-티]	지부티
فُرَنْك قَمَرِيّ [Comorian Franc - KMF]	اَلْإِتّحَاد الْقَمَرِيّ [알잇티하-드 까마리]	코모코
شِلِن صُومَالِيّ [Somali Shilling - SOS]	اَلصُّومَال [앗쑤-말]	소말리아
أُوقِيَّة مُورِيتَانِيَّة [Mauritanian Ouguiya - MRO]	اَلْمُورِيتَانِيَّة [알무-리-타-니아]	모리타니아

아랍어 숫자(기수, 서수), 시간 표현

● 숫자 표기 (배열은 아랍어와 반대 왼쪽 → 오른쪽)　🎧 0-10.mp3

아라비아숫자	0	1	2	3	4
아랍숫자	٠	١	٢	٣	٤

5	6	7	8	9	10
٥	٦	٧	٨	٩	١٠

25	60	41	200	520
٢٥	٦٠	٤١	٢٠٠	٥٢٠

● 기수

[1-10]

5 (٥)	4 (٤)	3 (٣)	2 (٢)	1 (١)	아라비아 숫자
خَمْسَة [캄싸]	أَرْبَعَة [아르바아]	ثَلَاثَة [쌀라-싸]	إِثْنَان [이쓰난]	وَاحِد [와-힡]	기수(남성)
خَمْس [캄쓰]	أَرْبَع [아르바으]	ثَلَاث [쌀라-쓰]	إِثْنَتَان [이쓰나탄]	وَاحِدَة [와-히다]	기수(여성)

10 (١٠)	9 (٩)	8 (٨)	7 (٧)	6 (٦)
عَشَرَة [아샤라]	تِسْعَة [티쓰아]	ثَمَانِيَة [싸마-니야]	سَبْعَة [싸브아]	سِتَّة [씻타]
عَشْر [아슈르]	تِسْع [티쓰으]	ثَمَان [싸만-]	سَبْع [싸브으]	سِتّ [씻트]

11-19

14 (١٤)	13 (١٣)	12 (١٢)	11 (١١)	아라비아숫자
أَرْبَعَةَ عَشَر [아르바아트 아샤르]	ثَلَاثَةَ عَشَر [쌀라-싸트 아샤르]	إِثْنَان عَشَر [이쓰난 아샤르]	أَحَد عَشَر [아하드 아샤르]	기수(남성)
أَرْبَع عَشْرَة [아르바으 아슈라]	ثَلَاث عَشْرَة [쌀라-쓰 아슈라]	إِثْنَتَان عَشْرَة [이쓰나탄 아슈라]	إِحْدَى عَشْرَة [이흐다 아슈라]	기수(여성)

19 (١٩)	18 (١٨)	17 (١٧)	16 (١٦)	15 (١٥)
تِسْعَة عَشَر [티쓰아트 아샤르]	ثَمَانِيَة عَشَر [싸마-니야트 아샤르]	سَبْعَة عَشَر [싸브아트 아샤르]	سِتَّة عَشَر [씻타트 아샤르]	خَمْسَة عَشَر [캄싸트 아샤르]
تِسْع عَشْرَة [티쓰으 아슈라]	ثَمَانِي عَشْرَة [싸마-니 아슈라]	سَبْع عَشْرَة [싸브아 아슈라]	سِتّ عَشْرَة [씻트 아슈라]	خَمْس عَشْرَة [캄쓰 아슈라]

20-100

50 (٥٠)	40 (٤٠)	30 (٣٠)	20 (٢٠)	아라비아숫자
خَمْسُون [캄쑨-]	أَرْبَعُون [아르바운-]	ثَلَاثُون [쌀라-쑨-]	عِشْرُون [이슈룬-]	기수 (주격)
خَمْسِين [캄씬-]	أَرْبَعِين [아르바인-]	ثَلَاثِين [쌀라-씬-]	عِشْرِين [이슈린-]	기수 (목적격, 소유격)

100 (١٠٠)	90 (٩٠)	80 (٨٠)	70 (٧٠)	60 (٦٠)
مِئَة [미아]	تِسْعُون [티쓰운-]	ثَمَانُون [싸마-눈-]	سَبْعُون [싸브운-]	سِتُّون [씻툰-]
مِئَة [미아]	تِسْعِين [티쓰인-]	ثَمَانِين [싸마-닌-]	سَبْعِين [싸브인-]	سِتِّين [씻틴-]

남성 (21-29)

23 (٢٣)	22 (٢٢)	21 (٢١)	아라비아숫자
ثَلَاثَة وَعِشرُون [쌀라-싸 와 이슈룬-]	إِثنَان وَعِشرُون [이쓰난 와 이슈룬-]	وَاحِد وَعِشرُون [와-힌 와 이슈룬-]	기수 (주격)
ثَلَاثَة وَعِشرِين [쌀라-싸 와 이슈린-]	إِثنَان وَعِشرِين [이쓰난 와 이슈린-]	وَاحِد وَعِشرِين [와-힌 와 이슈린-]	기수 (목적격, 소유격)

26 (٢٦)	25 (٢٥)	24 (٢٤)
سِتَّة وَعِشرُون [씻타 와 이슈룬-]	خَمسَة وَعِشرُون [캄싸 와 이슈룬-]	أَربَعَة وَعِشرُون [아르바아 와 이슈룬-]
سِتَّة وَعِشرِين [씻타 와 이슈린-]	خَمسَة وَعِشرِين [캄싸 와 이슈린-]	أَربَعَة وَعِشرِين [아르바아 와 이슈린-]

29 (٢٩)	28 (٢٨)	27 (٢٧)
تِسعَة وَعِشرُون [티쓰아 와 이슈룬-]	ثَمَانِيَة وَعِشرُون [싸마-니야 와 이슈룬-]	سَبعَة وَعِشرُون [싸브아 와 이슈룬-]
تِسعَة وَعِشرِين [티쓰아 와 이슈린-]	ثَمَانِيَة وَعِشرِين [싸마-니야 와 이슈린-]	سَبعَة وَعِشرِين [싸브아 와 이슈린-]

200-1,000

600 (٦٠٠)	500 (٥٠٠)	400 (٤٠٠)	300 (٣٠٠)	200 (٢٠٠)
سِتمِئَة [씻투미아]	خَمسُمِئَة [캄쑤미아]	أَربَعُمِئَة [아르바우미아]	ثَلَاثُمِئَة [쌀라-쑤미아]	مِئَتَان [미아탄]

1,000 (١٠٠٠)	900 (٩٠٠)	800 (٨٠٠)	700 (٧٠٠)
أَلف [알프]	تِسعُمِئَة [티쓰우미아]	ثَمَانِمِئَة [싸마-니미아]	سَبعُمِئَة [싸브우미아]

여성 (21-29)

23 (٢٣)	22 (٢٢)	21 (٢١)	아라비아숫자
ثَلَاث وَعِشْرُون [쌀라-쓰 와 이슈룬-]	اِثْنَتَان وَعِشْرُون [이쓰나탄 와 이슈룬-]	إحْدَى وَعِشْرُون [이흐다 와 이슈룬-]	기수 (주격)
ثَلَاث وَعِشْرِين [쌀라-쓰 와 이슈린-]	اِثْنَتَان وَعِشْرِين [이쓰나탄 와 이슈린-]	إحْدَى وَعِشْرِين [이흐다 와 이슈린-]	기수 (목적격, 소유격)

26 (٢٦)	25 (٢٥)	24 (٢٤)
سِتّ وَعِشْرُون [씯트 와 이슈룬-]	خَمْس وَعِشْرُون [캄쓰 와 이슈룬-]	أَرْبَع وَعِشْرُون [아르바오 와 이슈룬-]
سِتّ وَعِشْرِين [씯트 와 이슈린-]	خَمْس وَعِشْرِين [캄쓰 와 이슈린-]	أَرْبَع وَعِشْرِين [아르바오 와 이슈린-]

29 (٢٩)	28 (٢٨)	27 (٢٧)
تِسْع وَعِشْرُون [티쓰으 와 이슈룬-]	ثَمَانِي وَعِشْرُون [싸마-니 와 이슈룬-]	سَبْع وَعِشْرُون [싸브으 와 이슈룬-]
تِسْع وَعِشْرِين [티쓰으 와 이슈린-]	ثَمَانِي وَعِشْرِين [싸마-니 와 이슈린-]	سَبْع وَعِشْرِين [싸브으 와 이슈린-]

2,000-10,000

6,000 (٦,٠٠٠)	5,000 (٥,٠٠٠)	4,000 (٤,٠٠٠)	3,000 (٣,٠٠٠)	2,000 (٢,٠٠٠)
سِتَّة آلَاف [씯타트 알-라프]	خَمْسَة آلَاف [캄싸트 알-라프]	أَرْبَعَة آلَاف [아르바아트 알-라프]	ثَلَاثَة آلَاف [쌀라-싸트 알-라프]	أَلْفَان [알판]

10,000 (١٠,٠٠٠)	9,000 (٩,٠٠٠)	8,000 (٨,٠٠٠)	7,000 (٧,٠٠٠)
عَشَرَة آلَاف [아슈라트 알-라프]	تِسْعَة آلَاف [티쓰아트 알-라프]	ثَمَانِيَة آلَاف [싸마-니야트 알-라프]	سَبْعَة آلَاف [싸브아트 알-라프]

● 서수

의미	남성	여성
제1의	اَلْأَوَّل [알아으왈]	اَلْأُولَى [알울-라]
제2의	اَلثَّانِي [앗싸-니]	اَلثَّانِيَة [앗싸-니야]
제3의	اَلثَّالِث [앗쌀-리쓰]	اَلثَّالِثَة [앗쌀-리싸]
제4의	اَلرَّابِع [앗라-비으]	اَلرَّابِعَة [앗라-비아]
제5의	اَلْخَامِس [알카-미쓰]	اَلْخَامِسَة [알카-미싸]
제6의	اَلسَّادِس [앗싸-디쓰]	اَلسَّادِسَة [앗싸-디싸]
제7의	اَلسَّابِع [앗싸-비으]	اَلسَّابِعَة [앗싸-비아]
제8의	اَلثَّامِن [앗싸-민]	اَلثَّامِنَة [앗싸-미나]
제9의	اَلتَّاسِع [앗타-씨으]	اَلتَّاسِعَة [앗타-씨아]
제10의	اَلْعَاشِر [알아-쉬르]	اَلْعَاشِرَة [알아-쉬라]
제11의	اَلْحَادِي عَشَر [알하-디 아샤라]	اَلْحَادِيَة عَشَرَة [알-하디야트 아슈라]
제12의	اَلثَّانِي عَشَر [앗싸-니 아샤라]	اَلثَّانِيَة عَشَرَة [앗-싸니야트 아슈라]

15분	20분	30분	40분	45분
رُبع	ثُلث	نِصف	إلَّا ثُلْثا	إلَّا رُبعا
[루브으]	[쑬쓰]	[니쓰프]	[일라 쑬쓰]	[일라 루브으]

1시 입니다.	اَلسَّاعَة الْوَاحِدَة.
	[앗싸-아타 와-히다]

3시 10분입니다.

اَلسَّاعَة الثَّالِثَة وَعَشر دَقَائِق.
[앗싸-아타 쌀-리싸 와 아슈르 다까-이끄]

4시 15분입니다.

اَلسَّاعَة الرَّابِعَة وَالرُّبع.
[앗싸-아타 라-비아 와 루브으]

5시 20분입니다.

اَلسَّاعَة الْخَامِسَة وَالثُلُث.
[앗싸-아타 카-미싸 와 쑬쓰]

6시 30분입니다.

اَلسَّاعَة السَّادِسَة وَالنِّصف.
[앗싸-아타 싸-디싸 와 니쓰프]

8시 40분입니다.

اَلسَّاعَة التَّاسِعَة إلَّا ثُلْثا.
[앗싸-아타 타-씨아 일라 쑬르쓰]

9시 45분입니다.

اَلسَّاعَة الْعَاشِرَة إلَّا رُبعا.
[앗싸-아타 아-쉬라 일라 루브으]

11시 정각입니다.

اَلسَّاعَة الْحَادِيَة عَشَرَة تَمَامًا.
[앗싸-아타 하-디야타 아슈라타 타마-만]

지금 12시 입니다.

اَلسَّاعَة اَلثَّانِيَة عَشَرَة الآن.
[앗싸-아타 싸-니야타 아슈라타 알안]

서력과 이슬람력

아랍 일상 생활 속에서 우리와 똑같은 서력을 사용합니다. 서력 표기들은 영어 발음을 아랍어로 옮겨 표기합니다.

● 서력

🎧 0-13.mp3

يُولْيُو [율-유]	7월	يَنَايِر [야나-이르]	1월
أُغُسْطُس [우구쓰투쓰]	8월	فِبْرَايِر [피브라-이르]	2월
سِبْتَمْبِر [씹탐비르]	9월	مَارِس [마-리쓰]	3월
أُكْتُوبِر [우크투-비르]	10월	أَبْرِيل [아브릴]	4월
نُوفِمْبِر [누-핌비르]	11월	مَايُو [마-유]	5월
دِيسَمْبِر [디-쌈비르]	12월	يُونْيُو [윤-유]	6월

이슬람력

رَجَب [라잡]	7월 (명예의 달)	اَلْمُحَرَّم [알무하르람]	1월 (싸움 금지달)
شَعْبَان [샤으반]	8월 (흩어짐의 달)	صَفَر [싸프르]	2월 (비움의 달)
رَمَضَان [라마단]	9월 (무더움의 달)	رَبِيع الأَوَّل [라비-으 알아으왈]	3월 (첫 번째 봄)
شَوَّال [샤으왈]	10월 (탄생의 달)	رَبِيع الثَّانِي [라비-으 앗싸-니]	4월 (마지막 봄)
ذُو الْقَعْدَة [둘-까으다]	11월 (전쟁의 달)	جُمَادَى الأُولَى [주마-달 울-라]	5월 (첫 메마른 땅의 달)
ذُو الْحِجَّة [둘 힛자]	12월 (순례의 달)	جُمَادَى الآخِرَة [주마-달 아-키라]	6월 (마지막 메마른 땅의 달)

이슬람력(헤지라력)은 라마단, 명절, 성지순례 등 이슬람 관련 종교 행사에서 주로 사용합니다. 헤지라는 이주라는 뜻으로 선지자 무함마드가 메카에서 메디나로 이동한 서기 622년 7월 16일을 기점으로 시작합니다. 이슬람력은 서력과 마찬가지로 한 달은 29~30일이나 윤달이 없습니다. 그러므로 1년이 365일인 서력에 비해 10~11일 짧습니다.

우리가 사용하고 있는 음력은 과거 이슬람력에서 차용한 것입니다. 『세종실록』을 보면 농사달력의 필요성을 느껴 당시 최고의 학자들로 불리던 정인지, 정흠, 정초을의 토대로 팀을 꾸려 정확한 농사력을 만들라는 어명이 하달되었습니다. 이 학자들은 중국으로 넘어가 연구를 지속하던 중 중국에서 사용하는 음력이 이슬람력에서 차용해 중국에게 맞게 개량된 것임을 알게 됩니다. 이 사실을 알게 된 학자들은 이슬람력의 원리와 과학을 연구해 우리 식으로 다시 개량한 칠정산외편[七政算外篇]을 만들어 냅니다. 이것이 현재 우리가 사용하고 있는 음력의 시초입니다.

1
기본표현

مُحَمَّد 무함마드	안녕하세요. **اَلسَّلَامُ عَلَيْكُم.** 앗쌀라-무 알라이쿰	

هَان بِي 한비	안녕하세요. **وَعَلَيْكُم السَّلَام.** 와 알라이쿰 쌀람-	

مُحَمَّد 무함마드	잘 지내십니까? **كَيْف الْحَال؟** 케이팔 할?	

هَان بِي 한비	나는 하느님 덕택에, 잘 지냅니다. 그리고 당신은요? **أَنَا بِخَيْرٍ، اَلْحَمْدُ لله. وَأَنْتَ؟** 아나 비카이르, 알함두릴라. 와 안타?	

مُحَمَّد 무함마드	나는 좋습니다 그리고 당신을 만나뵙게 되어 반갑습니다. **أَنَا تَمَام وَمَسْرُور بِلِقَائِكَ.** 아나 타맘 와 마쓰루-르 빌리까-이키	

هَان بِي 한비	저 또한 당신을 만나 뵙게 되어서 반갑습니다. **أَنَا مَسْرُورَة بِلِقَائِكَ أَيْضًا.** 아나 마쓰루-라 빌리까-이카 아이단	

مُحَمَّد 무함마드	당신 이름은 무엇입니까? **مَا اسْمُكِ؟** 마 쓰무키?	

나의 이름은 한비 입니다. 당신 이름은 무엇입니까?	هَان بِي
اِسْمِي هَان بِي. مَا اسْمُكَ؟	한비
이쓰미 한비. 마 쓰무카?	

나의 이름은 무함마드 입니다. 또 만나요.	مُحَمَّد
اِسْمِي مُحَمَّد. إِلَى اللِّقَاء.	무함마드
이쓰미 무함마드. 일랏 리까-	

또 만나요.	هَان بِي
إِلَى اللِّقَاء.	한비
일랏 리까-	

완벽, 완성	تَمَام	평화	اَلسَّلَام
[타맘]		[앗쌀람-]	
또한	أَيْضًا	어떻게	كَيْفَ
[아이단]		[케이파]	
무엇	مَا	상태	اَلْحَال
[마]		[알할]	
당신 이름	اِسْمُكَ	좋은, 안녕히	بِخَيْر
[이쓰무크]		[비카이르]	
나의 이름	اِسْمِي	하느님 찬양, 찬미	اَلْحَمْدُ لله
[이쓰미]		[알함두릴라]	

생생 여행
Tip

• 인사말

우리가 아랍인을 만났을 때, 기본 인사인 [앗쌀라-무 알라이쿰] اَلسَّلَامُ عَلَيْكُم 아랍어로
물어본다면 아랍인은 눈이 휘둥그레 질 것입니다. 아랍 현지에서는 동아시아인들이 아랍어
를 구사하는 경우는 드물기 때문입니다.

اَلسَّلَامُ عَلَيْكُم [앗쌀라-무 알라이쿰]의 정확한 의미는 "당신들께 평화가 깃들기를"이라
는 의미이며 답변인 [와 알라이쿰 쌀람] وَعَلَيْكُمُ السَّلَام 은 "그리고 당신들께 평화가 깃
들기를"라는 이슬람식 인사말입니다. 아랍 현지에서는 만날 때 뿐만 아니라 헤어질 때도
자주 쓰는 인사말입니다.

무슬림들은 외국인들이 자신들의 문화와 언어에 관심을 가지고 다가오는 것을 항상 반기
는 편입니다. 오래전부터 광활한 사막에 살면서 사람들을 만나기가 쉽지 않았기 때문입니
다. 아랍인들에게 인사라는 것은 상대방과의 교감과 하나의 소통이라고 생각하기 때문에
어느정도 서로간의 친분이 쌓이면 악수와 볼키스 같은 스킨쉽을 통해 인사말을 나누곤 합
니다. 주의할 점은 악수나 볼키스는 동성 사이에만 가능하다는 것이며 이성이라면 간단한
눈 인사 정도와 안부를 묻습니다.

간혹 비즈니스로 인해 아랍 여성들을 만나다 보면 아랍 여성이 남성에게 먼저 손을 내밀어
악수를 청하는 경우도 있습니다. 이럴 경우에는 당황하지 말고 같이 악수로 응대하면 되며,
악수할 때는 오른손만 사용해야 합니다.

기본표현

안녕하세요(아침인사).

صَبَاحَ الْخَيْرِ.
[싸바-할 카이르]

안녕하세요(답변).

صَبَاحَ النُّورِ.
[싸바-핫 누-르]

안녕하세요.
(아라비아 자스민 꽃같은 아침이 되길 바랍니다)

صَبَاحَ الْفُلِ.
[싸바할 풀]

안녕하세요.
(장미꽃 같은 아침이 되길 바랍니다)

صَبَاحَ الْوَرْدِ.
[싸바-할 와르드]

안녕하세요(저녁인사).

مَسَاءَ الْخَيْرِ.
[마싸-알 카이르]

안녕하세요(답변).

مَسَاءَ النُّورِ.
[마싸-앗 누-르]

그런대로 지냅니다.

عَلَى مَا يُرَام.
[알라 마-유람]

즐거운 하루 보내세요.

يَوْمُكَ سَعِيد.
[야우무크 싸이-드]

내일 만나요.

أَرَاكَ غَدًا.
[아라-크 가단]

좋습니다. 훌륭합니다. 멋집니다.

*كُوَيِّس.
[쿠와이쓰]

* [쿠와이쓰] كُوَيِّس 는 아랍인들이 가장 많이 사용하는 방언 중 하나입니다. 이 표현은 주로 안부에 대한 답변과 감탄사 등으로 사용합니다. 아랍 전역에서 사용하는 유용한 표현이니 알아두면 큰 도움이 될 것입니다.

그/는 (3인칭 남성 독립 인칭 대명사)	هُوَ [후와]
그녀/는 (3인칭 여성 독립인칭 대명사)	هِيَ [히야]
당신/은 (2인칭 남성 독립인칭 대명사)	أَنْتَ [안타]
당신/은 (2인칭 여성 독립인칭 대명사)	أَنْتِ [안티]
당신/은 (1인칭 남녀 공통 독립인칭 대명사)	أَنَا [아나]
기쁜	مَسْرُور [마쓰루-르]
만남	لِقَاء [리까]
어서오세요, 환영합니다	أَهْلًا وَسَهْلًا [아흘란 와 싸흘란]
안녕하세요(답변)	أَهْلًا بك [아흘란 비크]
남성친구	صَدِيق [싸디-끄]
여성친구	صَدِيقَة [싸디-까]
남성친구들	أَصْدِقَاء [아쓰디까]
여성친구들	صَدِيقَات [싸디-까-트]
인사예절	آدَاب التَّحِيَّة [아-답 타히야]

아랍이 궁금해

인사할 때 주의할 말

인사치레로 "아름다우십니다" "예쁘십니다" 라고 말하는 경우가 있지만 아랍에서는 주의해야 하는 말입니다. 여성에게 "아름답다, 예쁘다"는 아랍어로 جَمِيلَة [자밀-라]라고 하는데 이성이 결혼한 여성에게 이 용어를 사용한다면 "마음에 드니 넘기라"라는 뜻입니다.

필자도 아랍 유학 시절 하우스메이트였던 아랍 친구의 어머니 사진을 보고 유럽인처럼 너무 예쁘셔서 별 생각 없이 "أُمُّك جَمِيلَة جِدًّا [움무크 자밀-라 짓단] (당신 어머니는 너무 예쁘십니다)" 이라고 말한 적이 있습니다. 그러자 갑자기 아랍 친구의 눈이 휘둥그레 지면서 "땡큐" 라고 크게 소리를 지른 후 자신의 방문을 꽝 닫고 들어가 종일 방 밖으로 나오질 않았었습니다.

جَمِيلَة [자밀-라]라고 말하는 것도 실례인데 여기에 덧붙여 〈جِدًّا [짓단] (매우)〉까지 같이 사용했으니 무척이나 기분이 나빴던 것입니다. 또한 아랍에서는 상대방의 물건을 보고 수차례 "예쁘다, 아름답다"라고 발언한다면 "이것이 마음에 드니 나에게 달라"라는 의미입니다. 어느 날 아랍에서 유학하던 한국학생이 친한 아랍친구의 필통을 보고 색깔이 이뻐 별 생각없이 "جَمِيل [자밀] (아랍어로 예쁘다는 뜻)"을 2~3차례 언급했다고 합니다. 그러자 그 아랍친구는 그 자리에서 바로 선물로 주었습니다. 이때 받지 않는 것도 예의에 어긋나므로 어쩔 수 없이 받은 적이 있습니다. 물건에 대해 같은 표현을 여러 차례 반복하면 실례가 될 수 있으니 상황에 맞게 사용해야 합니다.

안녕하세요.

مَرْحَبًا.

마르하반

مِين سُو
민수

안녕하세요.

مَرْحَبًا.

마르하반

فَاطِمَة
파티마

잘 지내십니까?

كَيْفَ الْحَال؟

케이팔 할?

مِين سُو
민수

나는 좋습니다. 당신은 어디에서 왔습니까?

أَنَا كُوَيِسَة. مِنْ أَيْنَ أَنْتَ؟

아나 쿠와이싸. 민 아이나 안타?

فَاطِمَة
파티마

나는 한국에서 왔습니다. 당신은 어디에서 왔습니까.

أَنَا مِنْ كُورِيَا الْجَنُوبِيَّة. مِنْ أَيْنَ أَنْتِ؟

아나 민 쿠-리얄 자누-비야. 민 아이나 안티?

مِين سُو
민수

나는 이집트에서 왔습니다. 당신 직업은 무엇입니까?

أَنَا مِنْ مِصْر. مَا عَمَلُكَ؟

아나 민 미쓰르. 마 아말루카?

فَاطِمَة
파티마

나는 대학생입니다 그리고 당신 직업은 무엇입니까?

أَنَا طَالِب فِي الْجَامِعَة وَمَا عَمَلُكِ؟

아나 딸-립 필 자-미아 와 마 아말루키?

مِين سُو
민수

	فَاطِمَة
나는 회사원입니다. 만나서 반가웠습니다.	파티마

أَنَا مُوَظَّفَة فِي الشَّرِكَة. فُرْصَة سَعِيدَة.

아나 무왓돠파 핏 샤리카. 푸르싸 싸이-다

	مِين سُو
만나서 반가웠습니다. 안녕히 가세요.	민수

فُرْصَة سَعِيدَة. مَعَ السَّلَامَة.

푸르싸 싸이-다. 마앗 쌀라-마

	فَاطِمَة
안녕히 가세요.	파티마

مَعَ السَّلَامَة.

마앗 쌀라-마

~안에 [피]	فِي	~로부터 [민]	مِنْ
대학교 [자-미아]	جَامِعَة	어디 [아이나]	أَيْنَ
여직원 [무왓돠파]	مُوَظَّفَة	대한민국 [쿠-리알 자누-비야]	كُورِيَا الْجَنُوبِيَّة
회사 [샤리카]	شَرِكَة	이집트 [미쓰르]	مِصْر
기회 [푸르싸]	فُرْصَة	당신(남) 직업 [아말루카]	عَمَلُكَ
행복한 [싸이-다]	سَعِيدَة	남학생 [딸-립]	طَالِب

생생 여행
Tip

◆ 호칭

아랍어에서 사람 이름이나 직업명을 부를때 [야] يَا 라는 호격사를 사용합니다. 사용법은 상대방 이름이 [무함마드] مُحَمَّد 라면 [야 무함마드] يَا مُحَمَّد 와 같은 형태를 말합니다. 한국어에서는 "민수야, 보미야" 이렇게 "야"를 뒤쪽에 표기하지만 아랍어에서는 "야"를 먼저 말하고 이름이나 직업명을 부릅니다.

상대방 이름을 모를때는 친구 [싸디-끼] صَدِيقِي 라는 어휘를 같이 사용하여 남성에게는 [야 싸디-끼] يَا صَدِيقِي, 여성에게는 [야 싸디-까티] يَا صَدِيقَتِي 로 부르면 됩니다.
아랍에서도 한국처럼 연장자의 이름을 함부로 부르는 것은 예의에 어긋납니다. 이럴 경우는 〈친애하는〉 이라는 의미를 지닌 [아지-지] عَزِيزِي 를 사용하여 남성에게는 [야 아지-지] يَا عَزِيزِي, 여성에게는 [야 아지-자티] يَا عَزِيزَتِي 를 사용하면 됩니다.

아랍인들은 인사를 할 때 허리를 꼿꼿하게 세우고 악수를 하며 안부를 묻고 인사합니다. 아랍인이 허리를 숙여 인사하는 존재는 알라 [الله] 하느님 밖에 없습니다. 우리처럼 허리 숙여 인사 하는 문화가 아니라는 점을 명심하길 바랍니다.

그의 직업은 기술자입니다.

عَمَلُهُ مُهَنْدِس.

[아말루후 무한디쓰]

그녀의 직업은 교수입니다.

عَمَلُهَا أُسْتَاذَة.

[아말루하 우쓰타-다]

당신(남) 직업은 학생입니다.

عَمَلُكَ طَالِب.

[아말루카 딸-립]

당신(여) 직업은 작가입니다.

عَمَلُكِ كَاتِبَة.

[아말루키 카-티바]

나는 사진작가(남/여)입니다.

أَنَا مُصَوِّر / مُصَوِّرَة.

[아나 무싸으위르 / 무싸으위라]

그는 회사원입니다.

هُوَ مَوَظَّف فِي الشَّرِكَة.

[후와 무왓돠프 핏 샤리카]

그녀는 교사입니다.

هِيَ مُدَرِّسَة فِي الْمَدْرَسَة.

[히야 무다르리싸 필 마드라싸]

당신(남)은 병원에 의사입니다.

أَنْتَ طَبِيب فِي الْمُسْتَشْفَى.

[안타 따빕- 필 무쓰타슈파]

당신(여)은 병원에 간호사입니다.

أَنْتِ مُمَرِّضَة فِي الْمُسْتَشْفَى.

[안티 무마르리돠 필 무쓰타슈파]

나는 회사에 사장(남/여)입니다.

أَنَا رَئِيس / رَئِيسَة فِي الشَّرِكَة.

[아나 라이-쓰 / 라이-싸 핏 샤리카]

어휘 플러스

나라, 국가	دَوْلَة / بَلَد [다울라 / 발라드]
이집트	مِصْر [미쓰르]
요르단	اَلْأُرْدُنّ [알우르둔]
레바논	لُبْنَان [루브난]
카타르	قَطَر [까따르]
쿠웨이트	اَلْكُوَيْت [알쿠와이트]
이라크	اَلْعِرَاق [알이라-끄]
튀니지	تُونِس [투-니쓰]
시리아	سُورِيَا [수-리야]
알제리	اَلْجَزَائِر [알자자-이르]
아랍에미리트	اَلْإِمَارَاتُ الْعَرَبِيَّة الْمُتَّحِدَة [알이마-라툴 아라비야 뭇타히다]
사우디아라비아	اَلْمَمْلَكَةُ الْعَرَبِيَّة السُّعُودِيَّة [알맘라카툴 아라비야 쑤우-디야]
남한	كُورِيَا الْجَنُوبِيَّة [쿠-리알 자누-비야]
북한	كُورِيَا الشَّمَالِيَّة [쿠-리얏 샤말-리야]

아랍이 궁금해

아랍식 이름의 비밀

آل سَعُود بِن عَبْد الْعَزِيز بِن سَلْمَان مُحَمَّد
④　　　　　③　　　　②　　　①

이 이름은 현재 사우디아라비아 왕세자의 풀네임(Full name)입니다. 모든 아랍인들은 이러한 형태의 긴 이름을 가지고 있습니다. 하지만 실제 이름은 ① مُحَمَّد 무함마드일뿐 나머지는 본인 이름이 아닙니다. ② بِن سَلْمَان 은 〈빈 살만〉 살만의 아들이라는 뜻인데 여기서 살만은 사우디아라비의 국왕을 말합니다. ③ بِن عَبْد الْعَزِيز 는 〈빈 압둘 아지지〉 압둘 아지지의 아들 이라는 뜻이며 ④ آل سَعُود 는 〈알사우드〉 사우드 가문을 뜻합니다.

정리하자면 사우디아라비아의 왕세자 무함마드의 아버지는 사우디 살만 국왕이고 그의 할아버지가 압둘 아지지이면서 사우드 가문이라는 뜻입니다. 자신의 이름에 이렇게 직계가족과 가문 이름을 함께 쓰는 이유는 출신성분을 알기 위해 족보처럼 사용하기 때문입니다.

국내언론매체나 정부 및 공기업, 대기업 그리고 일부 종교단체에서는 무함마드를 〈무하마드/모하메드/마호메트〉로 표기하기도 하는데 이는 엄연히 잘못된 것입니다. 무하마드는 'ㅁ'이 빠진 것이며 아랍어에 [ㅗ/ㅔ] 발음이 없으므로 모하메드나 마호메트 표기는 할 수 없습니다. 이는 아랍어를 영어로 번역한 후 다시 한국어로 번역하다가 오류가 난 것으로 보여집니다. 한 국가 정상이거나 고위직 관료 또한 한 기업의 대표나 임원의 이름을 잘못 말하거나 표기하는 것은 굉장한 실례입니다. 아랍인 중 무함마드라는 이름을 가지신 분이 있다면 조심해야 할 사항입니다.

당신 취미는 무엇입니까?

مَا هِوَايَتُكِ؟

마 히와-야투키?

سَامِي
싸-미

나는 축구 보는 것을 좋아합니다. 그리고 당신은요?

أُحِبّ مُشَاهَدَة كُرَةِ الْقَدَم. وَأَنْتَ؟

우힙브 무샤-하다 쿠라틸 까담. 와 안타?

سُوجِي
수지

정말요? 나 또한 축구 보는 것을 좋아합니다.

حَقًّا؟ أُحِبّ مُشَاهَدَة كُرَةِ الْقَدَم أَيْضًا.

하깐? 우힙브 무샤-하다 쿠라틸 까담 아이단

سَامِي
싸-미

놀랍군요! 당신은 어떤 팀을 좋아합니까?

مَا شَاءَ الله! أيّ فَرِيق تُحِبّ؟

마샤-알라! 아이 파리-끄 투힙브?

سُوجِي
수지

나는 리버풀 팀을 좋아합니다. 그리고 당신은요?

أُحِبّ فَرِيق لِيفُوبُول. وَأَنْتِ؟

우힙브 파리-끄 리버풀. 와 안티?

سَامِي
싸-미

나는 토트넘 팀을 좋아합니다. 당신은 왜 이 팀을 좋아합니까?

أُحِبّ فَرِيق تُوتَنْهَام. لِمَاذَا تُحِبّ هَذَا الْفَرِيق؟

우힙브 파리-끄 토트넘. 리마-다 투힙부 하달 파리-끄?

سُوجِي
수지

왜냐하면 무함마드 쌀라가 이곳에서 뛰고 있고 아랍인이기 때문입니다. 그리고 당신은요?	سَامِي 싸-미

لِأَنَّهُ، مُحَمَّد الصَّلَاح يَلْعَب فِيهِ وَهُوَ عَرَبِيّ.
وَأَنْتِ؟

리안나흐, 무함마드 쌀라 얄압 피-히 와 후와 아라비. 와 안티?

손흥민 선수가 이곳에서 뛰고 있고 그는 한국인입니다.	سُوجِي 수지

يَلْعَب سُون هِيونغ مِين فِيهِ وَهُوَ كُورِيّ.

얄압 손흥민 피-히 와 후와 쿠-리

우리 저녁에 함께 영국프리미어리그(EPL)를 볼까요?	سَامِي 싸-미

هَلْ نُشَاهِد الدُّورِيّ الْإِنْجِلِيزِيّ الْمُمْتَاز مَعًا
فِي الْمَسَاء؟

할 누샤-히드 앗두와리 인질리지 뭄타-즈 마안 필 마싸?

좋습니다. 우리 축구 경기를 봅시다	سُوجِي 수지

حَسَنًا. هَيَّا نُشَاهِد مُبَارَات كُرَةِ الْقَدَم.

하싸난. 하이야 누샤-히드 무바-라-트 쿠라틸 까담

팀 [파리-끄]	فَرِيق	당신(여) 취미 [히와-야투키]	هِوَايَتُكِ
왜 [리마-다]	لِمَاذَا	봄, 관람 [무샤-하다]	مُشَاهَدَة
왜냐하면 [리안나]	لِأَنَّ	축구 [쿠라툴 까담]	كُرَةُ الْقَدَم
아랍인(남) [아라비]	عَرَبِيّ	정말 [하깐]	حَقًّا
한국인(남) [쿠-리]	كُورِيّ	놀랍다 [마샤-알라]	مَا شَاءَ الله
~합시다 [하이야]	هَيَّا	어느, 어떤 [아이]	أَيّ

생생 여행
Tip

• 스포츠 즐기기

아랍인들은 예전부터 사막에 살면서 스포츠를 접할 기회가 많지 않았습니다. 과거 아랍의 전통 스포츠는 낙타 경주나 매 사냥 정도 였으나 서구 문명이 들어오면서 축구를 가장 좋아하게 되었습니다. 자국의 축구 리그도 좋아하지만 이보다는 유럽리그나 국제경기에 관심이 많습니다.

일부 유명 축구클럽이나 친선경기가 있는 날은 카페에 대형 스크린을 설치하여 경기를 관전하며 스타디움에서 응원전을 펼치기도 할 정도로 굉장히 좋아합니다.

실제로 요르단에서 응원전으로 인해 지진이 일어난 적이 있을 정도이며 아랍인들이 많이 몰리는 장소(카페, 스타디움)로 갈 때 개인적으로 간다면 신변에 위협을 느낄 수도 있으니 주의해야 합니다.

이러한 장소로 가게 된다면 대사관처럼 어떠한 기관에서 신변보호 요청이 이루어진 상태에서 단체로 가는 것이 안전합니다. 과거에는 과격행동을 취하는 자들로부터 여성을 보호하기 위한 정책 때문에 여성들은 경기장 출입이 불가능하거나 남성들과 동행 하에 출입이 가능했습니다. 하지만 현재 이런 정책들이 많이 완화되어 여성들도 경기장에서 직접 관람할 수 있지만 혹시 모를 안전에 대비해 남성들과 함께 출입하는 것이 좋습니다.

당신(남/여)은
휴일에 무엇을 합니까?

مَاذَا تَفْعَل / تَفْعَلِين فِي يَوْمِ الْعُطْلَةَ ؟

[마-다 타프알 / 타프알린 피 야우밀 우뜰라?]

나는 집에서
책을 읽습니다.

أَقْرَأُ كِتَابا فِي الْبَيْت.

[아끄라오 키탑 필 바이트]

나는 영화관에서 나의
여자친구와 함께 영화를
봅니다.

أُشَاهِد فِيلْمًا مَعَ صَدِيقَتِي فِي السِّينَمَا.

[우샤-히드 필-만 마아 싸디-까티 핏 씨-나마]

나는 운동장에서 친구들과
함께 축구를 합니다.

أَلْعَب كُرَةَ الْقَدَم مَعَ أَصْدِقَائِي فِي الْمَلْعَب.

[알압 쿠라탈 까담 마아 아쓰디까-이 필 말압]

나는 나의 여자친구들과
함께 카페로 갑니다.

أَذْهَب مَعَ صَدِيقَاتِي إِلَى الْمَقْهَى.

[아드합 마아 싸디-까-티 일랄 마끄하]

나는 피트니스센터에서
운동을 합니다.

أُمَارِس الرِّيَاضَة فِي الْجِيم .

[우마-리쓰 리야-돠 필 짐]

나는 가족들과 함께
쇼핑센터를 방문합니다.

أَزُور مَرْكَزَ التَّسَوُّق مَعَ الْأُسْرَة .

[아주-르 마르카즈 타쌋우끄 마알 우쓰라]

나는 매일 아랍어를
공부 합니다.

أَدْرُس اللُّغَةَ الْعَرَبِيَّة كُلَّ يَوْم.

[아드루쓰 루가탈 아라비야 쿨라 야움]

나는 집에서 한국드라마를
봅니다.

أُشَاهِد الدَّرَامَا الْكُورِيَّة فِي الْمَنْزِل.

[우샤-히드 디라-마 쿠-리야 필 만질]

나는 온라인을 통해
외국어들을 배웁니다.

أَتَعَلَّم اللُّغَاتِ الْأَجْنَبِيَّة عَبْرَ الْإِنْتَرْنِت.

[아타알람 루가-틸 아즈나비야 아브랄 인타르넷]

나는 나의 어머니와 함께
집에서 요리를 합니다.

أَطْبُخ مَعَ أُمِّي فِي الْبَيْت.

[아뜨부크 마아 움미 필 바이트]

나는 기도실에서
예배드립니다.

أُصَلِّي فِي الْمَسْجِد.

[우쌀리 필 마쓰지드]

어휘 플러스

독서	قِرَاءَةُ الْكِتَاب
	[끼라-아툴 키탑]
자전거타기	رُكُوب الدَّرَّاجَة
	[루쿱 다르라-자]
외국어공부	دِرَاسَةُ اللُّغَاتِ الْأَجْنَبِيَّة
	[디라-싸툿 루가-틸 아즈나비야]
축구	كُرَةُ الْقَدَم
	[쿠라툴 까담]
농구	كُرَةُ السَّلَّة
	[쿠라툿 쌀라]
탁구	كُرَةُ الطَّاوِلَة
	[쿠라툿 따-윌라]
핸드볼	كُرَةُ الْيَد
	[쿠라툴 야드]
배구	كُرَةُ الطَّائِرَة
	[쿠라툿 따-이라]
쇼핑	تَسَوُّق
	[타쌋우끄]
여행	سَفَر
	[싸파르]
등산	تَسَلُّقُ الْجِبَال
	[타쌀루-꿀 지발]
낚시	صَيْد
	[싸이드]
수영	سِبَاحَة
	[씨바-하]
사진찍기	اِلْتِقَاط الصُّوَر
	[앗티까-뜨 쑤와르]

아랍인들이 가장 좋아하는 스포츠 축구

아랍인이 가장 좋아하는 스포츠는 축구이며 자국 리그 보다는 스페인 라리가, 영국 EPL 처럼 유럽 리그를 좋아해 열성적인 응원전을 펼치기도 합니다. 필자가 요르단에 거주할 때 엘클라시코 경기가 있던 날 경기장에서의 응원전으로 일시적 지진이 발생하기도 했습니다.

개인 자산 50조를 보유한 아랍에미리트 왕자 만수르는 스페인 레알마드리드에 꾸준한 투자를 하고 있는 최대 주주이면서 영국 EPL 맨체스터 시티 구단주 이기도 합니다. 그밖에 호주, 일본, 남미 등 대륙별로 축구팀들을 사들여 운영하고 있습니다. 개인 자산 700조에 임박한 카타르 타밈 국왕은 프랑스 리그앙 챔피언 파리생제르망 구단주입니다. 천문학적인 액수를 들여 경기장을 재건축하였고 음바페, 이강인 등 세계적인 스트라이커들만 팀을 구성해 유럽챔피언스리그 우승을 꿈꾸고 있습니다. 개인 자산이 2,600조에 달하는 사우디아라비아 왕세자 무함마드 빈 살만도 축구광 입니다. 스페인 라리가 슈퍼컵 대회와 엘클라시코 경기를 사우디아라비아에서 개최한 장본인이며 박지성 선수가 뛰기도 하였던 맨체스터 유나이티드를 인수하기 인해 많은 공을 들였으나 실패 후 뉴캐슬 유나이티드를 인수하며 구단주로 거듭납니다.

아랍인과 친해지는 방법 중 하나가 축구를 소재로 이야기 꽃을 피우는 것입니다. 아랍인들은 생각보다 상당한 수다쟁이들로 대화가 한번 시작되면 몇 시간은 기본이니 참고하길 바랍니다.

당신은 이번 겨울에 무엇을 하실 겁니까?

مَاذَا سَتَفْعَلِينِ فِي هَذَا الشِّتَاءِ؟

마-다 싸타프알린 피 하닷 쉬타?

حَمِيد
하미드

나는 요르단으로 여행을 갈 것입니다. 그곳 날씨는 어떠합니까?

سَأُسَافِرِ إِلَى الْأُرْدُنِّ. كَيْفَ الْجَوّ هُنَاكَ؟

싸우싸-피르 일랄 우르둔. 케이팔 자우 후나-크?

بُومِي
보미

날씨는 매우 춥고 눈이 많이 내립니다.

اَلْجَوّ بَارِد جِدًّا وَتَتَسَاقَط الثُّلُوج بِكُثْرَة.

알자우 바-리드 짓단 와 타타싸-까뜨 쑬루-즈 비쿠쓰라

حَمِيد
하미드

정말요? 나는 겨울 대비를 해야겠네요.

حَقًّا؟ سَأُجَهِّز نَفْسِي لِلشِّتَاءِ.

하깐? 싸우잣히즈 나프씨 릿 쉬타

بُومِي
보미

당신은 전에 아랍국가들을 방문한 적이 있습니까?

هَلْ زُرْتِ الدُّوَلَ الْعَرَبِيَّة سَابِقًا؟

할 주르티 두왈랄 아라비야 싸-비깐?

حَمِيد
하미드

아니요, (정말로) 처음입니다. 나는 이번 여행이 기대가 됩니다.

لَا، إِنَّهَا اَلْمَرَّة الْأُولَى. أَتَطَلَّع إِلَى هَذَا السَّفَر.

라, 인나하 알마르라 울-라. 아타딸라아 일라 하닷 싸파르

بُومِي
보미

어떤 계절이 한국으로 여행하기에 알맞습니까?

أَيّ فَصْل مُنَاسِب لِلسَّفَر إِلَى كُورِيَا الْجَنُوبِيَّة؟

아이 파쓸 무나-씹 릿 싸파르 일라 쿠-리알 자누-비야?

حَمِيد
하미드

بُومِي
보미

내 생각에는 가을이라고 생각합니다
왜냐하면 날씨가 온화하고 공기가 상쾌합니다.

أَعْتَقِد أَنَّهُ اَلْخَرِيف، لِأَنَّ الْجَوّ مُعْتَدِل وَالْهَوَاء مُنعِش.

아우타끼드 안나-훌 카리-프, 리안날 자아 무으타딜 왈하와 문이쉬

حَمِيد
하미드

나는 언젠가 당신 나라를 방문 하길 원합니다.

أُرِيد أَنْ أَزُور بَلَدَكِ فِي وَقت مَا.

우리-드 안 아주-르 발라다키 피 와끄뜨 마

بُومِي
보미

나는 우리가 한국에서 만나기를 희망합니다.

أَتَمَنَّى أَنْ نَتَقَابَل فِي كُورِيَا الْجَنُوبِيَّة.

아타만나 안 나타까-발 피 쿠-리알 자누-비아

하느님이 허락하신다면.

إِنْ شَاء الله.

인샤-알라

이전에 [싸-비깐]	سَابِقًا	겨울 [쉬타]	شِتَاء
아랍국가들 [앗두왈룰 아라비야]	اَلدُّوَل الْعَرَبِيَّة	요르단 [알우르둔]	اَلْأُرْدُن
나는 ~을 기대한다 [아타딸라아 일라]	أَتَطَلَّع إِلَى	날씨 [자우]	جَوّ
교실, 계절 [파쓸]	فَصْل	거기 [후나-크]	هُنَاك
알맞은, 적합한 [무나-씹]	مُنَاسِب	추운 [바-리드]	بَارِد
나는 ~라고 생각한다 [아으타끼드 안나]	أَعْتَقِد أَنَّ	눈(계절-복수) [쑬루-즈]	ثُلُوج

● 계절과 날씨

우리는 대부분 아랍 계절이 1년 내내 더울 것이라고 생각을 하지만 그렇지 않습니다. 겨울에 눈이 오는 국가들도 있으며 사계절이 뚜렷한 나라들도 존재합니다. 일단 여름에는 모든 아랍국가들이 더운데 나라마다 온도차가 심합니다. GCC 국가는(사우디아라비아, 오만, 아랍에미리트 바레인, 쿠웨이트, 카타르) 여름에 평균적으로 40도에서 최대 55도까지 오르는 반면 다른 국가들은 40도에서 45도까지 오르락내리락 합니다. 겨울이 되면 GCC국가에서는(일부접경지역 제외) 눈을 보기도 힘들고 여전히 더워 반팔을 입고 다니는 반면 다른 국가들은 춥기 때문에 모두 두꺼운 외투를 입고 다닙니다.

대부분 집을 대리석으로 짓기 때문에 내부온도가 외부온도보다 훨씬 낮아 매우 춥습니다. 겨울에 아랍에서 장기거주나 여행할 계획이 있다면 국내에서 방한용품을 철저히 챙겨가는 것이 좋습니다. 한국처럼 질이 좋으면서 유용한 방한용품을 찾기 힘들고, 있더라도 많이 비싸며 A/S 서비스가 한국처럼 좋지 않습니다. 겨울철 일부 아랍국가에서는 제설능력이 현저히 떨어지기 때문에 눈이 내리는 시점으로 일주일간 국가공휴일로 지정되어 눈이 녹을 때까지 기다려야 합니다. 모로코나 튀니지처럼 일부 국가들은 자연 눈으로 썰매나 스키를 즐길 수도 있습니다. 이는 아랍국가들마다 다르니 각 나라의 날씨가 어떠한지를 이전에 잘 확인하여 철저히 준비해야 하는 것이 좋습니다.

*GCC: 걸프 협력 기구

어제 날씨는 어떠했습니까?

كَيْفَ كَانَ الْجَوّ أَمْس؟

[케이파 카날 자우 암쓰?]

오늘 날씨는 어떠합니까?

كَيْفَ الْجَوّ الْيَوْم؟

[케이팔 자울 야움?]

내일 날씨는 어떠합니까?

كَيْفَ سَيَكُونُ الْجَوّ غَدًا؟

[케이파 싸야쿠-눌 자우 가단?]

오늘 날씨가 매우 덥습니다.

اَلْجَوّ حَارّ جِدًّا الْيَوْم.

[알자우 하-르 짓단 알야움]

지금 몇 도 입니까?

كَمْ دَرَجَةُ الْحَرَارَة الْآن؟

[캄 다라자툴 하라-라 알안-?]

당신(남/여)은 어떤 계절을
좋아합니까?

أَيّ فَصْل تُحِبّ / تُحِبِّين؟

[아이 파쓸 투힙브 / 투힙빈-?]

나는 봄을 좋아합니다.

أُحِبّ الرَّبِيع.

[우힙브 라비-으]

나는 여름보다 가을을
선호합니다.

أُفَضِّل الْخَرِيف عَلَى الصَّيْف.

[우팟뒬 카리-프 알라 싸이프]

요르단은 영상 45도에
도달했습니다.

تَبْلُغُ دَرَجَةُ الْحَرَارَة ٤٥ دَرَجَة فَوْقَ الصِّفْر فِي الْأُرْدُنّ.

[타블루그 다라자툴 하라-라 캄싸 와 아르바인 다라자 파우깟 씨푸르 필 우르둔]

모로코는 영하 5도에
도달했습니다.

تَبْلُغُ دَرَجَةُ الْحَرَارَة ٥ دَرَجَة تَحْتَ الصِّفْر فِي الْمَغْرِب.

[타블루그 다라자툴 하라-라 캄싸 다라자 타흐탓 씨푸르 필 마그립]

오늘 날씨는 피크닉에
적합 합니다.

اَلطَّقْس مُنَاسِب لِلنُّزْهَة الْيَوْم.

[앗따끄쓰 무나-씹 릿 누즈하 알야움]

더운	حَارّ	[하-르]
추운	بَارِد	[바-리드]
태양	شَمْس	[샴쓰]
해가 나는	مُشْمِس	[무슈미쓰]
구름	غَيْم	[가임]
흐린	غَائِم	[가-임]
눈	ثَلْج	[쌀즈]
눈이 오는	مُثْلِج	[무쓸리즈]
청명한	لَطِيف	[라띠-프]
온화한	مُعْتَدِل	[무으타딜]
따뜻한	دَافِئ	[다-피]
습도	رُطُوبة	[루뚜-바]
사막(기후)의	صَحْرَاوِيّ	[싸흐라-위]
바람	رِيح	[리-흐]

아랍의 복장

아랍은 신체를 가리는 문화입니다. 전통복장을 보면 여성뿐만 아니라 남성도 얼굴만 제외하고 머리와 몸 전체를 가립니다. 다양한 이유들이 있는데 이중 하나는 햇빛이 강렬한 지역이므로 피부를 보호하고 사막에서 모래바람을 막기 위한 것입니다. 또한 남성은 예쁜 여성을 보면 탐할 수 있으니 여성은 자신의 몸을 가려 사전에 불미스러운 일을 방지 하고자 하는 이유도 있습니다. 남성이라고 할지라도 무릎 위로 올라가는 짧은 반바지와 같은 노출이 과한 복장은 피하는 것이 좋습니다.

실제로 아랍에서 유학하던 한국 남학생이 45도에 육박하는 더운 여름 날씨를 견딜 수가 없어 허벅지를 반만 가리는 짧은 반바지를 착용했다가 복장불량으로 경찰에게 몇 차례 경고를 받았으나 다시 짧은 반바지를 입고 몰래 길거리를 활보하다 경찰에게 체포 직전까지 갔었습니다.

여성은 공공장소에서 원피스나 짧은 티셔츠 그리고 미니스커트와 같은 복장은 반드시 피해야 합니다. 물론 과거에 비해 아랍여성들의 복장이 많이 자유로워지긴 했으나 대부분 복장에 항상 신경을 쓰는 편입니다.

반팔을 입는다면 팔을 가릴 수 있는 여름용 토시를 같이 착용하는 것이 좋으며 치마 같은 경우는 폭이 넓은 긴 치마가 적절합니다. 아랍에서 외국여성에게도 히잡 착용을 법적 의무화 하던 사우디아라바아가 규제를 풀면서 아랍 내에서만큼은 히잡 착용은 개인의 선택입니다.

안녕하세요. 여러분들께 제 소개를 하겠습니다.

كَانْغ جُون
강준

اَلسَّلَامُ عَلَيْكُم. أُقَدِّم لَكُمْ نَفْسِي.

앗쌀라-무 알라이쿰. 우깟딤 라쿰 나프씨

나의 이름은 강준이고 한국에서 왔습니다.

اِسْمِي كَانْغ جُون وَأَنَا مِنْ كُورِيَا الْجَنُوبِيَّة.

이쓰미 강준 와 아나 민 쿠-리알 자누-비야

나는 학생이며 현재는 이집트에서 거주하고 있습니다.

أَنَا طَالِب وَأَسْكُنْ فِي مِصْر حَالِيًا.

아나 딸립 와 아쓰쿤 피 미쓰르 할리얀

나는 한국 (한)대학교에서 아랍어를 공부했습니다.

دَرَسْتُ اللُّغَةَ الْعَرَبِيَّة فِي جَامِعَة بِكُورِيَا الْجَنُوبِيَّة.

다라쓰투 루가탈 아라비야 피 자-미아 비 쿠-리알 자누비야

지금은 카이로 대학교에서 문어체 아랍어를 배우고 있습니다.

اَلْآن أَتَعَلَّم اللُّغَةَ الْعَرَبِيَّة الْفُصْحَى فِي جَامِعَةِ الْقَاهِرَة.

알안- 아타알라뭇 루가탈 아라비야탈 푸쓰하 피 자-미아틸 까-히라

나는 아랍문화 또한 관심이 많이 있어 이곳에 오게 되었습니다.

أَهْتَمُّ بِالثَّقَافَة الْعَرَبِيَّة كَثِيرًا أَيْضًا وَجِئْتُ اِلَى هُنَا.

아흐탐므 빗싸까-파틸 아라비야 케씨-란 아이단 와 지으투 일라 후나

나는 고대 유적지를 좋아합니다.
그래서 피라미드와 스핑크스를 방문하고 싶습니다.

أُحِبُّ الْآثَار الْقَدِيمَة لِذَلِكَ أُرِيد أَنْ أَزُور الْأَهْرَام وَأَبَا الْهَوْل.

우힙불 아-싸-르 까디-마 리달리카 우리-드 안 아주-르 알아흐람 와 아발 하울

그리고 알렉산드리아, 룩소르 그리고 다합처럼 많은 도시들을 가볼 것입니다.

وَسَأَذْهَب كَثِيرًا مِنَ الْمُدُن مِثل الْإِسْكَنْدَرِيَّة وَالْأُقْصُر وَدَهَب.

와 싸아드합 케씨-란 미날 무둔 미쓸 이쓰칸다리야 와 우꾸쓰르 와 다합

나는 아랍세계에서 대해서 알고 아랍 친구을 많이 사귀길 원합니다.

أُرِيد أَنْ أَعْرِف عَنِ الْعَالَم الْعَرَبِيّ وَأَتَعَرَّف عَلَى كَثِير مِنَ الْأَصْدِقَاء الْعَرَب.

우리-드 안 아으리프 아닐 알-라밀 아라비 와 아타아르라프 알라 케씨-르 미날 아쓰디까-일 아랍

여러분들을 만나서 반갑고 대단히 고맙습니다.

أَنَا مَسْرُور بِلِقَائِكُمْ وَشُكْرًا جَزِيلًا.

아나 마쓰루-르 빌리까-이쿰 와 슈크란 자질-란

피라미드 [아흐람]	أَهْرَام	나는 소개한다 [우깟딤]	أُقَدِّم
스핑크스 [아불- 아흘]	أَبُو الْهَوْل	현재 [할-리얀]	حَالِيًا
도시들(복수) [무둔]	مُدُن	표준어 [알푸쓰하]	اَلْفُصْحَى
아랍세계 [알알라물 아라비]	اَلْعَالَم الْعَرَبِيّ	아랍문화 [싸까-파 아라비야]	ثَقَافَة عَرَبِيَّة
나는 ~를 사귀다 [아타아르라프 알라]	أَتَعَرَّف عَلَى	고대유적지들 [아-싸-르 까디-마]	آثَار قَدِيمَة
친구들 [아쓰디까]	أَصْدِقَاء	그래서 [리달리카]	لِذَلِكَ

안녕하세요. 여러분들께 제 소개를 하겠습니다.

مَرْحَبًا. أُقَدِّم لَكُمْ نَفْسِي.

마르하반. 우깟딤 라쿰 나프씨

나의 이름은 미진이고 한국인입니다. 그리고 한국회사의 직원입니다.

اِسْمِي مِي جِين وَأَنَا كُورِيَّة.

وَأَنَا مُوَظَّفَة فِي الشَّرِكَةِ الْكُورِيَّة.

이쓰미 미진 와 아나 쿠-리야. 와 아나 무왓돠파 피 샤리카틸 쿠-리야

나는 암만(요르단수도)에 거주 중이며 지난달부터 아랍어 공부를 시작했습니다.

أَعِيش فِي عَمَّان. بَدَأْتُ دِرَاسَةَ اللُّغَةِ الْعَرَبِيَّة مُنذ الشَّهْر الْمَاضِي.

아이-쉬 피 암만. 바다으투 디라-싸탓 루가틸 아라비야 문드 샤흐르 마-뒤

나는 아직 아랍어를 잘 말하지 못하지만
언젠가 여러분들과 함께 아랍어로 많은 대화를 하길 희망 합니다.

لَا أَسْتَطِيع أَنْ أَتَكَلَّم اللُّغَةَ الْعَرَبِيَّة جَيِّدًا بَعْد لَكِن أَتَمَنَّى أَنْ أَتَحَدَّث كَثِيرًا بِاللُّغَةِ الْعَرَبِيَّة مَعَكُمْ فِي وَقْت مَا.

라 아쓰타띠-으 안 아타칼람 루가틸 아라비야 자이단 바으드 라킨 아타만나 안
아타핫다쓰 케씨-란 빗 루가틸 아라비야 마아쿰 피 와끄트 마

하느님이 허락하신다면.

إِنْ شَاء الله.

인샤-알라

나에게 아랍어는 어렵지만 매우 재미있습니다

بِالنِّسْبَةِ لِي، اَللُّغَةُ الْعَرَبِيَّة صَعْبَة لَكِنَّهَا مُمْتِعَة جِدًّا.

빗 니쓰바티 리, 앗루가툴 아라비야 싸으바 라킨나하 뭄티아 짓단

مِي جِين
미진

그리고 또한 아랍어는 가장 아름다운 언어라고 생각합니다

وَأَظُّن أَنَّهَا أَجْمَل لُغَة أَيْضًا.

와 아둔느 안나하 아즈말 루가 아이단

그래서 나는 매일 아랍어를 공부하고 있습니다.

لِذَلِك أَدْرُس اللُّغَة الْعَرَبِيَّة كُلَّ يَوْم.

리달리크 아드루쓰 루가탈 아라비야 쿨라 야움

나는 아랍음식들을 많이 좋아합니다.

أُحِبُّ الْأَطْعِمَة الْعَرَبِيَّة كَثِيرًا.

우힙블 아뜨이마 아라비야 케씨-란

만약에 우리가 기회가 있다면 같이 아랍식당으로 갑시다.

إِذَا كَانَ لَدَيْنَا فُرْصَة ، لِنَذْهَب مَعًا إِلَى الْمَطْعَمِ الْعَرَبِيّ.

이다 카-나 라다이나 푸르싸, 리나드합 마안 일랄 마뜨아밀 아라비

들어주셔서 감사합니다. 여러분께 고맙습니다.

شُكْرًا عَلَى الْإِسْتِمَاع. شُكْرًا لَكُم.

슈크란 알랄 이쓰티마-아. 슈크란 라쿰

아직 [바으드]	بَعْد	내 자신 [나프씨]	نَفْسِي
언젠가 [피 아끄트 마]	فِي وَقْت مَا	여직원 [무왓돳파]	مُوَظَّفَة
나에게는 [빗 니쓰바티 리]	بِالنِّسْبَة لِي	한국회사 [샤리카 쿠-리야]	شَرِكَة كُورِيَّة
어려운 [싸으바]	صَعْبَة	공부 [디라-싸]	دِرَاسَة
재밌는 [뭄티아]	مُمْتِعَة	~로부터 [문드]	مُنْذ
아랍음식들 [아뜨이마 아라비야]	أَطْعِمَة عَرَبِيَّة	지난달 [앗샤흐를 마-뒤]	اَلشَّهْر الْمَاضِي

● 아랍어의 자긍심

아랍인들은 자신들의 문화, 언어 등에 관심을 가지는 이방인을 항상 반기는 편입니다. 문화나 종교적인 부분도 그들에게 중요하지만 언어에 대한 자부심이 상당합니다. 우리가 사용하는 영어 어휘 약 3,000개 정도가 아랍어에서 차용되어 그대로 사용되고 있습니다. 이외에도 스페인어는 약 4,000개, 포루투칼어는 약 400개의 어휘들이 아랍어에서 차용되어 21세기까지 그대로 사용되고 있으며 페르시아어(이란어)에 알파벳은 32개인데 이중에 28개의 문자를 아랍어에서 차용하여 그대로 표기하고 여기에 4개의 문자만 새롭게 추가하여 사용하고 있습니다.

또한 아랍어는 국제어 중에 하나이면서 세계에서 가장 경쟁력 있는 언어로 손꼽히고 있습니다. 이러한 언어를 낯선 동양인이 배우고 아랍인들과 회화를 한다면 굉장히 환영 받을 것입니다. 그리고 아랍인들 또한 한류 열풍으로 인해 한국을 알고 싶어하며 한국어를 공부하는 아랍인들이 점점 늘어나고 있는 실정입니다. 뿐만 아니라 김치를 직접 손수 담가 먹는 아랍인도 기하급수적으로 늘고 있습니다. 이러한 좋은 기회를 삼아 아랍인을 만났을때 ٱلسَّلَامُ عَلَيْكُم [앗쌀라-무 알라이쿰] 자신있게 인사해 보시길 바랍니다. BTS 못지 않은 인기를 실감하게 될 것입니다.

당신(남/여)은 나에게
자기 소개 가능 합니까?

هَلْ يُمْكِنُ أَنْ تُقَدِّم / تُقَدِّمِي لِي نَفْسك؟

[할 윰킨 안 투깟딤 / 투깟디미- 리 나프쓰크?]

우리에게 자기소개(남/여)
해보세요.

قَدِّم / قَدِّمِي لَنَا نَفْسك.

[깟딤 / 깟띠미- 라나 나프쓰크]

당신 국적은 무엇입니까?

مَا جِنْسِيَّتُك؟

[마 진씨야투크?]

당신(남/여)은 어디 삽니까?

أَيْنَ تَسْكُنُ / تَسْكُنِين؟

[아이나 타쓰쿤 / 타쓰쿠닌?]

당신은 왜 이나라에
오셨습니까?

لِمَاذَا جِئْت فِي هَذَا الْبَلَد؟

[리마-다 지으트 피 하달 발라드?]

당신(남/여)은 왜 한국을
좋아 합니까?

لِمَاذَا تُحِبّ / تُحِبِّين كُورِيَا الْجَنُوبِيَّة؟

[리마-다 투힙브 / 투힙빈 쿠-리알 자누-비야?]

우리 다시 만날수 있을까요?

هَلْ يُمْكِنُ أَنْ نَلْتَقِي مَرَّة ثَانِيَة؟

[할 윰킨 안 날타끼 마르라 싸-니야?]

우리 언제 그리고 어디서
만날까요?

مَتَى وَأَيْن سَنَلْتَقِي؟

[마타 와 아이나 싸날타끼?]

우리 다시 만나요.

لِنَلْتَقِي مَرَّة أُخْرَى.

[리날타끼 마르라 우크라]

당신은 언제 시간이 있습니까?

مَتَى عِنْدَك وَقْت؟

[마타 인다크 와끄트?]

나는 오늘 즐거웠습니다.

اِسْتَمْتَعْتُ الْيَوْم.

[이쓰탐타으툴 야움]

만나서 반가웠습니다.
또 만나요.

فُرْصَة سَعِيدَة.إِلَى اللِّقَاء.

[푸르싸 싸이-다.일랄 리까-]

인사	تَحِيَّة [타히야]
악수	مُصَافَحَة [무싸-파하]
소개	تَقْدِيم [타끄딤]
비즈니스	أَعْمَال [아으말]
업무	عَمَل [아말]
여행, 관광	سِيَاحَة / سَفَر [씨야-하 / 싸파르]
유학	دِرَاسَة فِي الْخَارِج [디라-싸 필 카-리즈]
약속	مَوْعِد [마우이드]
국적	جِنْسِيَّة [진씨야]
카페	مَقْهى [마끄하]
몇 시	كَم السَّاعَة [카밋 싸-아]
초대	دَعْوَة [다으와]
방문	زِيَارَة [지야-라]
식사	وَجْبَة [와즈바]

이슬람 경전 꾸란 اَلْقُرآن الْكَرِيم

이슬람 무슬림 신자들이 보는 경전을 〈꾸란〉이라고 하며 의미는 〈낭송〉입니다. 취미가 명상이었던 무함마드는 어느 날 히라동굴에서 갑자기 "이끄라(읽어라)"라는 음성을 듣게 됩니다. 하지만 무함마드는 어렸을 때 제대로 된 교육을 받지 못해 문맹이었습니다. "저는 글을 읽을 줄 모릅니다"라고 대답하였지만 "이끄라"라는 음성은 계속 들렸고 그는 강렬한 압박으로 고통을 견딜수 없어 "무엇을 읽어야 합니까?"라고 물었습니다. 그러자 "수정체에서 인간을 만들어낸 알라의 이름으로 읽어라. 관대하신 너의 알라를 위해 읽을 지어다. 알라는 온 세상 사람이 과거에 몰랐던 것을 글로 써서 가르치셨노라"라는 구절이 들렸습니다.

무함마드는 610년에 첫 계시를 받아 632년까지 23년동안 천사 가브리엘을 통해 지속적으로 계시를 받았습니다. 그는 계시를 받으면 구두로 가르침을 전달하였고 주변 사람들 중 서기관에게 부탁해 받아 적게 했습니다. 무함마드가 사망한 후 칼리파(후계자)들이 약 20년에 걸쳐 책으로 편찬한 것이 꾸란입니다. 이렇게 편찬된 꾸란은 114장, 6,600절을 이루어져 있으며 현재까지 그대로 전달되고 있습니다.

꾸란은 무슬림들에게 신성한 성서로 인식되기 때문에 화장실과 같은 장소에는 가지고 들어갈 수 없으며 책장에서도 항상 맨 위쪽에 위치하고 깨끗한 보존을 위해 꾸란 전용 가방을 사용하는 무슬림들을 볼 수 있습니다. 조금 과하다고 생각할 수 있겠지만 꾸란을 보고 싶다면 먼저 보아도 되는지 물어보고 깨끗한 오른손을 이용해야 한다는 점을 참고하길 바랍니다.

2

공항표현

안녕하세요. 당신은 어디로 가십니까?

مُوَظَّفَة
여직원

اَلسَّلَامُ عَلَيْكُم. إِلَى أَيْنَ تَذْهَب؟

앗쌀라-무 알라이쿰. 일라 아이나 타드합?

안녕하세요. 저는 이집트로 갑니다.

سَائِح
여행객

وَعَلَيْكُم السَّلَام. سَأَذْهَب إِلَى مِصْر.

와 알라이쿰 쌀람. 싸아드합 일라 미쓰르

여권 부탁드립니다.

مُوَظَّفَة
여직원

جَوَاز السَّفَر مِنْ فَضْلِك.

자와-즈 싸파리 민 파들리크

받으세요. 여권 여기 있습니다.

سَائِح
여행객

تَفَضَّلِي. هَذَا هُوَ جَوَاز السَّفَر.

타팟딸리. 하다 후와 자와-즈 싸파르

당신은 가방이 몇 개 있으십니까?

مُوَظَّفَة
여직원

كَمْ حَقِيبَة لَدَيْك؟

캄 하끼-바 라다이크?

저는 큰 가방 하나만 있습니다..

سَائِح
여행객

لَدَيّ حَقِيبَة كَبِيرَة وَاحِدَة فَقَط.

라다이야 하끼-바 케비-라 와-히다 파깓

가방을 저울 위에 올려 놓으세요.

مُوَظَّفَة
여직원

ضَع الْحَقِيبَة عَلَى الْمِيزَان مِنْ فَضْلِك.

돠알 하끼-바 알랄 미-잔 민 파들리크

네, 나는 입국비자를 어디서 구매합니까?

نَعَمْ. أَيْنَ أَشْتَرِي تَأْشِيرَةَ الدُّخُول؟

나암. 아이나 아슈타리 타으쉬-라탓 두쿨?

سَائِح
여행객

카이로 국제공항에서 달러로 입국비자를 구매하세요.

اِشْتَرِ تَأْشِيرَةَ الدُّخُول بِالدُّولَار فِي مَطَارِ الْقَاهِرَةِ الدُّوَلِيِّ.

이슈타리 타으쉬-라탓 두쿨 빗 둘-라 피 마따-릴 까-히라 두왈리

مُوَظَّفَة
여직원

정보 고맙습니다.

شُكْرًا عَلَى الْمَعْلُومَات.

슈크란 알랄 마알루-마-트

سَائِح
여행객

저울 [미-잔]	مِيزَان	이집트 [미쓰르]	مِصْر
입국비자 [타으쉬라랏 두쿨]	تَأْشِيرَةُ الدُّخُول	여권 [자와-즈 싸파리]	جَوَازُ السَّفَر
구매하세요(남) [이슈타리]	اِشْتَرِ	양, 수량 [캄]	كَمْ
달러 [둘-라]	دُولَار	가방 [하끼-바]	حَقِيبَة
공항 [마따-르]	مَطَار	단, 오직 [파깟]	فَقَط
정보 [마알루-마-트]	مَعْلُومَات	놓아라 (남) [돠아]	ضَع

• 입국 비자

[2023년 기준]

| 사우디아라비아 |

온라인으로만 구입(카드결제)가능 하며 체류 일수는 1년 동안 90일 최종가격은 480리얄 입니다. (https://visa.visitsaudi.com)

| 바레인 |

도착비자와 전자비자를 현지 또는 온라인에서 구매 가능합니다.
도착비자 2주 5BD / 90일 12BD   전자비자 2주 9BD / 90일 16BD / 1년 44BD
(https://www.evisa.gov.bh)

| 요르단 |

정부에서 운영하는 요르단 패스권은 페트라 방문 일수에 따라 1회 70JD 2회 75JD 3회 80JD이며 입국세와 약 40곳의 관광지 입장료를 면제 받습니다. 하지만 이 패스권은 최소 3일이상 머무는 관광객에게 유리하고 1~2일 체류하며 페트라 방문 계획이 없다면 입국세(40JD)를 지불하고 입국하는 것이 유리합니다. 입국세는 현지 화폐(JOD)로만 받습니다. (https://www.jordanpass.jo/Contents/Prices.aspx)

| 이집트 |

현지 공항에서 입국 비자 구입시 US 달러 / 유로 / 영국 파운드만 받습니다. (자국화폐나 카드 결제 불가능) 비자 가격은 $25이며 외국인들이 많이 방문하는 관광명소들에서도 종종 달러만 취급하는 곳들이 있으니 약간의 달러를 준비하면 편리합니다.

* 주의사항

비자 만료 후 계속 체류한다면 출국시 공항에서 벌금을 지불해야 합니다. 일부 아랍국가들은 이스라엘과 외교적 마찰로 이스라엘 방문 흔적 또는 관련된 물품을 소지 했을시 입국 자체가 불가할 수 있으니 주의해야 합니다.

비행기 티켓을 구매 할 수 있습니까?	هَلْ يُمْكِنْ أَنْ أَشْتَرِي تَذْكِرَةَ الطَّيَرَان؟ [할 윰킨 안 아슈타리 타드키라탓 따야란?]
왕복 티켓 가격은 얼마입니까?	كَمْ ثَمَن تَذْكِرَة ذَهَاب وَإِيَاب؟ [캄 싸만 타드키라 다합 와 이얍?]
두바이행 편도 티켓주세요.	أَعْطِنِي تَذْكِرَة ذَهَاب بِاتِّجَاه دُبَيّ. [아으띠니 타드키라 다합 비 잇티자히 두바이]
수하물 중량초과 금액은 얼마입니까?	بِكَمْ رُسُوم الْوَزْن الزَّائِد لِلْأَمْتِعَة؟ [비캄 루쑴 알와즌 자-이드 릴 암티아?]
나는 시간이 많이 없습니다. 빨리 빨리!	لَيْسَ عِنْدِي وَقْت كَثِير.يَلَا يَلَا! [라이싸 인디 와끄트 케씨-르.얄라 얄라!]
국내선은 어느 쪽입니까?	فِي أَيِ اِتِّجَاه رِحْلَات دَاخِلِيَّة؟ [피 아이 잇티자흐 리흘라-트 다-킬리야?]
국제선은 어느 쪽입니까?	فِي أَيِ اِتِّجَاه رِحْلَات دُوَلِيَّة؟ [피 아이 잇티자흐 리흘라-트 두왈리야?]
비즈니스클래스 라운지로 가길 원합니다.	أُرِيد أَنْ أَذْهَب إِلَى صَالَة دَرَجَة رِجَالِ الْأَعْمَال. [우리드 안 아드합 일라 쌀-라트 다라자트 리잘-릴 아으말]
매우 안타깝게도 비행기를 놓쳤습니다.	مَعَ الْأَسَف الشَّدِيد، فَاتَتْنِي رِحْلَةَ الطَّيَرَان. [마알 아싸프 샤디-드, 파-타트니 리흘라탓 따야란]
다음 비행은 언제입니까?	مَتَى الرِّحْلَة الْقَادِمَة؟ [마타 앗리흘라 까-디마?]
가장 빠른 비행기편을 원합니다.	*عَايِز أَقْرَب رِحْلَة. [아-이즈 아끄랍 리흘라]

* عَايِز [아-이즈]는 방언으로 "원하다" 라는 뜻입니다. 모든 아랍 전역에서 사용할정도로 유용하니 참고하길 바랍니다.

카트	عَرَبَة [아라바]
면세점	اَلسُّوق الْحُرَّة [앗수끄 후르라]
세관	جَمَارك [자마-리크]
검역	حَجْر [하즈르]
탑승구	بَوَابَة الرُّكُوب [바와-바 루쿱]
안내데스크	مَكْتَبُ الْإِسْتِعْلَامَات [마크타불 이쓰티을라-맡]
탑승카운터	مَكْتَب الرُّكُوب [마크탑 루쿱]
수하물 취급소	خِدْمَةُ الْأَمْتِعَة [키트마툴 암티아]
항공사	شَرِكَةُ الطَّيَرَان [샤리카툿 따야란]
공항라운지	صَالَة الْمَطَار [쌀라 마따-르]
항공편 번호	رَقْم رِحْلَة الطَّيَرَان [라끔 리흘라 따야란]
출입국 심사대	فَحْص الْجَوَازَات [파흐쓰 자와-자-트]
휴대수하물	اَلْأَمْتِعَةُ الْمَحْمُولَة بِالْيَد [알암티아툴 마흐물-라 빌야디]
연착	تَأَخِّر [타으키르]

아랍이 궁금해 수하물 미도착 대응법

만약 수하물이 공항에 도착하지 않았다면 탑승권(Boaring Pass)와 여권을 소지한채 공항내부에 있는 수화물 찾는 곳(Baggage Claim) 사무실로 이동해 서류 작성을 해야 합니다.

해당 절차가 마무리되면 해당 편명과 회사 연락처가 적힌 신고증을 발급해 줍니다. 이 신고증을 가지고 공항 밖으로 나갈 수 있으며 추후 서류에 적힌 연락처로 연락을 취해 수하물이 도착했는지 확인해야 합니다. 수하물이 도착했다면 본인 여권과 신고증을 소지한 채 다시 공항 내부에 있는 Baggage Claim 사무실로 찾아가 신분 확인 후 직접 수하물을 찾아야 합니다.

마지막으로 주의할 점은 다른 승객들과 수하물 크기나 모양 그리고 색깔이 같을 수 있으니 미리 수하물 사진을 찍어 두거나 표식을 해두는 것이 좋습니다.

다른 승객과 수하물이 뒤바뀔수 있기 때문입니다. 또한 아랍은 한국과 반대로 "천천히" 문화이기 때문에 우리 방식대로 "빨리빨리"를 요구하거나 화를 낼 경우 오히려 불이익을 당할 수 있습니다.

많은 아랍국가 공항을 오가며 경험한 바로는 모로코 카사블랑카 무함마드 5세 공항이 가장 악명이 높습니다.

필자도 수하물이 도착하지 않았던 이유는 이 공항이 경유지였기 때문입니다. 실제로 매끄럽지 않은 수하물 처리 과정을 직접 보았으며 이는 현지 공항직원들도 인지하고 있을 정도입니다. 대체 노선이 있다면 바꾸어 이용하는 것이 안전합니다.

이집트항공에 오신 것을 환영합니다.

أَهْلًا وَسَهْلًا فِي مِصْر لِلطَّيَرَان.

아흘란 와 싸흘란 피 미쓰르 릿 따야란

مُضِيفَة	여승무원

안녕하세요. 실례합니다. 이 좌석은 어디입니까?

أَهْلًا بِك. لَوسَمَحْت، أَينَ هَذَا الْمَقْعَد؟

아흘란 비크. 라우 싸마흐트, 아이나 하달 마끄아드?

مَرْوَة	마르와

탑승권을 보여주세요. 오른쪽 방향으로 끝까지 걸어가세요.

أَرِينِي تَذْكِرَةَ الرُّكُوب. اِمْشِي حَتَّى النِّهَايَة بِاتِّجَاه الْيَمِين.

아리-니 타드키라탓 루쿱. 임쉬- 핫타 니하-야 비잇티자힐 야민

مُضِيفَة	여승무원

죄송합니다만, 복도 쪽으로 바꿀 수 있을까요? 비행기 멀미가 있습니다.

عُذْرًا، هَل يُمْكِن أَن أُغَيِّره بِاتِّجَاه الْمَمَرّ؟ عِنْدِي دُوَارُ الْجَوّ.

우드란, 할 윰킨 안 우가이르흐 비 잇티자힐 마마르르? 인디 두와-룰 자위

مَرْوَة	마르와

이 좌석은 비어 있으세요. 여기 앉으세요.

هَذَا الْمَقْعَد فَارِغ. إِجْلِسِي. هُنَا.

하달 마끄아드 파-리그. 이즐리씨- 후나

مُضِيفَة	여승무원

당신은 나를 도와 주실 수 있나요? 내 가방이 너무 무겁네요.

هَل يُمْكِن أَن تُسَاعِدِينِي؟ حَقِيبَتِي ثَقِيلَة جِدًّا.

할 윰킨 안 투싸-이디-니? 하끼-바티 싸낄-라 짓단

مَرْوَة	마르와

물론이죠. 우리 함께 이 가방을 들어요.	مُضِيفَة 여승무원
طَبْعًا. لِنَحْمِلْ هَذِهِ الْحَقِيبَةَ مَعًا.	
따브안. 리나흐밀 하디힐 하끼-바 마안	
대단히 고맙습니다. 당신은 매우 친절하시군요.	مَرْوَة 마르와
شُكْرًا جَزِيلًا. أَنْتِ كَرِيمَةٌ جِدًّا.	
슈크란 자질-란. 안티 케리-마 짓단	
말씀 고맙습니다 그리고 이것은 의무(해야 할 일을 했을뿐 이라는 뜻) 입니다.	مُضِيفَة 여승무원
شُكْرًا عَلَى كَلَامِكِ وَهَذَا وَاجِب.	
슈크란 알라 칼라미크 와 하다 와집	
안전을 위해 안전벨트를 매세요.	
اِرْبِطِي حِزَامَ الْأَمَانِ مِنْ أَجْلِ السَّلَامَةِ.	
이르비띠- 히자-말 아만 민 아즐릿 쌀라-마	
비행기가 곧 이륙합니다.	
تُقْلِعُ الطَّائِرَةُ قَرِيبًا.	
투끄리으 따-이라 까리-반	

비행기 멀미 [두와-룰 자위]	دُوَارُ الْجَوِّ	기내 [다-킬 따-이라]	دَاخِلَ الطَّائِرَةِ
비어있는 [파-리가]	فَارِغ	좌석 [마끄아드]	مَقْعَد
무거운 [싸낄-라]	ثَقِيلَة	탑승권 [타드키라툿 루쿱]	تَذْكِرَةُ الرُّكُوبِ
의무 [와-집]	وَاجِب	오른쪽 [야민]	يَمِين
안전벨트 [히자-물 아만]	حِزَامُ الْأَمَانِ	죄송하게도 [우드란]	عُذْرًا
~을 위해 [민 아즐]	مِنْ أَجْلِ	복도 [마마르르]	مَمَرّ

생생 여행
Tip

● 국제학생증과 이까마(거주증) 혜택

한국과 아랍을 오가는 직항 노선은 많지 않으므로 대부분 유럽이나 UAE를 경유해서 갑니다. 만약에 학생(국제학생증 기준)이라면 학생 여행 전문 키세스항공사(https://www.kises.co.kr)를 적극 이용해 보는 것도 좋습니다. 국내에서 아랍으로 가는 비행노선을 가장 저렴한 가격에 제공하는 곳입니다. 마일리지 적립 서비스만 제공받지 못할 뿐 일반 승객과 똑같은 기내 서비스를 받을 수 있습니다. 티켓을 구매하기 이전 국제학생증 발급은 필수이며 저렴하게 티켓을 제공하다보니 결제시 계좌이체만 가능합니다. 아랍에는 세계적인 유적지가 많이 있습니다. 국제학생증을 이용한다면 입장료가 무료이거나 최대 50%까지 할인을 받을 수 있는 곳들도 있으니 학생의 특권을 누려 보시길 바랍니다.

성인은 현지에서 이까마(거주증)이 있다면 세계적인 관광지 입장료를 아랍 현지인과 똑같은 가격에 구매할 수 있습니다. 참고로 외국인과 아랍인 입장료 가격은 적게는 2~3배 많게는 최대 10배 이상 차이가 나는 곳도 있습니다. 아랍 현지에서 거주할 계획이라면 이까마(거주증)을 통해 혜택을 누려 보시길 바랍니다.

나는 이 좌석을
못 찾겠습니다.

لَا أَجِد هَذَا الْمَقْعَد.

[라 아지드 하달 마끄아드]

나는 목이 마릅니다.
물을 주세요 부탁드립니다.

أَنَا عَطْشَان.أَعْطِني مَاء مِنْ فَضْلِك.

[아나 아뜨샨.아으띠니 마-아 민 파들리크]

나는 약간 출출합니다.
간식 있습니까?

أَنَا جَوْعَان قَلِيلًا. هَلْ عِنْدَكُم وَجَبَات خَفِيفَة ؟

[아나 자우안 깔릴-란. 할 인다쿰 와즈바-트 카피-파?]

나(남)는 아픕니다.
당신들은 약이 있습니까?

أَنَا مَرِيض. هَلْ عِنْدَكُم دَوَاء ؟

[아나 마리-드.할 인다쿰 다와?]

나는 두통이 있습니다.
두통약 부탁드립니다.

عِنْدِي صُدَاع. دَوَاء لِلصُّدَاع مِنْ فَضْلِك.

[인디 쑤다-아. 다와 릿 쑤다-아 민 파들리크]

이 화면이 잘 작동 하지
않습니다.

هَذِهِ الشَّاشَة لَا تَعْمَل جَيِّدًا.

[하디힛 샤-샤 라 타으말 자이단]

실례합니다.
저는 뜨거운 차를 원합니다.

لَوْسَمَحْت، أُرِيد الشَّاي السَّاخِن.

[라우 싸마흐트, 우리-드 샤이 싸-킨]

몇 시간 남았습니까?

كَمْ سَاعَة تَبْقَي ؟

[캄 싸-아 타브까?]

당신은 기내 면세품을
판매합니까?

هَلْ تَبِيعُون مُنْتَجَات السُّوق الْحُرَّة
فِي الطَّائِرَة ؟

[할 타비-운 문타자-트 쑤-깔 후르라 핏 따-이라?]

나(남/여)는
채식주의자 입니다.

أَنَا نَبَاتِيّ / نَبَاتِيَّة.

[아나 나바-티(남)/나바-티야(여)]

당신들은 채식식사가
있습니까?

هَلْ عِنْدَكُم وَجَبَات نَبَاتِيَّة ؟

[할 인다쿰 와즈바-트 나바-티야?]

어휘
플러스

맥주	بِيرَة [비-라]
짐칸	مَقْصُورَةُ الأَمْتِعَة [마끄쑤-라툴 암티아]
이어폰	سَمَّاعَة [쌈마-아]
신문	جَرِيدَة [자리-다]
창가좌석	مَقْعَد النَّافِذَة [마끄아드 나-피다]
복도좌석	مَقْعَد الْمَمَرّ [마끄아드 마마르르]
화장실	حَمَّام / دَوْرَةُ الْمِياه [함맘 / 다으라툴 미야]
음료	مَشْرُوبَات [마슈루-바-트]
메뉴	قَائِمَةُ الطَّعَام [까-이마툿 따암]
음식	طَعَام [따암]
고기	لَحْم [라흠]
생선	سَمَك [싸마크]
빵	خُبْز [쿠브즈]
수면용안대	غِطَاء الْعَيْن لِلنَّوْم [기따- 알아인 릿 나움]

아랍이 궁금해

아랍연맹과 걸프 협력 회의

아랍연맹(جَامِعَة الدُّوَل الْعَرَبِيَّة)

유럽에 EU연합이 있다면 아랍에는 아랍연맹이 있습니다. 1945년 이집트 카이로에서 정치적, 경제 군사 분야의 협력을 도모하기 위해 창설된 기구 입니다. 아랍의 안전과 평화를 확보하면서 주권과 독립을 수호의 목적으로 가입된 국가는 22개국입니다.

걸프 협력 회의(مَجْلِس التَّعَاوُن لِدُوَل الْخَلِيج الْعَرَبِيَّة)

걸프만에 위치한 6개국(사우디아라비아, 오만, 아랍에미리트, 쿠웨이트, 바레인, 카타르)의 협력을 위해 창설된 기구입니다. 걸프 협력 회의는 Gulf Cooperation Council 로 불리는데 이를 줄여 흔히 GCC라고 합니다.

1979년 2월 이란의 공화정 건국, 1979년 12월 소련연방의 아프가니스탄 침공, 1980년에 발발한 이란과 이라크 전쟁 등 지속적인 사건들로 각 국은 안보의 위협을 느끼고 있었습니다. 이에 공동으로 대응하기 위하여 각 국가의 수장들이 아랍에미리트 수도 아부다비에서 의견을 나눈 후 1981년 창설하였습니다. 안보협력이 주된 목적이었으나 현재는 안보위협이 줄어들며 경제 협력 위주로 활동하고 있습니다. 2003년부터 약 5%의 관세 동맹을 출범시켰으며 2008년에는 공동시장을 출범하기도 하였습니다. 한국 정부와 FTA를 체결하기 위해 많은 노력을 기울이고 있습니다.

당신 여권 부탁드립니다.	مُوَظَّف
جَوَازُ سَفَرِكَ مِنْ فَضْلِكَ.	남직원
자와즈 싸파라크 민 파들리크	

받으세요. 여기 나의 여권입니다.	سَائِحَة
تَفَضَّلْ. هَذَا هُوَ جَوَازُ سَفَرِي.	여관광객
타팟딸. 하다 후와 자와-즈 싸파리	

당신 방문 이유는 무엇입니까?	مُوَظَّف
مَا سَبَبُ زِيَارَتِكَ؟	남직원
마 싸밥 지야-라티크?	

나는 여행차 튀니지를 방문 했습니다.	سَائِحَة
زُرْتُ تُونِسَ لِلسِّيَاحَة.	여관광객
주르투 투-니쓰 릿 씨야-하	

당신은 몇 일간 여행할 것 입니까?	مُوَظَّف
كَمْ يَوْما سَتُسَافِرِين؟	남직원
캄 야움 싸투싸-피린?	

나는 일주일 동안 튀니지를 여행 할 것입니다.	سَائِحَة
سَأُسَافِرُ تُونِسَ لِمُدَّةِ أُسْبُوع.	여관광객
싸우싸-피르 투-니쓰 리뭇다 우쓰부-으	

인적사항들을 입국카드 위에 쓰세요.	مُوَظَّف
أُكْتُبِي الْمَعْلُومَاتِ الشَّخْصِيَّة عَلَى بِطَاقَةِ الْوُصُول.	남직원
우크투빌- 마알루마-트 샤크씨야 알라 비따-까틸 우쑬	

알겠습니다. 여기 입국카드 입니다.	سَائِحَة
	여관광객

طَيِّب. هَذِهِ هِيَ بِطَاقَةُ الْوُصُول.

따입. 히디히 히야 비따-까툴 우쑬

완벽합니다. 튀니지에 오신것을 환영 합니다.	مُوَظَّف
	남직원

تَمَام. أَهْلًا وَسَهْلًا فِي تُونِس.

타맘. 아흘란 와 싸흘란 피 투-니쓰

고맙습니다. 수고하세요.	سَائِحَة
	여관광객

شُكْرًا. يُعْطِيك الْعَافِيَة.

슈크란. 유으끼-킬 아-피아

기간 [리뭇다]	لِمُدَّة	당신 여권 [자와즈 싸파리크]	جَوَاز سَفَرِك
일주일 [우쓰부-으]	أُسْبُوع	부탁드립니다 [민 파들리크]	مِنْ فَضْلِك
위에 [알라]	عَلَى	당신 방문 이유 [싸밥 지야-라티크]	سَبَب زِيَارَتِك
입국카드 [비따-까툴 우쑬]	بِطَاقَةُ الْوُصُول	튀니지 [투-니쓰]	تُونِس
알겠습니다, 좋습니다 [따입]	طَيِّب	관광, 여행 [씨야-하]	سِيَاحَة
완벽한, 딱맞는 [타맘]	تَمَام	몇일 [캄 야움]	كَمْ يَوْما

생생 여행
Tip

돼지고기

이슬람에서는 동물 중 돼지를 금기하고 있습니다. 입국시 족발이나 편육과 같은 식품을 진공 포장하거나 즉석식품으로 들여오다가 통관에서 적발되면 몰수 또는 벌금을 지불해야 하니 주의해야 합니다.

술

이슬람에서는 술이 금기되어 있으나 모든 아랍 국가 면세점에서 다양한 주류를 판매하고 있습니다. 이외에 음주가 가능한 식당이나 호텔이 있습니다. 일부 국가에서는 Liquor shop 을 시내에서 어렵지 않게 찾을 수 있기도 하지만 사회적 분위기가 비교적 자유롭다 할지라도 개인적으로 돼지고기를 먹거나 술을 마시는 행위는 국가적으로 허가 받은 장소 또는 실내에서 조용하게 해결하는 것이 바람직합니다.

타종교를 권하는 행위

아랍국가에도 이슬람 이외에 기독교나 천주교, 드루즈, 마론파처럼 다양한 종교가 분포 되어 있습니다. 하지만 이슬람 신자는 타종교의 전향을 법적으로 금지하고 있습니다. 타종교를 이슬람 신자에게 전파한 행위자는 영구 추방이며 타종교로 전향한 무슬림은 중범죄에 해당하므로 강력한 처벌을 받았던 사례가 있습니다. 이러한 이유로 추방 되면 다른 아랍 국가 입국시 입국거부를 당할 수 있습니다.

나는 입국비자를 어디서
구매 해야 합니까?

أَيْنَ أَشْتَرِي تَأْشِيرَةَ الدُّخُول؟

[아이나 아슈타리 타으쉬-라탓 두쿨?]

신용카드로 결제 할 수
있을까요?

هَلْ يُمْكِن أَنْ أَدْفَع بِبِطَاقَةِ الائْتِمَان؟

[할 윰킨 안 아드파아 비 비따-까틸 이으티만?]

나는 비즈니스 때문에
방문 했습니다.

زُرْتُ بِسَبَبِ الأَعْمَال.

[주르투 비싸바빌 아으말]

나는 공부를 위해
이 나라로 왔습니다.

جِئْتُ إِلَى هَذَا الْبَلَد لِلدِّرَاسَة.

[지으투 일라 하달 발라드 릿 디라-싸]

은행은 어디 있습니까?
나는 환전하길 원합니다.

أَيْنَ الْبَنْك؟ أُرِيد أَنْ أَصْرِف.

[아이날 반크? 우리-드 안 아쓰리프]

나의 가방이 이 공항에
도착하지 않았습니다.

لَمْ تَصِل حَقِيبَتِي فِي هَذَا الْمَطَار.

[람 타씰 하끼-바티 피 하달 마따-르]

분실물 센터는 어디에
있습니까?

أَيْنَ مَكْتَبُ الْمَفْقُودَات؟

[아이나 마크타불 마프꾸-다-트?]

버스를 타고 시내로 갈 수
있습니까?

هَلْ يُمْكِن أَنْ أَذْهَب إِلَى وَسَطِ الْمَدِينَة بِالْبَاص؟

[할 윰킨 안 아드합 일라 와싸띨 마디-나 빌 바-쓰?]

버스 티켓은 어디서
구매합니까?

أَيْنَ أَشْتَرِي تَذْكِرَةَ الْبَاص؟

[아이나 아슈타리 타드키라탈 바-쓰?]

공항에서 시내까지
택시 요금은 얼마입니까?

كَمْ أُجْرَةُ التَّاكْسِي مِنَ الْمَطَار إِلَى وَسَطِ الْمَدِينَة؟

[캄 우즈라툿 타-크씨 미날 마따-르 일라 와싸띨 마디-나?]

지하철 정류장으로
어떻게 가야 합니까?

كَيْفَ أَذْهَب إِلَى مَحَطَّةِ الْمِتْرُو؟

[케이파 아드합 일라 마핫따틸 메트로?]

관세	رُسُوم جُمْرَكِيَّة [루쑴 줌라키야]
수하물 찾는곳	اِسْتِلَام الْأَمْتِعَة [이쓰틸람 암티아]
환승	تَحْوِيل الرِّحْلَات [타흐윌 리흘라-트]
ATM 기계	آلَة الصَّرَّاف [알-라 씨르라-프]
휴대폰	هَاتِف [하-팁]
대중교통	مُوَاصَلَات عَمُومِيَّة [무와-쌀라-트 아무-미야]
버스	بَاص [바-쓰]
지하철	آلْمِتْرُو [알메트로]
택시	تَاكْسِي [타-크씨]
운전기사	سَائِق [싸-이끄]
렌트카 회사	شَرِكَة تَأْجِير سَيَّارَات [샤리카 타으지-르 싸이야-라-트]
신분증	بِطَاقَة هُوِيَّة [비따-까 후위야]
현찰, 돈	نُقُود [누꾸-드]
달러	دُولَار [둘-라]

한국과 중동, 관계의 역사

아랍인이 본격적으로 한국에 정착한 시기는 통일신라 시대라고 보여집니다. 이 당시 당나라와 동맹 관계로 매년 1회이상 사절단을 하였는데 이때 아랍사절단을 만나며 점점 가까워 지는 계기가 되었습니다.

이러한 관계는 세종대왕 때까지 이어 집니다. 『조선왕조실록』에 음력 정월 초하루날 경복궁 연회루에서 문무백관이 도열해 있는 가운데 이슬람 지도자가 꾸란(이슬람 성서)을 낭송 하였으며 세종대왕께서는 눈을 지그시 감고 경청 하셨다는 기록이 있습니다. 6.25전쟁때는 튀르키예가 약 1만 5천 여명의 전투병을 파견하였고 이란, 이집트, 시리아, 레바논, 사우디아라비아는 다양한 물자를 공급하며 우리에게 많은 도움을 주었습니다. 이후 1973년 12월 당시 삼환기업이 사우디아라비아의 고속도로 공사 수주를 시작으로 국가의 발전과 외화벌이를 위해 많은 기업과 근로자가 중동으로 파견됩니다. 1970~1980년 20년 동안 중동으로 파견된 근로자만 100만명 이상으로 해외 건설 플랜트사업 중 중동 비중이 압도적이었고 현재까지 이어지고 있습니다. 이란에서 국민 가전 제품은 LG, 국민 휴대폰은 삼성, 국민 자동차는 기아이며 아직까지 드라마 주몽이 인기몰이를 하고 있습니다. 국내 대기업 현대는 세계 7대 불가사의에 속하는 고대 유적지 페트라의 스폰서로 선정되며 발굴에 구슬땀을 흘리고 있습니다. 이외에도 한류 열풍으로 인해 K-푸드까지 인기를 끌며 중동식품시장에 큰 파란을 불러 일으키고 있습니다. 앞으로 최고의 먹거리 시장이 될 것이므로 대비해야 합니다.

기사님! 당신은 이 호텔을 아십니까? 나는 이곳으로 갈 것입니다.

يَا سَائِقُ! هَلْ تَعْرِفُ هَذَا الْفُنْدُقَ؟ سَأَذْهَبُ إِلَى هُنَاكَ.

야 싸-이끄! 할 타으리프 하달 푼두끄? 싸아드합 일라 후나-크

سَائِح
관광객(남)

네, 나는 이 호텔을 압니다 시내에 위치해 있습니다.

نَعَمْ، أَعْرِفُ هَذَا الْفُنْدُقَ وَيَقَعُ فِي وَسَطِ الْمَدِينَةِ.

나암, 아으리프 하달 푼두끄 와 야까으 피 와싸띨 마디-나

سَائِق
운전기사

그곳은 여기로부터 가깝습니까 아니면 멉니까?

هَلْ هُنَاكَ قَرِيبٌ أَوْ بَعِيدٌ عَنْ هُنَا؟

할 후나크 까립 아우 바이-드 안 후나?

سَائِح
관광객(남)

그곳은 여기로부터 멀지 않습니다. 차로 30분 걸립니다.

هُنَاكَ لَيْسَ بَعِيدًا عَنْ هُنَا. يَسْتَغْرِقُ نِصْفَ سَاعَةٍ بِالسَّيَّارَةِ.

후나-크 라이싸 바이-드 안 후나. 야쓰타그리끄 니쓰프 싸-아 빗 싸야-라

سَائِق
운전기사

이 호텔까지 택시 요금은 얼마입니까?

كَمْ أُجْرَةُ التَّاكْسِي إِلَى هَذَا الْفُنْدُقِ؟

캄 우즈라툿 타-크씨 일라 하달 푼두-끄?

سَائِح
관광객(남)

가격은 200주나이히(이집트화폐명) 입니다.

سِعْرُهُ مِائَتَانِ جُنَيْهِ.

씨으루후 미아탄 주나이흐

سَائِق
운전기사

	سَائِح 관광객(남)

말도 안돼요. 이 가격은 적합하지 않고 너무 비쌉니다.

مُسْتَحِيلٌ. هَذَا السِّعْرُ غَيْرُ مُنَاسِبٍ وَغَالٍ جِدًّا.

무쓰타힐. 하닷 씨으루 가이르 무나-씹 와 갈-린 짓단

	سَائِق 운전기사

그럼, 얼마가 당신께 적당합니까?

إِذَنْ، كَمْ سِعْرًا مُنَاسِبٌ لَكَ؟

이단, 캄 씨으르 무나-씹 라크?

	سَائِح 관광객(남)

저는 100 주나이히가 가장 적합한 가격이라고 생각합니다.

أَظُنُّ أَنَّ مِائَةَ جُنَيْهٍ هِيَ أَنْسَبُ سِعْرٍ.

아둔느 안나 미아 주나이흐 히야 안싸브 씨으르

	سَائِق 운전기사

알겠습니다. 그렇게 하시죠(우리는 동의 했다는 뜻). 호텔로 갑시다.

حَسَنًا. اِتَّفَقْنَا. هَيَّا بِنَا إِلَى الْفُنْدُق.

하싸난, 잇타파끄나, 하이야 비나 일라 푼두끄

호텔 [푼두끄]	فُنْدُق	가격 [씨으르]	سِعْر
위치해 있다 [야까으]	يَقَع	200 [미아탄]	مِائَتَان
가까운 [까립-]	قَرِيب	말도 안되는 [무쓰타힐]	مُسْتَحِيل
먼 [바이-드]	بَعِيد	적합하지 않은 [가이르 무나-씹]	غَيْر مُنَاسِب
30분 [니쓰프 싸-아]	نِصْف سَاعَة	비싼 [갈-린]	غَالٍ
택시 요금 [우즈라툿 타-크씨]	أُجْرَةُ التَّاكْسِي	나는 ~라고 생각한다 [아둔느 안나]	أَظُنُّ أَنَّ

• 공항에서 이동하기

GCC 국가(사우디아라비아, 오만, 아랍에미리트, 바레인, 카타르, 쿠웨이트)는 아랍에서 잘 볼 수 없는 지하철도 개통되어 있으며 공항버스부터 택시까지 다양한 선택권이 있지만 이를 제외한 대부분의 아랍 국가는 대중교통 시설이 열악해 공항버스가 없어 택시만 이용해야 하는 경우가 대다수입니다.

공항에는 목적지마다 가격이 책정되어 쓰여져 있지만 무용지물이므로 택시 운전기사와 가격을 협상한 후 짐을 싣고 탑승해야 합니다. 제대로 된 택시 가격을 알기 위해서는 내가 가고자 하는 목적지까지 어느 정도 가격인지 공항에 근무하는 경찰이나 직원에게 문의를 한 후 알려주는 가격으로 이용하는 것이 좋습니다.

모든 아랍 국가는 공항에서 시내까지 거리가 있으므로 미터키를 사용하지 않습니다. 만약에 운전기사가 미터기를 사용한다고 하면 타지 않는 것이 좋으며 택시 탑승시 남성은 항상 앞자리 여성은 뒷자리에 탑승해야 불미스러운 일들을 예방할 수 있습니다. 또한 카드결제는 거의 불가능하므로 반드시 자국 화폐를 준비해야 합니다. 주머니에는 택시비 이외에 금액은 넣어 두지 않는 것이 좋습니다. 각종 이유로 가격을 올리거나 팁을 달라며 실갱이를 적지 않게 하기 때문입니다. 우버와 같은 어플리케이션도 있지만 모든 지역에서 사용 가능한 것은 아니기에 철저히 대비하는 것이 좋습니다.

택시 정류장은 어디 있습니까?

أَيْنَ مَحَطَّةُ التَّاكِسِي؟

[아이나 마핫따툿 타-크씨?]

나는 다른 택시를 탈께요.

سَأَرْكَب تَاكِسِي آخَر.

[싸아르캅 타-크씰 아-카르]

이 호텔로 몇 km 입니까?

كَمْ كِيلُومِترًا إِلَى هَذَا الفُنْدُق؟

[캄 킬루 미트란 일라 하달 푼두끄?]

이 주소로 가주세요.

خُذْنِي إِلَى هَذَا العُنْوَان.

[쿠드니 일라 하달 운완]

나는 급합니다. 빨리 가주세요.

أَنَا مُسْتَعْجِل.خُذْنِي بِسُرْعَة.

[아나 무쓰타으질.쿠드니 비 쑤르아]

나는 경찰을 부르겠어요.

سَأَتَّصِل بِالشُّرْطَة.

[싸앗타씰 빗 슈르따]

여기서 세워 주세요.

قِف هُنَا مِنْ فَضْلِك.

[끼프 후나 민 파들리크]

천천히 천천히 부탁 드려요.

*شُوَي شُوَي مِن فَضْلِك.

[슈와이 슈와이 민 파들리크]

정말 돈 없어요.

*وَاللهِ مَافِي النُّقُود .

[왈라히 마-피 누꾸-드]

* شُوَي شُوَي [슈와이 슈와이]는 아랍전역에서 사용하는 방언으로 무언가가 빠르다
  고 느껴질때 또는 무거운 짐이나 중요한 물건을 들때 "천천히, 조심히" 해달라는 의미
  입니다.

* وَاللهِ مَافِي [왈라히 마-피]는 "정말 없다"라는 의미로 아랍전역에서 통용되는 방언입니
  다. 유용한 표현이니 잘 숙지 하길 바랍니다.

택시	تاكْسِي [타-크씨]
오른쪽으로	إِلَى الْيَمِين [일랄 야민]
왼쪽으로	إِلَى الْيَسَار [일랄 야싸-르]
앞으로	إِلَى الْأَمَام [일랄 아맘]
뒤로	إِلَى الْوَرَاء [일랄 와라-아]
유턴	اَلدَّوَرَان لِلْخَلْف [다으란 릴 칼프]
맞은편	جَانِب آخَر [자닙 아-카르]
지도	خَرِيطَة [카리-따]
잔돈	فَكَّة [팍카]
호텔이름	اِسْم الْفُنْدُق [이씀 푼두끄]
연락처	رَقُم الْهَاتِف [라끔 알하-팁]
미터기	عَدَّاد [앗다-드]
차 트렁크	صُنْدُوق السَّيَّارَة [쑨두-끄 싸이야-라]

천일야화 '열려라 참깨' 비밀

옛날 페르시아에 카심과 알리바바 형제가 살았습니다. 알리바바는 어느 날 숲에서 장작을 줍던 중 40인의 도둑들이 동굴에서 금은보화를 옮기는 모습을 발견하고 몸을 숨겨 그들을 지켜봅니다. 두목이 "열려라 참깨"를 외치자 동굴 문이 열리는 장면을 목격합니다.

잠시 후 40인의 도둑들이 자리를 떠나고 알리바바도 똑같이 "열려라 참깨"를 외친 후 동굴 문을 열어 수많은 금은 보화를 가지게 됩니다. 그러면 왜 많은 작물들 중 참깨라는 말을 썼을까요?

참깨는 익으면 갑자기 껍질이 길쭉하게 네 갈래로 찢어지며 씨앗이 땅으로 떨어진다고 합니다. 이 모습을 동굴의 문이 열리면서 금은보화들이 갑자기 튀어나오는 것을 참깨에 빗대어 표현한 것입니다.

참깨는 서아프리카 니제르강 유역의 사바나 지대가 원산지로 알려져 있는데 전 세계로 퍼지면서 자연스레 중동에도 전파되었습니다. 과거 이집트에서 참깨쿠키를 많이 만들어 먹었으며 클레오파트라 7세는 전신에 참기름을 수시로 바르며 피부관리를 했다고 전해집니다. 이는 현재 민간요법으로 사용되고 있습니다.

참깨 영어 단어 sesame 어원은 앗시리아어 samssamu 인데 이 어휘가 그리스에서는 sesamon 이라고 불리다가 현재 sesame로 자리 잡으며 오랫동안 사랑 받아 오고 있습니다. 하지만 유럽에서는 그리스 로마시대부터 올리브 오일이 대중화 되며 참깨는 식탁에서 멀어지게 되고 추후 실크로드를 통해 중국으로 전해 집니다. 중국에서는 신비로운 이미지로 무병장수를 기원하는 작물이었으며 추후 한국과 일본으로 전해 졌습니다.

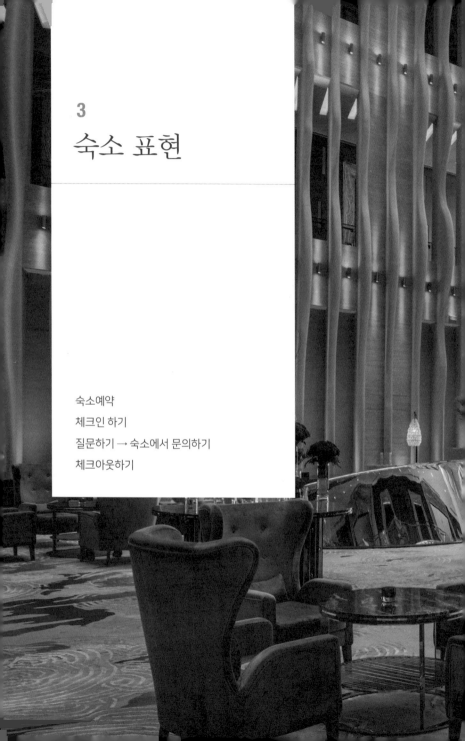

3
숙소 표현

مُوَظَّف
남직원

여보세요. 여기는 "쌀람" 호텔입니다. 무엇을 도와 드릴까요?

آلُو. هُنَا «اَلسَّلَام» فُنْدُق. أَيّ خِدْمَة؟

알-루. 후나 "앗쌀람" 푼두끄. 아이 키드마?

أَحْمَد
아흐마드

나는 방 하나를 예약하길 원합니다.

أُرِيد أَنْ أَحْجِز غُرْفَة وَاحِدَة.

우리-드 안 아흐지즈 구르파 와-히다

مُوَظَّف
남직원

당신은 어떤 종류의 방을 원하십니까?

أَيَّ نَوْع مِنَ الْغُرَف تُرِيد؟

아이야 나운 미날 구라프 투리-드?

أَحْمَد
아흐마드

나는 침대 한 개와 화장실이 있는 방을 원합니다.

أُرِيد غُرْفَة بِسَرِير وَاحِد وَحَمَّام.

우리-드 구르파 비 싸리-르 와-힌 와 함맘

مُوَظَّف
남직원

당신은 언제 투숙 하길 원합니까?

مَتَى تُرِيد أَنْ تُقِيم؟

마타 투리-드 안 투낌?

أَحْمَد
아흐마드

나는 목요일부터 일요일까지 투숙 하길 원합니다.

أُرِيد أَنْ أُقِيم مِنْ يَوْمِ الْخَمِيس حَتَّى يَوْمِ الْأَحَد.

우리-드 안 우낌 민 야우밀 카미-쓰 핫타 야우밀 아하드

مُوَظَّف
남직원

알겠습니다. 당신은 누구 이름으로 예약을 하겠습니까?

حَسَنًا. بِأَيِّ اِسْم تَحْجِز؟

하싸난. 비아이 이쏨 타흐지즈?

아흐마드 이름으로요 그리고 하룻밤에 얼마입니까? **بِاسْم أَحْمَد وَكَمْ سِعْرا فِي لَيْلَة وَاحِدَة؟** _{비씀 아흐마드 와 캄 씨으르 피 라일라 와-히다?}	أَحْمَد 아흐마드
100디나르입니다. **مِئَة دِينَار.** _{미아 디나-르}	مُوَظَّف 남직원
(천번) 대단히 고맙습니다. **أَلْف شُكْر.** _{알프 슈크르}	أَحْمَد 아흐마드

화장실 [함맘]	حَمَّام	호텔 [푼두끄]	فُنْدُق
~까지 [핫타]	حَتَّى	방(단수) [구르파]	غُرْفَة
가격 [씨으르]	سِعْر	방들(복수) [구라프]	غُرَف
100 [미아]	مِئَة	종류 [나운]	نَوْع
1,000 [알프]	أَلْف	침대 [싸리-르]	سَرِير

• 숙소 예약 그리고 요일체계

많은 아랍국가의 최대 수입원은 관광입니다. 숙소 예약 시 믿을 만한 웹사이트
나 어플리케이션을 통해 예약하는 것이 가장 안전하며 숙소의 형태는 크게 호
텔과 아파트 대여 정도가 있습니다. 온라인 상에서는 아파트 대여가 호텔에 비
해 수가 부족한 편이지만 일반 가정집과 똑같은 컨디션을 가지고 있으므로 상당
히 편리합니다.

대부분 아랍 국가의(일부국가제외) 요일 체계는 우리와 다릅니다. 전 세계 대부
분의 나라들이 월요일부터 금요일까지 업무가 이루어지고 토 · 일요일은 쉬는 반
면에 아랍 국가는 일요일부터 목요일까지 업무가 이루어지고 금 · 토요일은 휴
무입니다.

이는 아랍도 과거에 월요일부터 금요일까지 일과가 이루어지고 토 · 일이 휴일이
었으나 유대인과의 관계가 악화되면서부터 변경되었습니다. 아랍에서 금요일은
기도의 날이며 토요일은 안식의 날입니다.
하지만 모로코와 튀니지처럼 일부 북아프리카 아랍 국가는 우리와 똑같이 주말을
휴무로 지정하는 국가도 있습니다. 이는 과거 프랑스 식민지 영향으로 다른 아랍
국가와 차이가 있는 것으로 보입니다. 국가마다 요일체계 차이가 있으므로 내가
가고자 하는 국가의 요일 체계를 사전에 미리 확인하여 여행이나 비즈니스 방문
시 일정에 차질이 생기지 않도록 스케줄을 잘 짜야 합니다.

숙소 표현

생생 여행
Tip

당신은 방이 있습니까?

هَلْ عِنْدَكَمْ غُرْفَة ؟

[할 인다쿰 구르파?]

우리는 침대가 2개 있는 방을
원합니다.

نُرِيد غُرْفَة بِسَرِيرَيْن.

[누리-드 구르파 비 싸리-라인]

우리는 침대 3개를 원합니다.

نُرِيد ثَلَاثَة أَسِرَّة.

[누리-드 쌀라-싸 아씨르라]

나는 큰 방을 원합니다.

أُرِيد غُرْفَة كَبِيرَة.

[우리-드 구르파 케비-라]

나는 방에서 Wi-Fi를 사용할 수
있습니까?

هَلْ يُمْكِن أَنْ أَسْتَخْدِم وَاي فَاي فِي الْغُرْفَة ؟

[할 융킨 안 아쓰타크딤 와이파이 필 구르파?]

방에 에어컨이 있습니까?

هَلْ يُوجَد مُكَيِّف فِي الْغُرْفَة ؟

[할 유자드 무카이프 필 구르파?]

당신(남)은 나를 도와 주실 수
있습니까? 부탁드립니다.

هَلْ يُمْكِن أَنْ تُسَاعِدَنِي؟ مِنْ فَضْلِك.

[할 융킨 안 투싸-이다니? 민 파들리크]

아침식사는 몇 시에
시작 합니까?

فِي أَيِّ سَاعَة يَبْدَأ الْفُطُور؟

[피 아이 싸-아 야브다으 알푸뚜-르?]

방에 문제가 있습니다.

تُوجَد مُشْكِلَة فِي الْغُرْفَة.

[투자드 무쉬킬라 필 구르파]

변기가 고장 났어요.

أَلْمِرْحَاض مُعَطَّل.

[알미르하-드 무앗딸]

이 방은 어디에 있습니까?

أَيْنَ هَذِهِ الْغُرْفَة ؟

[아이나 히디힐 구르파?]

예약변경	تَغْيِيرُ الْحَجْز
	[타그이-룰 하즈즈]
예약취소	إِلْغَاء الْحَجْز
	[일가 알하즈즈]
예약연장	تَمْدِيد الْحَجْز
	[탐디-드 알하즈즈]
예약내역서	وَرَقَةُ الْحَجْز
	[와라까툴 하즈즈]
온라인예약	حَجْز الْإِنْتَرْنِت
	[하즈즈 알인타르넷]
예약사이트	مَوْقِع الْحَجْز
	[마와끼으 알하즈즈]
문제	مُشْكِلَة
	[무쉬킬라]
환불	اِسْتِرْدَاد
	[이쓰티르다-드]
방 하나 / 방 두 개	غُرْفَة / غُرْفَتَان
	[구르파 / 구르파탄]
침대 하나 / 침대 두 개	سَرِير / سَرِيرَان
	[싸리-르 / 싸리-란]
방들 (복수)	غُرَف
	[구라프]
침대들 (복수)	أَسِرَّة
	[아씨르라]
큰방	غُرْفَة كَبِيرَة
	[구르파 케비-라]
작은방	غُرْفَة صَغِيرَة
	[구르파 싸기-라]

숙소 예약시 체크할 사항

아랍 여행 방문 시 숙소 예약은 반드시 온라인이나 어플를 통해 미리 예약을 진행하는 것이 좋습니다. 예약시 한 가지 팁은 모스크(기도 들이는 장소) 위치입니다. 하루에 5번씩 예배를 진행하는데 모스크 건설 장소를 선정하는 기준은 유동인구가 많은 곳이기 때문에 그 주변에 큰 시장이 있거나 번화가일 가능성이 높습니다. 하지만 잠귀가 밝으신 분들은 반드시 모스크와 최대한 멀리 떨어져 있는 숙소를 예약하시길 바랍니다.

예배시간이 되면 모스크에서 아잔이라고 불리는 기도 음성 꾸란(이슬람 성서) 구절이 스피커를 통해 전국에 있는 모든 모스크에 수 십 분간 웅장하게 울려 퍼집니다.

아잔은 이른 새벽부터 시작해 밤까지 하루 5번씩 진행하고 번화가일 경우 아침부터 굉장히 분주하고 소란스럽기 때문에 잠귀가 밝으신 분들은 잠을 설칠 수도 있습니다. 필자는 아랍에서 거주하면서 아잔 소리는 익숙하지만 이른 아침부터 들리는 다양한 소음들로 인해 마치 알람처럼 항상 7시에 눈을 뜰 수 밖에 없었던 경험이 있습니다. 모스크 주변의 숙소들은 이러한 이유로 도시 외곽에 있는 숙소들에 비해 저렴하기도 합니다. 소음을 막을 수 있는 수면용 귀마개를 준비하고 모스크의 위치를 확인하여 근처 숙소를 예약하는 것도 여행비용을 절약할 수 있는 하나의 방법이라고 할 수 있겠습니다.

호텔에 오신 것을 환영합니다.

أَهْلًا وَسَهْلًا فِي الْفُنْدُق.

아흘란 와 싸흘란 필 푼두끄

مُوَظَّف
남직원

안녕하세요. 저는 수진 이름으로 방을 예약했습니다.

أَهْلًا بِكِ. حَجَزْتُ غُرْفَة بِاسْم سُوجِين.

아흘란 비크. 하자즈투 구르파 비씀 수진

سُوجِين
수진

잠시만요, 침대 하나인 방이 예약되어 있군요. 당신 국적은 무엇입니까?

دَقِيقَة، غُرْفَة بِسَرِير وَاحِد مَحْجُوز. مَا جِنْسِيَّتُك؟

다끼-까, 구르파 비싸리-르 와-힏 마흐주-즈. 마 진씨야투크?

مُوَظَّف
남직원

정확해요. 나는 한국인 여성입니다.

تَمَام. أَنَا كُورِيَّة.

타맘. 아나 쿠-리야

سُوجِين
수진

당신은 며칠 머무실 겁니까?

كَمْ يَوْما سَتُقِيمِين؟

캄 야움 싸투끼-민-?

مُوَظَّف
남직원

나는 5일 동안 머물 것입니다.

سَأُقِيم لِمُدَّة خَمْسَة أَيَّام.

싸우낌 리뭇다 캄싸 아얌

سُوجِين
수진

숙소 표현

좋습니다. 여권 부탁드리고 종이 위에 인적사항을 적으세요.

حَسَنًا. جَوَازِ السَّفَر مِنْ فَضْلِك وَأُكْتُبِي الْمَعْلُومَات الشَّخْصِيَّة عَلَى الْوَرَقَة.

하싸난. 자와-즈 싸파르 민 파들리크 와 우크투비- 마알루-마-트 샤크씨야 알라 와라까

مُوَظَّف
남직원

받으세요, 여기 종이가 있습니다.

تَفَضَّل، هَذِهِ هِيَ الْوَرَقَة.

타팟달, 하디히 히알 와라까

سُوجِين
수진

방 번호는 352입니다.

رَقْم الْغُرْفَة ٣٥٢.

라끔 구르파 쌀라싸미아 와 이쓰난 캄쑨-

مُوَظَّف
남직원

대단히 고맙습니다.

شُكْرًا جَزِيلًا.

슈크란 자질-란

سُوجِين
수진

5일 [캄싸 아얌]	خَمْسَة أَيَّام	1분, 잠시만 [다끼-까]	دَقِيقَة
부탁드립니다 [민 파들리크]	مِنْ فَضْلِك	당신국적 [진씨야투크]	جِنْسِيَّتُك
인적사항 [알마알루-마-트 샤크씨야]	اَلْمَعْلُومَات الشَّخْصِيَّة	양, 수량 [캄]	كَمْ
받으세요(남) [타팟달]	تَفَضَّل	날, 일 [야움]	يَوْم
번호 [라끔]	رَقْم	기간 [리뭇다]	لِمُدَّة

• 숙소 냉난방

대부분의 아랍 국가는 (GCC국가 제외) 사회적 분위기와 인프라가 한국의 70~80 년대의 수준으로 웹사이트나 어플리케이션에서 보았던 숙소 사진과 많이 다르거 나 가격대비 시설이 낙후되어 있을 수 있으니 당황하지 말길 바랍니다.

고급호텔을 제외하고 섭씨 40도가 넘어가는 날씨에도 에어컨이 구비되어 있지 않거나 찬물이 나오지 않는 숙 소들도 종종 있습니다. 아랍 국가는 날씨 특성상 여름에 찬물이 나오지 않습니다. 찬물로 샤워하길 원한다면 마 트나 슈퍼에서 판매하는 차가운 생수를 구매하여 사용 해야 합니다.

겨울철에는 방한용품을 철저히 챙겨가길 바랍니다. 일부 아랍국가는 많은 눈이 내려 교통이 통제되기도 합니다. 또한 모든 건물을 대리석으로 짓기 때문에 실내가 실외 보다 더욱 추워 야간에 잠에서 깨기 일쑤입니다. 한국처 럼 온돌시스템은 없으니 핫팩이나 수면양말, 두꺼운 외 투 한 벌 정도는 필수도 챙겨 가는 것이 좋습니다. 고급 호텔들을 제외하곤 겨울 이라 할지라도 난방은 기대하기 힘들 수 있습니다. 숙소 예약시 모든 조건들을 꼼 꼼하게 확인하면서 예약하는 것이 좋습니다.

나의 방은 어느 쪽에 있습니까?

في أَيِّ اِتِّجَاه غُرْفَتِي؟

[피 아이 잇티자 구르파티?]

당신 방은 해변 쪽에 있습니다.

غُرْفَتُك فِي اِتِّجَاه شَاطِى الْبَحْر.

[구르파투크 피 잇티자 샤-띠이 바흐리]

방을 바꾸는 것이
가능 합니까?

هَلْ يُمْكِن أَنْ أُغَيِّرَ الْغُرْفَة؟

[할 윰킨 안 우가이랄 구르파?]

이 방은 너무 더럽습니다.

هَذِهِ الْغُرْفَة وَاسِخَة جِدًّا.

[하디힐 구르파 와-씨카 짓단]

Wi-Fi가 방에서 잘 작동하지
않습니다.

لَا يَعْمَل وَاي فَاي جَيِّدًا فِي الْغُرْفَة.

[라 야으말 와이파이 자이단 필 구르파]

너무 춥습니다.
담요 더 주세요.

بَارِد جِدًّا.أَعْطِنِي بَطَّانِيَة أَكْثَر مِنْ فَضْلِك.

[바-리드 짓단.아으띠니 밧따-니야 아크싸르 민 파들리크]

내 가방을 방으로 가져다 줄
직원이 있습니까?

هَلْ عِنْدَكُمْ عَامِل يَحْمِل حَقِيبَتِي
إِلَى الْغُرْفَة؟

[할 인다쿰 아-밀 야흐밀 하끼-바티 일라 구르파?]

나에게는 매우 무겁고
많은 가방들이 있습니다.

عِنْدِي حَقَائِب كَثِيرَة وَثَقِيلَة جِدًّا.

[인디 하까-입 케씨-라 와 싸낄-라 짓단]

엘레베이터는 어디 있습니까?

أَيْنَ الْمِصْعَد؟

[아이날 미쓰아드?]

이 호텔 근처에
식당이 있습니까?

هَلْ يُوجَد مَطْعَم بِالْقُرْب مِنْ هَذَا الْفُنْدُق؟

[할 유자드 마뜨암 빌꾸룹 민 하달 푼두끄?]

이 호텔 근처에
슈퍼가 있습니까?

هَلْ يُوجَد مَحَل بِالْقُرْب مِنْ هَذَا الْفُنْدُق؟

[할 유자드 마할 빌꾸룹 민 하달 푼두끄?]

어휘
플러스

열쇠	مِفْتَاح [미프타-하]
화장실	مِرْحَاض [미르하-드]
문	بَاب [밥]
베개	وِسَادَة [위싸-다]
이불	بَطَّانِيَّة [밧따-니야]
옷장	خِزَانَةُ الْمَلَابِس [키자-나툴 말라-비쓰]
냉장고	ثَلَّاجَة [쌀라-자]
찻잔	فِنْجَان [핀잔-]
옷걸이	شَمَّاعَة [샴마-아]
창문	شُبَّاك [슙바-크]
휴지	مَنَادِيل [마나-딜]
타월	مِنْشَفَة [민샤파]
커피포트	إِنْرِيق كَهْرَبَائِي [이브리-끄 카흐라바-이]
층	طَابِق [따-비끄]

이슬람 다섯 기둥 (اَلرُّكْن الْخَامِس)
: 무슬림으로 5대 의무

1. 샤하다 (اَلشَّهَادَة)

신앙고백이라고 불리는 샤하다는 실천 강령의 첫 번째 기둥입니다. 무슬림이 되기 위해서는 종교 지도자와 최소 2명의 참관인 앞에서 لَا إِلَهَ إِلَّا الله مُحَمَّد رَسُول الله (라 일라하 일랄라 무함마드 라술 알라) 이 문구를 소리내어 읽어야 합니다. 여기서 لَا إِلَهَ إِلَّا الله (라 일라하 일랄라)는 "알라(하느님)외에 신은 없다" 그리고 مُحَمَّد رَسُول الله (무함마드 라술 알라)는 "무함마드는 알라의 사도이다"를 의미합니다.

2. 쌀라트 (اَلصَّلَاة)

쌀라트는 예배를 의미하며 무슬림은 하루에 5번씩 사우디아라비아에 있는 메카를 향해 기도를 드립니다. 예배의 주된 목적은 자기정화이며 예배를 통해 알라를 만나는 영적교감을 나누고 겸손의 의미를 온몸으로 느끼기 위해서 입니다.

3. 자카트 (اَلزَّكَاة)

자카트는 자신을 정화하기 위해 알라에게 바치는 정결한 재물 〈즉, 희사(喜捨)〉을 뜻합니다. 누구나 자신의 1년 수입중 2.5%를 의무적으로 납부해야 하며 이 기금은 각 국가마다 자카트 위원회에서 관리하고 불우이웃들을 위해 사용됩니다.

4. 싸움 (اَلصَّوْم)

단식이라고 불리는 싸움은 무슬림이라면 누구나 이행해야 하는 필수 의무사항입니다. 단식을 하는 이유는 인간 육신의 욕구를 딛고 일어서 정신과 의지의 힘을 깨달았을 때 한 걸음 더 나아가 발전할 수 있다는 믿음 때문입니다. 또한 부유한 자들은 배고픔과 목마름처럼 인간의 기본적인 욕구를 절제함으로써 가난한 자들의 삶을 간접 체험해 보기도 합니다.

5. 핫지 (اَلْحَجّ)

핫지는 성지순례를 말하며 무슬림이라면 메카순례를 일생동안 최소 1번은 누구나 이행하는 의무 사항입니다. 메카가 성지로 지정된 이유는 이슬람이 도래하기 이전 유목민은 300여 가지가 넘는 우상신배가 있었는데 추후 이슬람이 도래하고 선지자 무함마드가 모든 우상을 파괴한 후 이슬람의 순례 성지로 선포하였기 때문입니다. 무슬림은 이 의무를 최고의 영광과 보람으로 여깁니다.

مِين سُو 민수	안녕하세요. (아침인사) **صَبَاحَ الْخَيْر.** 싸바할 카이르
مُوَظَّف 남직원	안녕하세요. (아침인사) **صَبَاحَ النُّور.** 싸바핫 누-르
مِين سُو 민수	저는 이침식사 시간을 알고 싶습니다 **أُرِيد أَنْ أَعْرِف وَقْتَ الْفُطُور.** 우리-드 안 아으리프 와끄탈 푸뚜-르
مُوَظَّف 남직원	아침식사 시간은 아침 7시부터 시작해서 10시에 끝납니다. **يَبْدَأ وَقْتَ الْفُطُور مِنَ السَّاعَة السَّابِعَة وَيَنْتَهِي فِي السَّاعَة الْعَاشِرَة صَبَاحًا.** 야브다으 와끄탈 푸뚜-르 미낫 싸-아 싸-비아 와 얀타히 핏 싸-아 아-쉬라 싸바-한
مِين سُو 민수	호텔 식당은 어디 있습니까? **أَيْنَ مَطْعَمُ الْفُنْدُق؟** 아이나 마뜨아물 푼두끄?
مُوَظَّف 남직원	식당은 2층에 있습니다. **هُوَ فِي الطَّابِق الثَّانِي.** 후와 핏 따-비끄 싸-니

숙소 표현

고맙습니다. 질문이 있습니다. 나는 오늘 이 장소로 가려고 합니다. 이곳으로 어떻게 가야 합니까?

مِين سُو
민수

شُكْرًا. عِنْدِي سُؤَال. سَأَذْهَب إِلَى هَذَا الْمَكَانِ الْيَوْم. كَيْفَ أَذْهَب إِلَيْه؟

슈크란. 인디 수알. 싸아드합 일라 하달 마카-닐 야움. 케이파 아드합 일라이히?

택시 또는 버스를 타고 그곳으로 가는 것이 가능합니다.

مُوَظَّف
남직원

يُمْكِن أَنْ تَذْهَب إِلَى هُنَا بِالتَّاكْسِي أَوْ بِالْبَاص.

윰킨 안 타드합 일라 후나-크 빗 타-크씨 아우 빌 바-쓰

이곳에서 가는데 얼마나 걸립니까?

مِين سُو
민수

كَمْ مِنَ الْوَقْت يَسْتَغْرِق الذَّهَاب مِنْ هُنَا؟

캄 미날 와끄트 야쓰타그리끄 앗다합- 민 후나?

이곳에서 택시를 타고 10분 걸립니다.

مُوَظَّف
남직원

يَسْتَغْرِق عَشْر دَقَائِق بِالتَّاكْسِي مِنْ هُنَا.

야쓰타그리끄 아슈르 다까-이끄 빗 타-크씨 민 후나

~ 하는것이 가능한 [윰킨 안]	يُمْكِن أَنْ	아침시간 [와끄툴 푸뚜-르]	وَقْتُ الْفُطُور
여기 [후나]	هُنَا	시간, 시계 [앗싸-아]	اَلسَّاعَة
택시 [타-크씨]	تَاكْسِي	어디 [아이나]	أَيْنَ
버스 [바-쓰]	بَاص	식당 [마뜨암]	مَطْعَم
얼마나 [캄 미날 와끄트]	كَمْ مِنَ الْوَقْت	질문 [쑤알]	سُؤَال
분(복수) [다까-이끄]	دَقَائِق	장소 [마칸]	مَكَان

• 숙소에서 식사와 물

아랍의 대부분 숙박업소는 아침식사를 제공합니다. 하지만 아랍에서는 아침을 다양하게 많이 먹는 문화가 아니므로 주식인 빵과 함께 과일잼, 치즈, 삶은 달걀과 과일 그리고 음료 및 커피와 같은 차로만 구성되어 있습니다.

아랍 국가도 유럽처럼 수돗물에 석회가 함유되어 있어 생수만큼은 꼭 구매하여 마셔야 합니다.

수돗물은 식기세척 및 청소, 세안과 샤워정도만 사용하는 것이 좋습니다. 가장 좋은 물을 고르는 방법은 물 성분표 중 TDS 함량이 최대한 낮은 제품이 건강에 이롭습니다.

필자 경험에 의하면 아랍에서 거주할 때 타사 제품에 비해 유난히 저렴한 제품이 있어 구입해 1달 동안 마신 적이 있는데 이 생수만 마시면 설사가 나고 피곤함을 쉽게 느껴 TDS 함량을 확인해 보니 타사 제품들에 비해 많게는 300배나 높았습니다. 타사제품에 비해 가격이 유난히 저렴하다면 TDS 함량이 높은 제품일수 있으니 성분표를 꼼꼼히 확인하는 것이 좋습니다. 일부 가게는 플라스틱병을 재활용해 수돗물을 담아 팔기도 하니 유의해야 합니다

생수는 일반마트에서 작은 것부터 2L까지 저렴한 가격에 구매가 가능하며 생수만 판매하는 가게들이 있으니 집이나 숙소 주변에 생수가게가 있는지 확인해 보는 것도 좋습니다. 생수 가게에서는 최소 10L부터 구매 가능하며 일정 금액을 내면 문 앞까지 배달도 가능합니다.

당신들은 아침식사에
무엇이 있습니까?

مَاذَا عِنْدَكَمْ فِي الْفُطُور؟

[마-다 인다쿰 필 푸뚜-르?]

호텔 근처에 다른 식당이
있습니까?

هَلْ يُوجَد مَطْعَم آخَر بِالْقُرْب مِنَ الْفُنْدُق؟

[할 유자드 마뜨암 아-카르 빌꾸룹 미날 푼두끄?]

호텔로 배달 서비스
가능합니까?

هَلْ يُمْكِن خِدْمَة التَّوَصِيل إِلَى الْفُنْدُق؟

[할 윰킨 키드마트 타와씰 일랄 푼두끄?]

호텔 카페는 몇층에 있습니까?

فِي أَيِّ طَابِق يُوجَد مَقْهَى الْفُنْدُق؟

[피 아이 따-비끄 유자드 마끄하 알푼두끄?]

하룻밤 더 머무는 것이
가능 합니까?

هَلْ يُمْكِنُنِي الْبَقَاء لَيْلَة وَاحِدَة إِضَافِيَّة؟

[할 윰키누니 알바까-으 라일라 와-히다 이돠-피야?]

나는 환전을 원합니다.
은행은 어디 있습니까?

أُرِيد الصَّرْف. أَيْنَ الْبَنْك؟

[우리-드 싸르프. 아이날 반크?]

나는 쇼핑을 위해
까르푸(마트)로 가길 원합니다.

أُرِيد أَنْ أَذْهَب إِلَى كَارْفُور لِلتَّسَوُّق.

[우리-드 안 아드합 일라 카르푸- 릿 타싸우끄]

버스 정류장은 어디 있습니까?

أَيْنَ مَحَطَّةُ الْبَاص؟

[아이나 마핫따툴 바-쓰?]

택시는 어디서 탑니까?

أَيْنَ أَرْكَب التَّاكْسِي؟

[아이나 아르캅 타-크씨?]

이곳에서 그곳까지 택시 요금은
얼마입니까?

كَمْ أُجْرَةُ التَّاكْسِي مِنْ هُنَا إِلَى هُنَاك؟

[캄 우즈라툿 타-크씨 민 후나 일라 후나-크?]

나는 사막투어를 예약하길
원합니다.

أُرِيد أَنْ أَحْجِز جَوْلَة فِي الصَّحْرَاء.

[우리-드 안 아흐지즈 자울라 핏 싸흐라]

어휘
플러스

관광지	أَماكِن سِياحيّة [아마-킨 씨야-히야]
유적지	أَماكِن أَثريّة [아마-킨 아싸리야]
맛집(유명식당)	مَطعَم مَشهُور [마뜨암 마슈후-르]
쇼핑몰	مَركَزُ التَّسَوُّق [마르카줏 타샛우끄]
아랍음식	طَعام عَربي [따암 아라비]
여행/관광	سَفَر / سِياحَة [싸파르 / 씨야-하]
박물관	مَتحَف [마트하프]
먼	بَعيد [바이-드]
가까운	قَريب [까립-]
어플리케이션	تَطبيق [타뜨비-끄]
거리가 얼마	كَم مَسافَة [캄 마싸-파]
몇 시간	كَم ساعَة [캄 싸-아]
선물	هَديّة [하디야]
추천	تَوْصيّة [타우씨야]

아랍 남성이 수염을 기르는 이유

이슬람 예언자 무함마드는 살아생전 수염을 길렀기 때문에 아랍 무슬림들은 선지자에게 경의를 표하는 마음에서 수염을 기릅니다. 콧수염은 코와 입술 사이 인중만 덮을 정도로 짧게 턱수염은 길게 기릅니다. 이는 무함마드가 살아생전 메카에서 야쓰립(현 사우디아라비아 도시 메디나)으로 이주하여 유대인들과 함께 거주할 때 생긴 것입니다.

당시 유대인이 먼저 야쓰립에 거주하고 있었고 무함마드와 그의 추종자들이 메카에서 이 도시로 이주하게 됩니다. 처음에는 유대인과 무슬림은 잘 화합하며 가까워졌으나 서로간의 다른 종교적 견해로 인해 사소한 다툼이 생겼습니다. 이 다툼이 있은 후 무함마드는 수염에 관한 규정을 만든 것입니다. 유대인이 수염을 기르는 관습을 보면 길게 길러 턱과 볼 전부를 덮는 걸 볼 수 있습니다.

하지만 모든 무슬림 남성이 수염을 길러야 하는 것은 아닙니다. 이는 종교적 요구사항이 아닌 개인의 선택입니다. 미국에서 일어난 9.11 테러 사건 이후로 테러리스트처럼 극단주의자는 수염으로 인해 자신의 신분이 탈로 날것을 우려해 수염 기르는 것을 일부러 피하기도 합니다. 또한 서양에 거주하는 무슬림 남성은 수염이 길다는 이유 하나만으로 극단주의자와 연관이 있거나 테러범죄에 연루되었다고 보는 경향이 있기 때문에 최근에는 수염을 최대한 짧게 기르거나 아예 기르지 않는 무슬림 남성이 늘어나고 있습니다.

مُوسَى
무사

안녕하세요.

مَرْحَبًا.

마르하반

مُوَظَّف
남직원

안녕하세요.

مَرْحَبًا.

마르하반

مُوسَى
무사

체크아웃 시간은 언제입니까?

مَتَى وَقْتُ الْخُرُوج؟

마타 와끄툴 쿠루-즈?

مُوَظَّف
남직원

12시 입니다. 당신 방 번호가 어떻게 됩니까?

اَلسَّاعَة الثَّانِيَة عَشْرَة. مَا رَقْم غُرْفَتِك؟

앗싸-아 싸-니야 아슈라. 마 라끔 구르파티크?

مُوسَى
무사

나의 방 번호는 567입니다 그리고 방 가격은 얼마입니까?

رَقْم غُرْفَتِي ٥٦٧ وَكَمْ ثَمَن الْغُرْفَة؟

라끔 구르파티 캄사미아 와 싸브와 와 씻툰 와 캄 싸만 구르파?

مُوَظَّف
남직원

당신은 3일 머무셨고 150 디르함입니다.

أَقَمْت ثَلَاثَة أَيَّام وَمِئَة وَخَمْسُون دِرْهَم.

아깜트 쌀라-싸 아얌 와 미아 와 캄쑨- 디르함

مُوسَى
무사

신용카드로 결제 할 수 있습니까?

هَلْ أَسْتَطِيع أَنْ أَدْفَع بِبِطَاقَة الْائْتِمَان؟

할 아쓰타띠-으 안 아드파아 비 비따-까틸 이으티만?

물론입니다. 여기 영수증이고 이곳에 서명 부탁드립니다.	**مُوَظَّف** 남직원

طَبْعًا. هَذِهِ هِيَ الْفَاتُورَة وَتَوْقِيع هُنَا مِنْ فَضْلِكَ.

따브안. 하디히 히얄 파-투-라 와 타우끼-으 후나 민 파들리크

대단히 감사합니다. 안녕히 계세요	**مُوسَى** 무사

شُكْرًا جَزِيلًا. مَعَ السَّلَامَة.

슈크란 자질-란. 마앗 쌀라-마

안녕히 가세요.	**مُوَظَّف** 남직원

مَعَ السَّلَامَة.

마앗 쌀라-마

나는 결제한다 [아드파아]	أَدْفَع	방번호 [라끔 구르파]	رَقْم الْغُرْفَة
신용카드 [비따-까툴 이으티만]	بِطَاقَة الِائْتِمَان	방가격 [싸만 구르파]	ثَمَن الْغُرْفَة
물론이죠 [따브안]	طَبْعًا	3일 [쌀라-싸 아얌]	ثَلَاثَة أَيَّام
영수증 [파-투-라]	فَاتُورَة	당신은 머물렀다 [아깜트]	أَقَمْت
서명 [타우끼-으]	تَوْقِيع	디르함(화폐명) [디르함]	دِرْهَم
부탁드립니다 [민 파들리크]	مِنْ فَضْلِكَ	나는 할 수 있다 [아쓰타띠-으]	أَسْتَطِيع

생생 여행
Tip

• 공항으로 이동시 팁

시내에서 공항으로 이동시 일반택시를 길에서 바로 잡아 이용하거나 우버와 같은 어플리케이션을 이용합니다. 체크아웃 이후 바로 공항으로 갈 예정이라면 숙소 직원에게 공항까지의 가격을 물어보고 대략적이라도 미리 숙지하고 있어야 합니다. 택시 탑승 전 먼저 기사에게 목적지를 말하고 반드시 가격 협상 후 짐을 실고 출발해야 합니다. 운전기사마다 가격이 천차만별이기 때문에 가격흥정은 필수입니다. 특히, 외국인에게 이런 횡포가 심합니다.

공항으로 이동시 미터기는 작동시키지 않습니다. 운전기사가 미터기를 작동한다고 하면 타지 않는 것이 바람직하며 주머니에 택시비 이외에 많은 현찰을 보유 하지 않는 것이 안전합니다. 때로는 택시비를 더 받기 위해 알아 들을 수 없게 아랍어로 마구 소리를 지르며 허막한 분위기로 이끌어 가기도 합니다. 그래서 가장 좋은 방법은 이러한 상황을 만들지 않는 것이며 아랍어 구사가 힘들고 현지 사정을 알지 못한다면 일반택시에 비해 조금 비싸더라도 우버를 이용하는 것이 안전하나 만일의 사태에 항상 대비해야 합니다. 아랍에서 택시 사기는 악명이 높으나 간단한 아랍어만 구사해도 사기당할 확률은 현저히 줄어듭니다.

여기서 말하는 아랍어는 اَلسَّلَامُ عَلَيْكُم [앗쌀라-무 알라이쿰] مَرْحَبًا [마르하반]과 같은 "안녕하세요" 인사말을 말합니다. 택시를 타자마자 자신있게 말하는 것이 팁입니다. 이외에 كَيْفَ الْحَال؟ [케이팔 할?] "잘 지내세요?" 안부를 묻거나 مَا اسْمُك؟ [마 쓰무크?] "당신 이름은 무엇입니까?" 처럼 간단하게 구사할 수 있는 아랍어를 공부해 두면 유용합니다.

방으로 다시 들어갈 수
있을까요?

هَلْ يُمْكِنُ أَنْ أَدْخُلَ إِلَى الْغُرْفَةِ مَرَّةً ثَانِيَةً؟

[할 윰킨 안 아드쿨 일라 구르파 마르라 싸-니야?]

휴대폰을 방에 두고 왔어요.

لَقَدْ تَرَكْتُ الْهَاتِفَ فِي الْغُرْفَةِ.

[라까드 타라크툴 하-팁 필 구르파]

매우 미안합니다.

آسِفٌ جِدًّا.

[아-씹 짓단]

여기서 공항으로 어떻게
가야 합니까?

كَيْفَ أَذْهَبُ إِلَى الْمَطَارِ مِنْ هُنَا؟

[케이파 아드합 일라 마따-르 민 후나?]

공항은 여기로부터 멉니까?

هَلِ الْمَطَارُ بَعِيدٌ عَنْ هُنَا؟

[하릴 마따-르 바이-드 안 후나?]

나는 택시가 필요합니다.

أَحْتَاجُ إِلَى التَّاكْسِي.

[아흐타-즈 일라 타-크씨]

여기에서 공항까지
택시 요금이 얼마입니까?

كَمْ أُجْرَةُ التَّاكْسِي مِنْ هُنَا إِلَى الْمَطَارِ؟

[캄 우즈라툿 타-크씨 민 후나 일라 마따-르?]

체크아웃 시간을
연장 할 수 있습니까?

هَلْ أَسْتَطِيعُ تَمْدِيدَ وَقْتَ الْخُرُوجِ؟

[할 아쓰타띠-으 탐디-드 와끄탈 쿠루-즈?]

당신(남)은 나의 가방을
보관해 주실 수 있습니까?

هَلْ يُمْكِنُ أَنْ تُحَافِظَ عَلَى حَقِيبَتِي؟

[할 윰킨 안 투하-피드 알라 하끼-바티?]

나는 저녁시간에 호텔로
돌아 오겠습니다.

سَأَرْجِعُ إِلَى الْفُنْدُقِ فِي وَقْتِ الْمَسَاءِ.

[싸아르지으 일라 푼두-끄 피 와끄틸 마싸]

당신(남)은 매우 친절합니다.
고맙습니다.

أَنْتَ كَرِيمٌ جِدًّا. شُكْرًا.

[안타 케림 짓단. 슈크란]

당신(여)은 매우 친절합니다.
고맙습니다.

أَنْتِ كَرِيمَةٌ جِدًّا. شُكْرًا.

[안티 케리-마 짓단. 슈크란]

돈	نُقُود
	[누꾸-드]
지폐	أَوْرَاق النَّقُوديَّة
	[아우라-끄 앗누꾸-디야]
택시 정류장	مَحَطَّةُ التَّاكْسِي
	[마핫따툿 타-크씨]
버스 정류장	مَحَطَّةُ الأُوتُوبِيس
	[마핫따툴 우-투-비쓰]
연장	تَمْديد
	[탐디-드]
미터기(택시)	عَدَّاد
	[앗다-드]
말도 안돼	مُسْتَحِيل
	[무쓰타힐]
가장 빠른길	أَسْرَع طَرِيق
	[아쓰라으 따리-끄]
(돈)여기요, 받으세요	تَفَضَّل
	[타팟돨]
주차장	مَوْقِف السَّيَّارَات
	[마으끼프 앗싸이야-라-트]
잠깐만 기다리세요	اِنْتَظِر قَلِيلًا
	[인타뒤르 깔릴-란]
최대한 빨리	بِأَسْرَع وَقْت مُمْكِن
	[비아쓰라아 와끄트 뭄킨]
가능한	مُمْكِن
	[뭄킨]

여행을 피해야 할 시기

이슬람에는 1년에 1번 한 달 동안 단식을 진행하는 라마단이라는 종교적 행사가 있습니다. 해가 떠 있는 낮에는 식사가 불가하고 물도 마시면 안됩니다. 그렇기 때문에 패스트푸드점과 대형마트를 제외한 식당이나 카페는 낮에 영업을 하지 않습니다. 이를 어기고 몰래 영업을 하다 적발시 과태료 납부 및 영업정지를 당합니다. 패스트푸드점은 외국인을 위해 운영하는데 포장만 가능하며 음식을 포장한 후 공공장소가 아닌 자신의 숙소나 집에서만 식사를 해야 합니다. 대형마트는 낮에 식재료 구입을 해야 하므로 영업을 진행합니다.

모든 공공기관은 한 달 동안 단축 근무를 시행하는데 이는 국내에 있는 아랍 대사관도 마찬가지입니다. 이 시기에는 아랍 대사관장이 단식 수행을 위해 한국이 아닌 아랍 현지에 있는 경우가 있으므로 대사관을 통해 처리할 업무가 있다면 최대한 빨리 진행하는 것이 좋습니다. 현지 일부 회사들은 이 기간에 운영을 하지 않기도 하므로 여행이나 방문할 계획이라면 볼거리와 먹거리 등에 많은 제약이 있어 피하는 것이 좋습니다. 라마단 기간은 매년 다르나 빠르면 4월에 시작해 5월에 끝나기도 하고 늦으면 7월에 시작해 8월에 끝나기도 합니다. 즉, 4월부터 8월 사이에 진행이 됩니다. 이 기간에 아랍을 여행하거나 방문할 계획이 있다면 스케줄을 조정하는 것이 좋습니다.

4

식당 및 카페 표현

식당에서 주문하기

음식 계산하기

카페에서

실례합니다. 메뉴판 주세요.

ضَيْف
손님

لَوْ سَمَحْت، أَعْطِنِي قَائِمَةَ الطَّعَام مِنْ فَضْلِكَ.

라우 싸마흐트, 아으띠니 까-이마탓 따암 민 파들리크

받으세요. 여기 메뉴판입니다.

مُوَظَّف
남직원

تَفَضَّل. هَذِهِ هِيَ قَائِمَةُ الطَّعَام.

타팟돨. 하디히 히야 까-이마툿 따암

나는 빵과 함께 구운 양고기와 올리브 샐러드를 원합니다.

ضَيْف
손님

أُرِيد لَحْمَ الْخَرُوف الْمَشْوِيّ وَسَلَطَةَ الزَّيْتُون مَعَ الْخُبْز.

우리-드 라흐말 카루-프 마슈위 와 쌀라따탓 자이툰- 마알 쿠브즈

당신은 이전에 아랍음식들을 먹어 본 적이 있습니까?

مُوَظَّف
남직원

هَلْ أَكَلْتَ أَطْعَمَة عَرَبِيَّة مِنْ قَبْل؟

할 아칼타 아뜨이마 아라비야 민 까블?

아니요. (정말로) 나에게는 처음입니다.

ضَيْف
손님

لَا، إِنَّهَا اَلْمَرَّة الْأُولَى بِالنِّسْبَة لِي.

라, 인나하 마르라 울-라 빗 니쓰바 리

당신은 무엇을 마시길 원하십니까?

مُوَظَّف
남직원

مَاذَا تُرِيد أَنْ تَشْرَب؟

마-다 투리-드 안 타슈랍?

나는 코카콜라를 마시길 원합니다.

ضَيْف
손님

أُرِيد أَنْ أَشْرَب كُوكَا كُولا.

우리-드 안 아슈랍 쿠-카 쿨라

당신은 다른 무언가 원하십니까?		مُوَظَّف
		남직원

هَلْ تُرِيد شَيْئًا آخَر؟

할 투리-드 샤이안 아-카르?

고맙지만 괜찮습니다. 이걸로 충분 합니다.		ضَيْف
		손님

لَا شُكْرًا. هَذَا يَكْفِي.

라 슈크란. 하다 야크피

함께 [마아]	مَعَ	메뉴판 [까-이마툿 따암]	قَائِمَةُ الطَّعَام
빵 [쿠브즈]	خُبْز	양고기 [라흐물 카루-프]	لَحْمُ الْخَرُوف
아랍음식들(복수) [아뜨이마 아라비야]	أَطْعِمَة عَرَبِيَّة	구운 [마슈위]	مَشْوِيّ
이전에 [민 까블]	مِن قَبْل	샐러드 [쌀라따]	سَلَطَة
처음 [알마르라 울-라]	اَلْمَرَّة الْأُولَى	올리브 [자이툰-]	زَيْتُون

• 아랍의 음식

겝사 كَبْسَة

사우디아라비아 전통음식으로 GCC(Gulf Cooperation Council) 국가에서 즐겨 먹습니다. 주로 양고기나 닭고기를 이용해 육수를 낸 이후 말린 라임, 계피, 샤프란 등 향신료와 쌀을 넣고 쪄냅니다. 고기는 오븐에서 다시 익힌 후 쪄낸 밥 위에 살짝 볶은 견과류를 함께 얹어 먹습니다.

만사프 اَلْمَنْسَف

주로 요르단과 인근 국가에서만 즐겨 먹는 전통 음식입니다. 양고기나 닭고기를 자미드(발효유제품)로 만든 국물에 넣어 익힌 후 이 육수에 각종 향신료와 쌀을 넣어 요리를 합니다. 쌀이 다 익으면 꺼내어 그 위에 고기를 올리고 자미드와 각종 견과류를 곁들여 부어 먹습니다.

쿠샤리 اَلْكُشَرِيّ

이집트에서만 즐겨 먹는 서민 음식입니다. 잘 지은 밥에 렌틸콩과 마카로니를 올리브 오일과 함께 버무린 후 굽거나 튀긴 양파와 병아리콩을 올립니다. 여기에 매콤한 토마토 소스와 끓인 마늘육수를 조금씩 부어가며 비벼 먹는 요리입니다. 이집트식 컵밥으로 불립니다.

샤와르마 شَاوُرْما

아랍식 케밥이라고 불리는 샤와르마는 얇은 빵 안에 잘 구워진 고기와 마요네즈를 넣어 돌돌 말은 다음 철판에 빵 겉부분을 바삭하게 만들어 먹는 요리로 아랍 전역에서 즐겨 먹습니다.

나는 이 음식을 원합니다.

أُرِيد هَذَا الطَّعَام.

[우리-드 하닷 따암]

당신들은 전통요리가 있습니까?

هَل عِندَكُم طَعَام تَقْلِيدِيّ؟

[할 인다쿰 따암 타끌리디?]

나는 목이 마릅니다.
마실 것이 있습니까?

أَنَا عَطْشَان. هَل عِندَكُم مَشْرُوبَات؟

[아나 아뜨샨. 할 인다쿰 마슈루-바-트?]

다른 자리 부탁드립니다.

مَكَان آخَر مِن فَضْلِك.

[마칸 아-카르 민 파들리크]

이것은 너무 비쌉니다.

هَذَا غَالٍ جِدًّا.

[하다 갈-린 짓단]

당신들은 더 저렴한 것이
있습니까?

هَل عِندَكُم أَرْخَص؟

[할 인다쿰 아르카쓰?]

나는 이 음식을 주문하지
않았습니다.

لَم أَطْلُب هَذَا الطَّعَام.

[람 아뚤룹 하닷 따암]

이거 바꾸어 주세요.

غَيِّر هَذَا مِن فَضْلِك.

[가이르 하다 민 파들리크]

이 음식은 신선하지 않습니다.

هَذَا الطَّعَام لَيَس طَازِجا.

[하닷 따암 라이싸 따-지즈]

이 음식은 마음에 들지 않습니다.

لَا يُعْجِبُنِي هَذَا الطَّعَام.

[라 유으지부니 하닷 따암]

이 음식은 잘 익지 않았습니다.

هَذَا الطَّعَام غَيْر مَطْبُوخ جَيِّدًا.

[하닷 따암 가이르 마뜨부-크 자이단]

이 음식은 정말 맛있습니다.

هَذَا الطَّعَام لَذِيذ جِدًّا.

[하닷 따암 라디-드 짓단]

식탁	مَائِدَة [마-이다]
의자	كُرْسِيّ [쿠르씨]
포크	شَوْكَة [샤우카]
칼	سِكِّين [씻킨]
숟가락	مِلْعَقَة [밀아까]
접시	طَبَق [따바끄]
물	مَاء [마-아]
소금	مِلْح [밀하]
쌀	أُرز [우르즈]
후추	فُلْفُل أَسْوَد [풀풀 아쓰와드]
향신료	بَهَارَات [바하-라트]
생선	سَمَك [싸마크]
새우	جَمْبَري [잠바리]
해산물	مَأْكُولَات بَحْرِيَّة [마으쿨라-트 바흐리야]

아랍이 궁금해

유네스코에 등재된
베르베르인들의 전통음식 '쿠스쿠스'

كُسْكُس [쿠쓰쿠씨]는 아랍 북아프리카 지역(모리타니아, 모로코, 튀니지, 알제리)의 전통음식으로 영어로는 couscous 베르베르어로는 섹수(Seksu) 라고 합니다. 고기와 야채에 물을 충분히 붓고 각종 향신료를 넣은 다음 고기와 야채가 흐물흐물 해질 때까지 한 시간 정도 푹 졸인 육수에 좁쌀모양 파스타인 쿠스쿠스를 부어 비벼 먹는 요리입니다. 주 재료는 고기이며 일부 소수지역에서만 생선 대구를 이용하기도 합니다. 쿠스쿠스는 아랍음식이 아닌 삶과 애환이 담긴 마그립 지역의 토착민 베르베르인들의 것입니다. 과거 베르베르인들의 삶은 항상 빠듯하였고 영양보충을 위해 매주 금요일마다 쿠스쿠스를 요리해 먹었다고 합니다.

필자도 모로코에 친분이 있는 한 아랍 교수님 집에 잠시 머문 적이 있었는데 금요일 아침부터 쿠스쿠스를 차려 주셨고 점심부터 저녁까지 각종 과일과 과자, 음료 등 끊이지 않고 내주셨습니다. 유럽에서는 쿠스쿠스가 가장 대중화된 나라는 프랑스입니다.

프랑스가 모로코, 튀니지, 알제리 등 마그립 지역 국가들에 프랑스화를 진행 하면서 많은 베르베르인들이 프랑스로 유입 되었는데 이를 계기로 프랑스 전역에 베르베르 전문 식당들이 영업을 시작합니다. 이때 이 음식을 접한 프랑스인들이 "꼬쓰꼬쓰"라고 발음 하면서 지금의 쿠스쿠스(couscous)로 자리 잡게 됩니다. 하지만 쿠스쿠스란 어휘는 북아프리카 국가들을 제외한 다른 아랍 국가에서는 아랍어 방언으로 사람의 성기를 뜻하니 언행시 주의해야 합니다.

음식들은 어떠셨습니까?

كَيْف كَانَتِ الأَطْعِمَة؟

케이파 카나-틸 아뜨이마?

مُوَظَّف
남직원

음식을 매우 맛있었습니다. 잘 먹었습니다.

كَانَتِ الأَطْعِمَة لَذِيذَة جِدًّا. اَلْحَمْدُ لله.

카-나틸 아뜨이마 라디-다 짓단. 알함두릴라

ضَيْف
손님

받으세요. 여기 계산서입니다.

تَفَضَّل. هَذَا هُوَ الْحِسَاب.

타팟돨. 하다 후왈 히쌉

مُوَظَّف
남직원

계산서에 문제가 있는 것 같습니다.

يَبْدُو أَنَّ هُنَاك مُشْكِلَة فِي الْحِسَاب.

야브두 안나 후나-크 무쉬킬라 필 히쌉

ضَيْف
손님

무엇이 문제입니까?

مَا الْمُشْكِلَة؟

말 무쉬킬라?

مُوَظَّف
남직원

잠시만요. 저는 물을 마시질 않았습니다. 물을 제외하고 얼마입니까?

دَقِيقَة مِنْ فَضْلِك. لَمْ أَشْرَبِ الْمَاء.
بِكَمْ بِدُونِ الْمَاء؟

다끼-까 민파들리크. 람 아슈라빌 마-아. 비캄 비두-닐 마아?

ضَيْف
손님

مُوَظَّف 남직원	35디나르입니다. 매우 죄송합니다. 계산이 잘못되었습니다. بِخَمْسَة وَثَلَاثِين دِينَارًا. آسِف جِدًّا. لَقَدْ أَخْطَأْت فِي الْحِسَاب. 비캄싸 와 쌀라-씬- 디-나-란. 아-씪 짓단. 라까드 아크따아트 필 히쌉
ضَيْف 손님	받으세요, 여기 돈이 있습니다. تَفَضَّل، هَذِهِ هِيَ النُّقُود. 타팟달, 하디히 히얏 누꾸-드
مُوَظَّف 남직원	고맙습니다 신사(Mr)님. شُكْرًا يَا السَّيِّد. 슈크란 아 싸이드
ضَيْف 손님	천만에요. 당신들께 평화가 깃들기를. أَهْلًا وَسَهْلًا. اَلسَّلَامُ عَلَيْكُم. 아흘란 와 싸흘란. 앗쌀라-무 알라이쿰

문제 [무쉬킬라]	مُشْكِلَة	계산서 [히쌉]	حِسَاب
~하지 않았다 [람]	لَمْ	음식들 [아뜨이마]	أَطْعِمَة
얼마 [비캄]	بِكَمْ	맛있는 [라디-다]	لَذِيذَة
~를 제외하고 [비둔]	بِدُون	매우 [짓단]	جِدًّا
MR, 신사 [싸이드]	سَيِّد	잘 먹었습니다 [알함두릴라]	اَلْحَمْدُ لله

생생 여행
Tip

● 레스토랑에서 계산법

한국에서는 식사 이후 카운터로 이동해 계산을 하지만 아랍에서는 웨이터를 따로 불러 계산서를 요청하고 목록에 물이 포함되어 있는지 꼭 확인해야 합니다. 아랍식당에서는 주문 전 작은 물병을 인원 수에 맞게 주는데 계산서에 모두 포함된 가격이기 때문입니다.

만약 물을 마시지 않았다면 결제시 제외 시킬 수 있습니다.

아랍 현지에서 경험한 바로는 많은 식당들이 아직 수기로 작성하므로 실수가 있을 수 있으니 주문한 내역 하나하나 꼼꼼하게 확인하는 것이 좋습니다.

아랍어를 잘 알아보지 못한다면 종업원에게 확인 후 본인이 앉은 테이블에서 결제해달라고 하면 됩니다.

아랍국가들은 한국처럼 카드결제 시스템이 많이 발달하지 않았습니다. 가급적이면 현찰을 준비해 결제하는 것이 가장 좋은 방법이며 아랍에는 팁 문화가 없으므로 선택사항이라는 점을 아시고 판단하시길 바랍니다.

나는 어디로 나갑니까?

أَيْنَ أَخْرُج؟

[아이나 아크루즈?]

화장실은 어디 있습니까?

أَيْنَ دَوْرَةُ الْمِيَاه؟

[아이나 다으라툴 미야?]

이것은 당신것(팁)입니다.

هَذَا لَك.

[하다 라크]

제가 당신들께 사겠습니다.

سَأَدْفَع لَكُم.

[싸아드파아 라쿰]

서비스가 좋았습니다.

اَلْخِدْمَة كَانَت مُمْتَازَة.

[알키드마 카-나트 뭄타-자]

이 남은 음식을
포장 부탁드립니다.

غَلِّف هَذَا الطَّعَامُ الْمُتَبَقِي مِنْ فَضْلِك.

[갈리프 하닷 따아-물 무타바끼 민 파들리크]

합계가 맞지 않습니다.

اَلْمَبْلَغ غَيْر صَحِيح.

[알마블루그 가이르 싸히]

이 식당 근처에 좋은 카페가
있습니까?

هَل يُوجَد مَقْهَى جَمِيل بِالْقُرْب مِنْ هَذَا الْمَطْعَم؟

[할 유자드 마끄하 자밀- 비꾸룹 민 하달 마뜨암?]

이 식당 영업시간은
어떻게 됩니까?

مَا هِيَ سَاعَات اِفْتَتَاح هَذَا الْمَطْعَم؟

[마 히야 싸-아트 이프타타흐 하달 마뜨암?]

모든 것이 완벽했어요.
너무 좋았어요.

كُلّ شَيء كَان مِثَالِيًا. خَيَالِي.

[쿨루 샤이 카-나 미쌀-리얀. 카얄-리]

다음에 다시 방문하겠습니다.
하느님 뜻이라면

سَأَزُور مَرَّة أُخْرَى. إِنْ شَاءَ الله.

[싸아주르 마르라 우크라.인샤-알라]

틀린	خَطَأ [카따]
정확한	تَمَام [타맘]
입구	مَدْخَل [마드칼]
출구	مَخْرَج [마크라즈]
영수증	فَاتُورَة [파-투-라]
결제	دَفْع [다프으]
일시불	دُفْعَة وَاحِدَة [두프아 와-히다]
할부	تَقْسِيط [타끄씨-뜨]

아랍이 궁금해

알라의 축복 대추야자

아랍에서 [타무르] تَمْر 라고 불리는 대추야자는 지금으로부터 약 8,000년 전부터 이집트나 이라크 등지에서 재배했다는 기록이 있습니다. 중동의 건조하고 뜨거운 혹독한 환경에서도 잘 자랐고 열매부터 씨앗까지 버릴 것 하나 없는 만능식품이었습니다.

약 20~30m에 달하는 높이로 성장하는 대추야자는 나무 한 그루당 열매를 맺기까지 평균 8년이라는 시간이 걸리지만 열매를 맺기 시작하면 최대 100년동안 지속적인 생산을 합니다. 유목민들이 사막 횡단시 휴대용 에너지바와 같은 역할을 했으며 씨앗은 낙타의 간식거리와 으깨 나오는 진액으로 만든 시럽은 당시 중동 최초의 조미료 역할을 하기도 하였습니다.

대추야자는 한국의 곶감 맛으로 한번 먹으면 멈출 수 없는 마성의 맛을 지니고 있습니다. 예언자 무함마드도 살아생전 대추야자를 좋아해 즐겨 먹고 술로 담가 마셨다는 기록이 있습니다. 이 술의 이름은 나비즈(Nabiz)인데 천연의 단맛과 감칠맛이 어우러져 한 잔만 마셔도 든든하고 약간의 알콜 기운 덕분에 금방 힘이 나는 경험을 한 적이 있습니다.

아랍 가정집에서는 손님맞이를 위해 대추야자는 항시 구비되어 있으며 주로 차와 함께 먹고, 남성 스테미나와 여성 질환에도 효과가 있어 건강식품으로도 각광받고 있습니다.

당신은 무엇을 마시길 원합니까?

مَاذَا تُرِيدِينَ أَنْ تَشْرَبِي؟

마다 투리-디-나 안 타슈라비?

جَمِيلَة
자밀라

나는 커피를 마실겁니다. 그리고 당신은요?

سَأَشْرَبُ الْقَهْوَة. وَأَنْتِ؟

싸아슈라불 까흐와. 와 안티?

فَاطِمَة
파티마

저는 민트티를 마실 겁니다.

سَأَشْرَب شَاي النَّعْنَاع.

싸아슈랍 샤이 나으나

جَمِيلَة
자밀라

이 카페에는 케익들이 많이 있습니다.

تُوجَد كَعَكَات كَثِيرَة فِي هَذَا الْمَقْهَى.

투-자드 카아카-트 케씨-라 피 하달 마끄하

فَاطِمَة
파티마

이거 정말 맛있어 보입니다. 우리 함께 케익 한조각 먹을까요?

يَبْدُو أَنَّهَا لَذِيذَة لِلْغَايَة. هَلْ نَأْكُل قِطْعَة مِنَ الْكَعْكَة مَعًا؟

야브두- 안나하 라디-다 릴 가-야. 할 나으쿨 끼뜨아 미날 카아카 마안?

جَمِيلَة
자밀라

당신 생각은 좋아요. 우리 어떤 케익 먹을까요? 초콜렛 아니면 과일?

فِكْرَتُكِ جَمِيلَة. أَيَّ كَعْكَة نَأْكُل؟ شُكُولَاتَه أَوْ فَوَاكِه؟

피크라투키 자밀-라. 아이 카으카 나으쿨? 슈쿨-라타 아우 파와-키?

فَاطِمَة
파티마

과일 케익을 주문 하는 것이 좋을 것 같습니다. 초콜렛 케익은 너무 달아요. مِنَ الْأَفْضَل أَنْ نَطْلُب كَعْكَةَ الْفَوَاكِه. كَعْكَةُ الشُّكُولَاتَه حُلْوٌ جِدًّا. 미날 아프달 안 나뜰룹 카으카탈 파와-키. 카으카툿 슈쿨-라-타 훌루 짓단	جَمِيلَة 자밀라
당신은 설탕 몇 숟가락 원합니까? كَمْ مِلْعَقَة مِنَ السُّكَّر تُرِيدِين؟ 캄 밀아까 미낫 쑷까르 투리-딘-?	فَاطِمَة 파티마
나는 세 스푼을 원합니다. 그리고 당신은요? أُرِيد ثَلَاثَ مَلَاعِق. وَأَنْتِ؟ 우리-드 쌀라-싸 말라-이끄. 와 안티?	جَمِيلَة 자밀라
두 숟가락을 부탁드립니다. 우리 케익과 함께 차 마십시다. مِلْعَقَتَيْن مِنْ فَضْلِك. لِنَشْرَب الشَّاي مَعَ الْكَعْكَة. 밀아까타인 민 파들리크. 리나슈라빗 샤이 마알 카으카	فَاطِمَة 파티마

초콜렛 [슈쿨-라-타]	شُكُولَاتَه	커피 [까흐와]	قَهْوَة
과일들(복수) [파와-키]	فَوَاكِه	박하차 [샤이 나으나]	شَاي النَّعْنَاع
~하는 것이 낫겠다 [미날 아프달 안]	مِنَ الْأَفْضَل أَنْ	카페 [마끄하]	مَقْهى
단맛 [훌루]	حُلْو	~처럼 보인다 [야브두 안나]	يَبْدُو أَنَّ
설탕 [쑷카르]	سُكَّر	매우, 너무 [릴가-야]	لِلْغَايَة
우리 마십시다 [리나슈랍]	لِنَشْرَب	케익 한 조각 [끼뜨아 미날 카으카]	قِطْعَة مِنَ الْكَعْكَة

• 아랍의 차 문화와 물담배

아랍에서 가장 발달한 것이 차 문화입니다. 이슬람 교리상 술이 금기인 대신 차를 많이 마시는데 우리와 다른 점은 어떠한 차를 마시든 항상 설탕 (سُكَّر)을 넣는 다는 것입니다. 대부분 아랍인들은 커피를 즐겨 마시며 북아프리카(모로코, 튀니지, 알제리) 지역은 커피 대신 민트티를 즐겨 마십니다. 아랍은 크게 3종류 (아랍, 베두인, 터키) 커피로 나뉘는데 대부분 씁쓸한 맛으로 우리가 흔히 즐겨 마시는 커피와 많이 다릅니다. 북아프리카는 전세계에서 가장 저렴하면서 퀄리티가 좋은 민트 잎이 생산되므로 상큼한 민트의 풍미를 제대로 느낄 수 있습니다. 아랍인이 처음 보는 외국인에게 차를 권한다면 한국 문화에서 "술 한잔 하자" 와 같은 의미처럼 "당신을 알고 싶고 친하게 지내고 싶다"는 의미가 내포되어 있다는 점을 알아두면 큰 도움이 될 것입니다.

아랍 카페에 가보면 대부분의 아랍인들은 차를 마시며 물담배(시샤 또는 아르길라 나라마다 다름)를 피는 모습을 보실 수 있을 겁니다. 물담배는 이집트에서 시작되었으며 21세기에서는 다양한 과일 맛으로 아랍인들에게 큰 사랑을 받아 오고 있습니다. 피우고 싶은 맛을 정하여 주문하면 종업원이 물담배를 가져다주며 긴 호스에 빨대를 꽂아 쭉 빨아 연기와 함께 뱉어  냅니다. 숯이 타 들어가면서 뱉어낼 때 과일향들이 퍼져 기분 좋은 쾌감을 느끼게 됩니다. 하지만 물담배를 1시간 정도 피웠을때 일반 담배 200개피를 피운 효과와 똑같다는 연구 보고서가 있을 정도로 해로우니 주의해야 합니다.

설탕이 있습니까?

هَلْ عِنْدَكُمْ سُكَّرٌ؟

[할 인다쿰 쑷카르?]

설탕 없이 커피를 주세요.

أَعْطِنِي الْقَهْوَةَ بِدُونِ السُّكَّرِ.

[아으띠닐 까흐와 비두-닛 쑷카르]

나는 아르길라(물담배)를
원합니다.

أُرِيد أَرْجِلَةَ.

[우리-드 아르질라]

재떨이를 주세요.

أَعْطِنِي مِنْفَضَةً.

[아으띠니 민파돠]

제가 여기서 담배를
피우는게 가능 합니까?

هَلْ يُمْكِن أَنْ أُدَخِّنَ هُنَا؟

[할 윰킨 안 우닷킨 후나?]

오렌지 주스는 얼마입니까?

بِكَمْ عَصِيرُ الْبُرْتُقَالِ؟

[비캄 아씨-룰 부르투깔?]

이 카페는 사람들로 붐비는군요.

هَذَا الْمَقْهَى مُزْدَحِم بِالنَّاسِ.

[하달 마끄하 무즈다힘 빗 나쓰]

얼음을 많이 부탁드립니다.

أُرِيدُ الْكَثِير مِنَ الثَّلْج مِنْ فَضْلِكِ.

[우리-둘 케씨-르 미낫 쌀즈 민 파들리크]

이 자리는 매우 덥습니다.

هَذَا الْمَكَان حَارٌّ جِدًّا.

[하달 마칸 하-르 짓단]

에어컨 쪽으로 바꾸어도 될까요?

هَلْ يُمْكِن أَنْ أُغَيِّر إِلَى اِتِّجَاه الْمُكَيِّفِ؟

[할 윰킨 안 우가이르 일라 잇티자-힐 무카이프?]

안으로 들어가도 되겠습니까?

هَلْ يُمْكِن أَنْ أَدْخُل إِلَى الدَّاخِلِ؟

[할 윰킨 안 아드쿨 일랏 다-킬?]

주스	عَصِير [아씨-르]
오렌지	بُرْتُقَال [부르투깔]
사과	تُفَّاح [툿파-하]
딸기	فَرَاوِلَة [파라-울라]
메론	شَمَّام [샴맘]
수박	بَطِّيخ [밧띠-크]
석류	رُمَّان [룸만]
포도	عِنَب [이납]
망고	مَانْجُو [만쥬]
바나나	مَوْز [마우즈]
홍차	شَاي أَحْمَر [샤이 아흐마르]
레몬차	شَاي لَيْمُون [샤이 라이문-]
아이스크림	أَيْس كَرِيم (بُوظَة) [아이스크림(부-자)]
디저트	حَلَوِيَّات [할라위야-트]

아랍이 궁금해 커피의 유래

전 세계에서 커피가 처음 발견된 곳은 에티오피아이며 아랍지역에서는 예멘입니다. 커피에 대한 최초 기록은 10세기 초 페르시아 의학자 무함마드 이븐 자카리야 알라지로부터 시작되었는데 "커피는 사지를 튼튼하게 하고 피부를 밝게 한다"라고 언급한 것을 보면 당시 약재로 쓰였을 가능성이 높습니다. 한 중국인이 무역을 위해 예멘을 찾았는데 그가 보이차를 끓여 먹는 모습을 보고 아랍인들이 커피 원두를 가루내어 14세기 이후 마시기 시작했습니다. 당시 수피종파의 지도자들이 장시간 정신적 수양과 기도를 하며 지칠때 꾸준히 커피를 마셨으며 커피원두를 볶아 발효시키는 기술도 예멘에서 처음으로 시작해 특산물로 자리잡게 됩니다. 에티오피아에서는 커피를 분나(bunna)라고 불렀으나 추후 무역을 통해 〈까흐와(قَهْوَة)〉로 바뀌게 됩니다. 〈까흐와(قَهْوَة)〉는 아랍어로 '달여 마시는 음료'라는 뜻으로 현재 coffee의 어원이기도 하며 모카는 15세기부터 17세기까지 커피 무역의 중심지로 성장한 예멘의 항구 도시 알무카(المُخا)에서 유래 되어 현재 〈모카커피〉라는 용어를 사용하고 있습니다. 추후 커피는 성지 순례객들을 통해 빠르게 퍼져 나가 1554년 터키 이스탄불에 세계 최초의 카페 차이샤네(Chayhane)가 선보였고 1652년에는 영국 런던에 유럽 최초 카페 파스카 로제하우스를 계기로 많은 유럽국가들에 카페가 생겨 납니다. 한국에는 프랑스 신부 베르뇌 주교가 1860년 홍콩 주재 파리외방전교회 극동대표부에 커피를 주문하는 서신을 보낸 후 1년 뒤 커피가 조선 땅에 뿌리 내리고 1896년 9월15일 「독립신문」에 모카원두와 자바커피를 판매한다는 광고를 통해 국민들이 커피를 맛보게 됩니다. 국내 첫 자체 생산한 커피는 1970년 9월 동서식품에서 만든 〈맥스웰하우스 레귤러〉였으며 1974년에는 〈프리마〉 식물성 커피가 탄행하고 추후 스틱형 커피가 출시 되는데 이게 바로 우리가 마시는 〈맥심〉입니다.

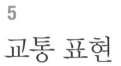

5
교통 표현

실례합니다, 저는 피라미드로 가길 원합니다. 그곳으로 어떻게 가야 합니까?

لَوْسَمَحْت، أُرِيد أَنْ أَذْهَب إِلَى الْأَهْرَام.
كَيْف أَذْهَب إِلَى هُنَاك؟

라우 싸마흐트, 우리-드 안 아드합 일랄 아흐람. 케이파 아드합 일라 후나-크?

سَائِح
여행객(남)

당신은 지하철을 타고 그곳으로 갈 수 있습니다.

يُمْكِن أَنْ تَذْهَب إِلَى هُنَاك بِالْمِتْرو.

윰킨 안 디드합 일라 후나-ㄱ 밀 메트로

شُرْطَة
경찰

지하철 정류장은 어디 있습니까? 이곳에서 가깝습니까?

أَيْنَ مَحَطَّةُ الْمِتْرو؟ هَل هِيَ قَرِيبَة مِنْ هُنَا؟

아이나 마핫따툴 메트로? 할 히야 까리-바 민 후나?

سَائِح
여행객(남)

네, 그것은 매우 가깝습니다 앞으로 조금만 걸어가세요.

نَعَم، هِيَ قَرِيبَة جِدًّا وَامْشِ عَلَى طُول قَلِيلًا.

나암, 히야 까리-바 짓단. 와 임쉬 알라 뚤 깔릴-란

شُرْطَة
경찰

나는 어느 정류장에서 내려야 합니까?

فِي أَيِّ مَحَطَّة أَنْزِل؟

피 아이 마핫따 안질?

سَائِح
여행객(남)

2호선을 타세요 그리고 기자역에서 내리세요.

اِرْكبِ الْخَطَّ الثَّانِي وَانْزِل فِي مَحَطَّةِ الْجِيزَة.

이르카빌 까뜨 싸-니 와 인질 피 마핫따틸 지-자

شُرْطَة
경찰

피라미드로 걸어갈 수 있습니다.

يُمْكِن أَنْ تَمْشِي إِلَى الْأَهْرَام.

윰킨 안 탐쉬 일랄 아흐람

🎧 5-1.mp3

سَائِح 여행객(남)	기자역에서 가는데 얼마나 걸립니까? **كَمْ مِنَ الْوَقْتِ يَسْتَغْرِقِ الذَّهَابِ مِنْ مَحَطَّةِ الْجِيزَة؟** 캄 미날 와끄트 야쓰타그리끄 앗다합- 민 마핫따틸 지-자?
شُرْطَة 경찰	30분 걸립니다 그리고 기자역 근처에 버스 또한 있습니다. **يَسْتَغْرِقِ نِصْف سَاعَة وَأَيْضًا يُوجَد الْبَاص بِالْقُرْب مِنْ مَحَطَّةِ الْجِيزَة.** 야쓰타그리끄 니쓰프 싸-아 와 아이단 유-자드 바-쓰 빌 꾸룹 민 마핫따틸 지-자
سَائِح 여행객(남)	대단히 고맙습니다 경찰관님. **شُكْرًا جَزِيلًا يَا شُرْطَة.** 슈크란 자질-란 야 슈르따
شُرْطَة 경찰	천만에요. 이것은 의무이며 나는 당신이 즐거운 여행을 하길 희망합니다 **عَفْوًا. هَذَا وَاجِب وَأَرْجُو أَنْ تُسَافِر سَعِيدًا.** 아프완, 하다 와집 와 아르주-안 투싸-피르 싸이-단

타세요 [이르캅]	اِرْكَب	피라미드 [아흐람]	أَهْرَام
내리세요 [인질]	اِنْزِل	~하는것이 가능한 [윰킨 안]	يُمْكِن أَنْ
기자(지역명) [알지-자]	اَلْجِيزَة	지하철역 [마핫따툴 메트로]	مَحَطَّةُ الْمِتْرُو
30분 [니쓰프 싸-아]	نِصْف سَاعَة	~로부터 가까운 [까리바 민]	قَرِيبَة مِنْ
나는 ~하길 희망한다 [아르주- 안]	أَرْجُو أَنْ	직진하세요 [임쉬 알라 뚤]	اِمْشِ عَلَى طُول

● 길물기과 대중교통

헌지 아랍인에게 길을 물어 본다면 네비게이션처럼 정확히 알려줍니다. 하지만 주의할 점은 길을 안내해준다는 핑계로 따라 오라고 하면 주의하시길 바랍니다. 집단으로 움직이는 무리가 있으며 길을 알려준 댓가로 많은 금액의 팁을 요구하기 때문입니다. 자신들 뜻대로 되지 않으면 험악한 분위기로 이끌어 가기도 합니다. 필자도 모로코에서 불량배들을 만나 고생했던 경험이 있어 골목처럼 좁은 길목은 더더욱 피해야 합니다.

가장 좋은 방법은 휴대폰을 개통하여 위치 검색을 통해 길을 찾는 것이 가장 안전하나 소매치기의 위험성이 있으니 조심해야 합니다.

아랍에서 지하철은 이집트와 카타르 그리고 아랍에미리트 두바이가 유일합니다. 이중 이집트는 북아프리카 최초로 지하철이 개통되었으며 국내 기업이 지원하고 있어 국가 경제 수준에 비해 아주 우수한 지하철 시스템을 구축하고 있습니다. 한국의 90년대식으로 티켓을 구매하여 개찰구를 사용하는 시스템이며 이외에도 각종 버스와 기차 그리고 크루즈선까지 갖추고 있습니다. 두바이는 프랑스, 카타르는 일본 지하철 시스템을 갖추고 있습니다. 이외의 국가에서는 버스도 있으나 한국처럼 앱이나 버스 정류장을 통한 안내시스템이 없어 주로 택시를 많이 이용하는 편입니다.

또한 아랍에서는 아직까지 한국처럼 CCTV가 많이 설치되어 있지 않아 소매치기범를 잡는데 많은 어려움이 있습니다. 아랍 여행시 그 누구도 믿어서는 안되며 철저한 준비로 자기자신만 믿고 여행하길 바랍니다.

나는 00로 가길 원합니다.	**أُرِيد أَنْ أَذهَب إِلَى 00.** [우리-드 안 아드합 일라 00]
제가 그곳으로 어떻게 가야 합니까?	**كَيْف أَذهَب إِلَى هُنَاك؟** [케이파 아드합 일라 후나-크?]
그곳은 여기서 가깝습니까?	**هَلْ هُنَاك قَرِيب مِنْ هُنَا؟** [할 후나-크 까립 민 후나?]
그곳은 여기서 멉니까?	**هَلْ هُنَاك بَعِيد عَنْ هُنَا؟** [할 후나-크 바이-드 안 후나?]
가장 빠른 길을 알길 원합니다.	**أُرِيد أَنْ أَعْرِف أَسْرَع طَرِيق.** [우리-드 안 아으리프 아쓰라아 따리-끄]
나는 그곳으로 걸어 갈 수 있습니까?	**هَلْ يُمْكِن أَنْ أَمْشِي إِلَى هُنَاك؟** [할 윰킨 안 암쉬 일라 후나-크?]
이 버스는 00로 갑니까?	**هَلْ يَذهَب هَذَا الْبَاص إِلَى 00؟** [할 야드합 하달 바-스 일라 00?]
실례합니다.질문 가능 합니까?	***لَوسَمَحْت، مُمْكِن سُؤَال؟** [라우 싸마흐트, 뭄킨 수알?]
남한 대사관은 어디에 위치해 있습니까?	***أَيْنَ تَقَع سِفَارَة كُورِيَا الْجَنُوبِيَّة؟** [아이나 타까으 씨파-라 쿠-리얄 자누-비야?]

* مُمْكِن [뭄킨]은 "가능"이라는 뜻으로 아주 유용하게 사용할 수 있는 표현이니 꼭 익혀 두길 바랍니다. مُمْكِن [뭄킨] + 명사 형태로 간단하게 질문할 수 있는 표현입니다.

* 아랍국가들은 우리보다 북한과 먼저 외교적 관계를 형성했기 때문에 아직 일부 국가에 북한 대사관이 존재합니다. 그래서 아랍인들은 남한 كُورِيَا الْجَنُوبِيَّة [쿠리얄 자누-비야]과 북한 كُورِيَا الشَّمَالِيَّة [쿠리얏 샤말-리야]으로 나누어 말한다는 것을 참고 바랍니다.

박물관	مَتْحَف [마트하프]
고대유적	آثَار قَدِيمَة [아-싸-르 까디-마]
도서관, 서점	مَكْتَبَة [마크타바]
도시	مَدِينَة [마디-나]
수도	عَاصِمَة [아-씨마]
스핑크스	أَبُو الْهَوْل [아불-하을]
시장	سُوق [쑤-끄]
모스크	مَسْجِد [마쓰지드]
공원	حَدِيقَة [하디-까]
바다	بَحْر [바흐르]
나일강	نَهْرُ النِّيل [나흐룻 닐]
식당	مَطْعَم [마뜨암]
카페	مَقْهى [마끄하]
광장	مَيْدَان [마이단]

순니파 vs 시아파

이슬람에는 예언자 무함마드를 따르는 정통 순니 파와 무함마드의 사위 알리를 따르는 시아파로 나 뉩니다. 순니파 외에 다른 종파들이 생겨난 이유 는 632년 무함마드가 후계자를 지정하지 않고 숨 을 거두었기 때문입니다.

국내에서는 수니파라고 불리지만 순니(السُنّي) 가 정확한 표현입니다. 이는 〈예언자의 관행 순 나(السُنّة)를 따르는 자들〉이라는 뜻으로 전 세계 90%를 차지하며 종주국은 사우디아라비아입니 다. 소수 종파인 시아(الشّيعي)파는 무함마드의 사 위이자 제4대 칼리파(후계자)에 오른 알리를 추종 하는 자들로 전 세계 10%정도를 차지하고 있으 며 종주국은 이란(페르시아)입니다. 국내에서는 시아파라고 불리지만 정확 한 표현은 〈시아알리(شيعة علي) 알리의 파벌〉입니다. 두 종파는 후계자 선 정 과정에서는 차이점을 보이고 있습니다. 순니파에서 말하는 후계자는 예 언자 무함마드 부족인 꾸라이쉬 출신으로 무함마드가 사망 후 알리가 제4대 칼리파에 선출되기 이전 1대~3대 칼리파들을 모두 인정합니다. 하지만 시 아알리에서는 1대~3대 칼리파들을 권력 찬탈자라고 보며 알리만이 전통성 을 가진 무함마드의 후계자라고 주장합니다. 그래서 시아알리는 알리를 초 대 제1대 칼리파로 인정합니다. 이렇게 의견차를 보이는 이유는 〈가디르 훔 (Ghadir Khumm)〉 사건 때문입니다. 무함마드는 자신의 죽음을 직감하고 마지막 고별순례를 다녀오며 가디르 훔이라는 곳에서 "나를 선지자요 주인 으로 받아들이는 모든 사람의 주인은 이제 알리이다."라는 말과 함께 군중 앞에서 알리를 치켜 세우며 축복을 전했다고 합니다. 두 종파간의 줄다리기 는 지금도 현재 진행형입니다.

나는 버스 티켓을 사길 원합니다.

أُرِيد أَنْ أَشْتَرِي تَذْكِرَةَ الْبَاص.

우리-드 안 아슈타리 타드키라탈 바-쓰

سَائِحَة
여행객(여)

당신은 어디로 가길 원하십니까?

إِلَى أَيْنَ تُرِيدِينَ أَنْ تَذْهَبِي؟

일라 아이나 투리-디-나 안 타드하비?

مُوَظَّف
남직원

저는 알렉산드리아로 길 갓입니다.

سَأَذْهَب إِلَى الْإِسْكَنْدَرِيَّة.

싸아드합 일랄 이쓰칸다리아

سَائِحَة
여행객(여)

당신은 언제 그리고 몇 시를 원하십니까?

مَتَى وَفِي أَيِّ سَاعَة تُرِيدِينَ؟

마타 와 피 아이 싸-아 투리-딘?

مُوَظَّف
남직원

나는 화요일 아침 7시에 그곳으로 갈 것입니다.

سَأَذْهَب إِلَيْهَا فِي السَّاعَةِ السَّابِعَةِ صَبَاحًا يَوْم الثُّلَاثَاء.

싸아드합 일랄이하 핏 싸-아 싸-비아 싸바-한 아움 쑬라-싸

سَائِحَة
여행객(여)

당신은 알렉산드리아까지 티켓 몇장을 원하십니까?

كَمْ تَذْكِرَة تُرِيدِينَ إِلَى الْإِسْكَنْدَرِيَّة؟

캄 타드키라 투리-딘- 일랄 이쓰칸다리야?

مُوَظَّف
남직원

나는 티켓 한장을 원합니다. 저 혼자 이거든요. 이 티켓은 얼마입니까? **أُرِيد تَذِكِرَة وَاحِدَة. أَنَا فَقَط.** **بِكَمْ هَذِهِ التَّذْكِرَة؟** 우리·드 타드키라 와-히다. 아나 파깥. 비캄 하디힛 타드키라?	**سَائِحَة** 여행객(여)
80 주나이히입니다. **بِثَمَانِين جُنَيْه.** 비싸마-닌 주나이히	**مُوَظَّف** 남직원
받으세요. 여기 돈입니다. **تَفَضَّل. هَذِهِ هِيَ النُّقُود.** 타팟달. 하디히 히얏 누꾸드	**سَائِحَة** 여행객(여)
받으세요. 여기 티켓입니다. 당신께 멋진 여행 되길 희망합니다. **تَفَضَّلِي. هَذِهِ هِيَ التَّذْكِرَة.** **أَتَمَنَّى لَكِ رِحْلَة مُمْتَازَة.** 타팟달리-. 하디히 히야 앗타드키라. 아타만나 라크 리흘라 뭄타-자	**مُوَظَّف** 남직원

화요일 [야움 쑬라-싸]	يَوْم الثُّلَاثَاء	티켓 [타드키라]	تَذْكِرَة
오직 [파깥]	فَقَط	버스 [바-쓰]	بَاص
얼마 [비캄]	بِكَمْ	어디로 [일라 아이나]	إِلَى أَيْنَ
주나이히(이집트화폐) [주나이히]	جُنَيْه	언제 [마타]	مَتَى
멋진 여행 [리흘라 뭄타-자]	رِحْلَة مُمْتَازَة	몇시에 [피 아이 싸-아]	فِي أَيِّ سَاعَة

◦ 대중교통

아랍은 GCC를(사우디아라비아, 아랍에미리트, 오만, 쿠웨이트, 바레인, 카타르) 제외하고 한국의 70~90년대 경제수준으로 대중교통 인프라가 열악합니다.

모로코는 버스 시스템을 대부분 영국과 스페인 그리고 프랑스에서 수입해 사용하고 있어 아랍국가 중 가장 최신식입니다. 하지만 튀니지와 레바논 같은 경우는 옹기종기 모여 타는 8~10인승 승합차가 시외버스 역할을 합니다. 한번 타면 움직일 수 없을 정도로 공간이 비좁고 승객이 모두 탑승해야 출발하기 때문에 만석이 될 때까지 기다려야 합니다.

요르단 같은 경우는 아랍의 유럽이라고는 불리지만 시외버스 시설이 현저히 부족해 발품을 팔아야 하는 경우도 있습니다. 게다가 도로가 너무 낡아 차선도 잘 보이지 않고 시내의 심한 매연과 복잡한 도로로 정신없이 느껴질 수도 있습니다. 자칫 잘못하면 사고 위험에 노출될 수 있으니 조심해야 합니다.

아랍에도 한국처럼 교통카드 시스템이 존재하지만 아직 미비하여 현찰 결제가 편리하고 당일에 티켓이 모두 소진될 수 있기 때문에 장거리 이동시 2~3일 전 미리 구입하는 것이 바람직합니다. 다른 방법은 온라인 예약을 통해 미리 결제하는 시스템을 갖춘 곳들도 있습니다.

버스 터미널은 어디입니까?

أَيْنَ مَحَطَّةُ الْحَافِلَاتِ؟

[아이나 마핫따툴 하-필라-트?]

티켓은 어디서 구매합니까?

أَيْنَ أَشْتَرِي تَذْكِرَة؟

[아이나 아슈타리 타드키라?]

매표소는 어디입니까?

أَيْنَ شُبَّاكُ التَّذَاكِرِ؟

[아이나 슙바-크 앗타다-키르?]

당신들은 카이로행 티켓이
있습니까?

هَلْ عِنْدَكُمْ تَذْكِرَة إِلَى الْقَاهِرَةِ؟

[할 인다쿰 타드키라 일랄 까-히라?]

편도 티켓을 주시길
부탁드립니다.

أَعْطِنِي تَذْكِرَة ذَهَاب مِنْ فَضْلِكِ.

[아으띠니 타드키라 다합 민 파들리크]

나는 왕복 티켓을 원합니다.

أُرِيد تَذْكِرَة ذَهَاب وَإِيَاب.

[우리-드 타드키라 다합 와 이얍]

왕복 티켓은 얼마입니까?

بِكَمْ تَذْكِرَة ذَهَاب وَإِيَاب؟

[비캄 타드키라 다합 와 이얍?]

이 가격은 수하물을
포함 하고 있습니까?

هَلْ هَذَا السِّعْر يَشْمَل الْأَمْتِعَة؟

[할 하닷 씨으르 야슈말 알암티아?]

이 버스는 어디서 탑니까?

أَيْنَ أَرْكَب هَذَا الْبَاصِ؟

[아이나 아르캅 하달 바-쓰?]

이곳에서 아스완까지
여행 시간은 얼마나 걸립니까?

كَمْ سَاعَة يَسْتَغْرِق السَّفَر مِنْ هُنَا إِلَى أَسْوَان؟

[캄 싸-아 야스타그리끄 싸파르 민 후나 일라 아쓰완?]

휴게소는 언제 도착합니까?

مَتَى سَتَصِل مَحَطَّةُ الِاسْتِرَاحَةِ؟

[마타 싸타씰 마핫따툴 이쓰티라-하?]

의자	كُرْسِي
	[쿠르씨]
안전벨트	حِزَامُ الأَمَان
	[히자-물 아만]
출발시간	وَقْتُ المُغَادَرَة
	[와끄툴 무가-다라]
도착시간	وَقْتُ الوُصُول
	[와끄툴 우쑬]
게이트	بَوَّابَة
	[바와-바]
버스 승차	رُكُوبُ البَاص
	[루쿠-불 바-쓰]
버스 하차	نُزُول مِنَ البَاص
	[누줄 미날 바-쓰]
창문	شُبَّاك
	[슙바-크]
날짜변경	تَغْيِير التَّارِيخ
	[타기이-르 앗타-리-크]
티켓취소	إِلْغَاء التَّذْكِرَة
	[일가 앗타드키라]
환불요청	طَلَب اِسْتِرْدَاد
	[딸랍 이쓰티라다-드]
신용카드결제	دَفْع بِطَاقَة الاِئْتِمَان
	[다프아 비따-까틸 이으티만]
온라인예약	الحَجْز عَبْر الإِنْتَرْنِت
	[알하즈즈 아브랄 인타르넷]

사막의 KTX 낙타

아랍 유목민에게 낙타는 식량과 물이 절대적으로 부족한 사막지대에서 모든 것들을 충족시켜 줄 수 있는 최적의 동물이었습니다. 낙타의 등혹은 100% 지방으로 이루어져 있어 보름동안 아무 것도 먹지 않아도 메마른 땅에서도 생존 가능하며 초식 동물이기에 식량 면에서도 유리했습니다.

사막은 모래로 뒤덮힌 평지와 더불어 굴곡 구간들이 있어 일반 도로를 걷는 것보다 2~3배의 체력과 지구력이 필요한데 이 모든 것을 견디며 빠르게 이동할 수 있는 동물은 낙타가 유일했습니다.

사람은 도보 1시간에 평균 4km를 이동할 수 있는 반면 낙타는 1시간에 평균 40km 이동이 가능해 당시 사막의 KTX였습니다. 또한 아무것도 먹지도 마시지도 않고도 10시간동안 이동이 가능하며 탑승자 포함 최대 300kg의 짐을 실을 수 있습니다. 낙타는 양질의 풍부한 젖을 선사했는데 이를 이용해 수 백가지의 유제품을 만들어 먹었고 술도 빚어 마셨습니다. 또한 한 마리만 도축 해도 3~4개월은 식량 걱정을 하지 않을 정도로 최고의 단백질 공급원이었습니다. 가죽은 텐트나 신발, 옷을 만들고 털로 카페트를 만들었습니다. 여성들은 낙타 소변으로 머리를 감았고 대변은 연료로 사용하였으며 극한의 상황속에서 식량으로 사용하기도 했습니다. 뼈는 글을 쓰거나 그림을 그려 기록을 남기는 용도로 이용했습니다.

낙타는 사람과 교감을 잘 나누며 기억력이 좋은 동물이기도 합니다. 필자는 매년 요르단에 있는 와디럼이라는 사막을 방문할 적마다 똑같은 낙타만 탑니다. 이유는 낙타가 필자를 기억하며 먼저 다가와 몸에 얼굴을 비비고 이마에 키스를 해주며 친분의 표시를 해주기 때문입니다.

무엇을 도와 드릴까요?

أَيُّ خِدْمَة؟

아이유 키드마?

مُوَظَّف
남직원

나는 어제 이 기차 티켓을 구매 했습니다.

اِشْتَرِيتُ تَذْكِرَةَ الْقِطَار هَذِهِ أَمْس.

이슈타리으투 타드키라탈 끼따-르 하디히 암쓰

سَائِح
관광객(남)

도시와 요일을 바꾸는 것이 가능합니까?

هَلْ يُمْكِن أَنْ أُغَيِّر الْمَدِينَة وَالْيَوْم؟

할 율킨 안 우가이르 알마디-나 왈야움?

물론이죠. 제가 어떻게 당신을 도와 드리면 될까요?

طَبْعًا. كَيْف أُسَاعِدك؟

따브안. 케이파 우싸-이드크?

مُوَظَّف
남직원

나는 카사블랑카에서 마라케쉬로 이동하길 원합니다.

أُرِيد أَنْ أَنْتَقِل مِنَ الدَّارِ الْبَيْضَاء إِلَى مَرَّاكِش.

우리-드 안 안타낄 미낫 다-릴 바이돠 일라 마르라-케쉬

سَائِح
관광객(남)

당신은 어떤 날에 이동하실 겁니까?

فِي أَيِّ يَوْم سَتَنْتَقِل؟

피 아이 야움 싸탄타낄?

مُوَظَّف
남직원

나는 다음주 금요일에 이동할 것입니다. 당신들은 티켓이 있습니까?

**سَأَنْتَقِل فِي يَوْم الْجُمْعَة الْقَادِم.
هَلْ عِنْدَكُمْ تَذْكِرَة؟**

싸안타낄 피 야우밀 주므아 알까-딤. 할 인다쿰 타드키라?

سَائِح
관광객(남)

잠시만 기다리세요. 그날 티켓이 있습니다.

اِنْتَظِرْ قَلِيلًا. تُوجَد تَذْكَرَة ذَلِكَ الْيَوْم.

인타뒤르 깔릴-란. 투-자드 타드키라 달리칼 야움

مُوَظَّف
남직원

다행이군요. 질문이 있습니다. 온라인으로 티켓을 예약할 수도 있습니까?

اَلْحَمْدُ لله. عِنْدِي سُؤَال.
هَلْ يُمْكِنِ أَنْ أَحْجِز تَذْكَرَة عَبْرَ الْإِنْتَرْنِت؟

알함두릴라. 인디 수알. 할 윰킨 안 아흐지즈 타드키라 아브랄 인타르넷?

سَائِح
관광객(남)

가능합니다. 어플리케이션을 사용하세요 이것은 쉽고 간편합니다.

مُمْكِن. اِسْتَخْدِم التَّطْبِيق وَهَذَا سَهْل وَبَسِيط.

뭄킨. 이쓰타크딤 앗타끄비-끄 와 하다 싸흘 와 바씨-뜨

مُوَظَّف
남직원

이 정보들은 매우 유용하군요. 당신께 고맙습니다.

هَذِهِ الْمَعْلُومَات مُفِيدَة جِدًّا. أَشْكُرُك.

하디-힐 마알루마-트 무피-다 짓단. 아슈쿠루크

سَائِح
관광객(남)

		기차	قِطَار
그날	ذَلِكَ الْيَوْم	[끼따-르]	
[달리칼 야움]		도시	مَدِينَة
신께 찬미를	اَلْحَمْدُ لله	[마디-나]	
[알함두릴라]		날, 요일	يَوْم
어플리케이션	تَطْبِيق	[야움]	
[타뜨비-끄]		어느 날, 어느 요일	فِي أَيِّ يَوْم
쉬운	سَهْل	[피 아이 야움]	
[싸흘]		금요일	يَوْمُ الْجُمْعَة
간단한	بَسِيط	[야우물 주므아]	
[바씨-뜨]		돌아오는, 다음에	قَادِم
유용한	مُفِيدَة	[까-딤]	
[무피-다]			

• 아랍의 기차와 예매 방법

아랍에서는 GCC국가를 제외하고 국영기차를 운영하는 곳은 북아프리카 (이집트, 알제리, 튀니지, 모로코) 국가들 정도입니다. 국가 내 이동만 가능하며 유럽처럼 국경을 넘나드는 노선은 아직 없습니다. 기차 시설은 한국의 80~90년로 많이 낙후 되어 있지만 유럽형 최신식 기차가 일부 도입 되었으며 좌석은 크게 1등급과 2등급 두 가지가 있습니다. 차이점은 냉난방 장치와 시큐리티 유무입니다. 2등급 좌석은 1등급 처럼 지속적으로 상주하는 안전요원이 없으므로 소매치기와 같은 범죄에 주의해야 합니다. 1등급 좌석에서는 예전 한국처럼 직원이 다양한 식음료를 카트에 담아 각 칸마다 돌며 판매합니다. 여름에 북아프리카 온도는 40~45도를 넘나드는데 이 온도에 기차와 철도 열기까지 더해져 상상을 초월할 정도로 더우니 충분한 수분보충을 위한 음료들을 직접 준비해야 합니다.

다른 주의할 점으로는 안내방송이 전무해 도착역을 지나치지 않도록 신경 써야 합니다. 급하게 안내방송을 한다 할지라도 아랍어 아니면 불어(모로코, 튀니지, 알제리)를 사용하므로 무슨 내용인지 알고 싶다  면 주변 사람들이나 직원에게 정확히 물어보는 것이 바람직합니다.

티켓은 온라인 예매도 가능하지만 아랍인들은 이러한 시스템에 아직까지 익숙치 않아 직접 기차역에서 기차표를 구매하는 것을 선호합니다.

장거리를 이동해야하는 일정이라면 핸드폰 충전부터 식수 및 요기거리(과일, 음료, 스낵)까지 잘 준비하고 티켓은 아무리 못해도 2~3일전 미리 구매 및 예약해 두는 것이 가장 좋습니다.

기차역은 어디 있습니까?

أَيْنَ مَحَطَّةُ الْقِطَارِ؟

[아이나 마핫따툴 끼따-르?]

나는 기차역으로 가길
원합니다.

أُرِيدُ أَنْ أَذْهَبَ إِلَى مَحَطَّةِ الْقِطَارِ.

[우리-드 안 아드합 일라 마핫따틸 끼따-르]

1등석 부탁드립니다.

اَلدَّرَجَةُ الْأُولَى مِنْ فَضْلِكَ.

[앗다라자 울-라 민 파들리크]

이 기차는 언제 룩소르로
떠납니까?

مَتَى سَيُغَادِرُ هَذَا الْقِطَارُ إِلَى الْأُقْصُرِ؟

[마타 싸유가-디르 하달 끼따-르 일랄 우끄쑤르?]

페스로 가는 직행 열차가
있습니까?

هَلْ يُوجَدُ قِطَارٌ مُبَاشَرٌ إِلَى فَاسٍ؟

[할 유자드 끼따-르 무바-샤르 일라 파쓰?]

나는 어디서 기차를
환승합니까?

أَيْنَ أُحَوِّلُ الْقِطَارَ؟

[아이나 우하으윌 끼따-르?]

나는 온라인을 통해 티켓을
예약 했습니다.

حَجَزْتُ التَّذْكِرَةَ عَبْرَ الْإِنْتَرْنِتِ.

[하자즈툿 타드키라 아브랄 인타르넷]

나는 티켓을 잃어 버렸지만
영수증은 가지고 있습니다.

فَقَدْتُ تَذْكِرَتِي لَكِنْ عِنْدِي الْفَاتُورَةَ.

[파까드투 타드키라티 라킨 인디 파-투-라]

나는 방금 라바트 역을
지나 쳤습니다. 저는 지금
어떻게 해야 합니까?

لَقَدْ عَبَرْتُ مَحَطَّةَ الرِّبَاطِ. كَيْفَ أَفْعَلُ الْآنَ؟

[라까드 아바르투 마핫따탓 리바-뜨. 케이파 아프알 알안-?]

나는 방금 기차를 놓쳤습니다.

لَقَدْ فَاتَنِي الْقِطَارُ.

[라까드 파-타니 알끼따-르]

다음 기차에 좌석이 있습니까?

هَلْ هُنَاكَ مَقَاعِدُ فِي الْقِطَارِ التَّالِيِّ؟

[할 후나-크 마까-이드 필 끼따-르 탈-리]

티켓 2장	تَذْكِرَتَان [타드키라탄]
티켓들(복수)	تَذَاكِر [타다-키르]
기차플랫폼	رَصِيف مَحَطَّةِ الْقِطَار [라씨-프 마핫따틸 끼따-르]
짐칸	مَقْصُورَةُ الْأَمْتِعَة [마끄쑤-라툴 암티아]
대합실	صَالَةُ الْإِنْتِظَار [쌀-라툴 인티돠-르]
첫 기차	ٱلْقِطَار الْأَوَّل [알끼따-르 알아으왈]
마지막 기차	ٱلْقِطَار الْأَخِير [알끼따-르 알아-키르]
종착역	ٱلْمَحَطَّةُ الْأَخِيرَة [알마핫따툴 아키-라]
고속열차	ٱلْقِطَار السَّرِيع [알끼따-르 앗싸리-아]
열차승무원	مُضِيف الْقِطَار [무듸-프 알끼따-르]
경찰서	مَرْكَزُ الشُّرْطَة [마르카줏 슈르따]
분실물 센터	مَرْكَزُ الْمَفْقُودَات [마르카줄 마프꾸-다-트]
기차시간표	جَدْوَل مَوَاعِيد الْقِطَارَات [자두왈 마와-이드 알끼따-라-트]
기차노선도	خَرِيطَةُ الْقِطَار [카리-따툴 끼따-르]

할랄(حَلَال)과 하람(حَرَام)

할랄(حَلَال)은 아랍어로 허용되는 것이라는 뜻으로 이슬람 규율 샤리야에 따라 만들어진 제품을 말합니다. 반대로 하람(حَرَام)은 금기라는 뜻으로 할랄(حَلَال)에서 제외되는 모든 제품을 말합니다.

할랄(حَلَال)과 하람(حَرَام) 제품을 구별하는 방법은 제품 포장지에 حَلَال 표기 또는 할랄 인증서 유무입니다. 하람(حَرَام) 제품에는 크게 돼지, 술, 동물의 피가 있는데 이는 식품뿐만 아니라 그림이나 문구도 모두 금기에 속합니다. 돼지는 불결하다는 이유로, 술은 정신을 어지럽힌다는 이유로, 피는 생명의 근원이므로 금기하고 있습니다. 한국의 대표적인 장류들과 김치는 무슬림들에게 하람(حَرَام) 제품입니다. 이 식품들은 숙성과정을 거치며 알코올 성분을 함유하고 있기 때문입니다. 그래서 국내 기업들은 알코올 성분을 제외한 장류들과 김치를 만들어 이슬람권으로 수출하고 있습니다.

육류는 죽어 있는 동물을 제외한 이슬람식 도축 과정을 거친 것만 할랄(حَلَال)로 취급합니다. 해산물 같은 경우는 터키 속담에 "바다에서 아버지가 나와도 먹는다"라는 말이 있을 정도로 관대하다고 하나 이는 학파와 나라 그리고 지역마다 많이 다릅니다. 또한 육회와 생선회처럼 조리되지 않은 식품들도 하람(حَرَام)으로 분류됩니다. 필자가 아랍어통역사 시절 국내 모기업에서 한국을 찾아온 아랍바이어들에게 식사대접을 하고 싶다며 고급 일식집을 예약해 두었습니다. 하지만 조리되지 않은 참치회가 메인음식이었고 붉은색까지 띄고 있으니 마치 생고기를 연상케해 아랍바이어들은 전혀 먹지 않았습니다. 국내에서 아랍바이어들과 식사를 할 때는 반드시 할랄(حَلَال) 전용 식당을 찾아 가는 것이 중요합니다.

안녕하세요. 어서오세요.

اَلسَّلَامُ عَلَيْكُمْ. أَهْلًا وَسَهْلًا.

앗쌀라-무 알라이쿰. 아흘란 와 싸흘란

سَائِق
운전기사

안녕하세요. 반갑습니다. 카이로 타워로 가주세요.

وَعَلَيْكُم السَّلَام. أَهْلًا بِك. خُذْنِي إِلَى بُرْج القَاهِرَة.

와 알라이쿰 쌀람. 아흘란 비크. 쿠드니 일라 부르질 까-히라

رَاكِب
승객(남)

알겠습니다. 가장 빠른 길로 가겠습니다.

حَسَنًا. سَأَذْهَب إِلَى أَسْرَع طَرِيق.

하싸난. 싸아드합 일라 아쓰라아 따리-끄

سَائِق
운전기사

택시 미터기 키셔야죠. 이 길은 사람들과 자동차들로 매우 붐비는군요.

اِفْتَح عَدَّاد التَّاكْسِي. هَذَا الشَّارِع مُزْدَحِم جِدًّا بِالنَّاس وَالسَّيَّارَات.

이프타하 앗다-드 타-크씨. 하닷 샤-리아 무즈다힘 짓단 빗 나쓰 와 싸이야-라-트

رَاكِب
승객(남)

이 길은 이 시간에 항상 붐빕니다.

هَذَا الشَّارِع مُزْدَحِم دَائِمًا فِي هَذَا الْوَقْت.

하닷 샤-리아 무즈다힘 다-이만 피 하달 와끄트

سَائِق
운전기사

이곳에서 거기로 가는데 얼마나 걸립니까?

كَمْ مِنَ الْوَقْت يَسْتَغْرِق الذَّهَاب مِنْ هُنَا إِلَى هُنَاك؟

캄 미날 와끄트 야쓰타그리끄 앗다합- 민 후나 일라 후나-크?

رَاكِب
승객(남)

이 시간에는 대략 20분 정도 걸립니다.

يَسْتَغْرِق حَوَالِي ثُلُث سَاعَة فِي هَذَا الْوَقْت.

야쓰타그리끄 하왈-리 쑬쓰 싸-아 피 하달 와끄트

سَائِق
운전기사

〈도착 한 후〉

راكب
승객(남)

여기 세워 주세요. 돈 받으세요.

قِف هُنَا مِنْ فَضْلِك. تَفَضّل النُّقُود.

끼프 후나 민 파들리크. 타팟될 누꾸-드

대단히 감사합니다. 안녕히 가세요.

شُكْرًا جَزِيلًا. مَعَ السَّلَامَة.

슈크란 자질-란. 마앗 쌀라-마

길 [샤-리아]	شَارِع	나를 ~로 데려다 주세요 [쿠드니]	خُذْنِي
항상 [다-이만]	دَائِمًا	카이로 타워 [부르줄 까-히라]	بُرْج القَاهِرَة
감 [앗다합-]	أَلذَّهَاب	가장 빠른길 [아쓰라아 따리-끄]	أَسْرَع طَرِيق
대략 [하왈-리]	حَوَالِي	키세요, 여세요 [이프타하]	إِفْتَح
20분 [쑬쓰 싸-아]	ثُلْث سَاعَة	택시 미터기 [앗다-드 앗타-크씨]	عَدَّاد التَّاكْسِي
멈추세요, 세우세요 [끼프]	قِف	붐비는 [무즈다힘]	مُزْدَحِم

• 아랍의 택시

GCC 국가를 제외한 아랍국가들에서 택시 이용시 주의해야 할 점이 여러가지 있습니다. 아랍국가에서도 택시가 미터기를 작동시키지 않은 채 영업을 한다면 엄연한 불법 행위이므로 택시 탑승시 미터기 작동 유무와 위치를 확인하는 것이 가장 중요합니다. 일부 운전기사들이 미터기가 고장났다며 가격을 협상하려고 하기도 하며 미터기 조작으로 원 가격보다 2~3배 더 많이 나오는 경우가 다수 있습니다.

사기를 피하려면 본인에게 먼저 접근하는 운전기사는 무조건 피하여야 하며 택시를 승차한 곳에서 목적지까지 대략 얼마 정도의 금액이 나올지 미리 알고 있는 것이 중요합니다. 이러한 정보는 알기 쉽지 않기 때문에 숙소나 식당, 카페 직원에게 물어본다면 친절하게 알려 줄 것입니다. 택시를 타자마자 미터기 위치와 작동유무를 확인하고 내리는 순간까지 미터기를 지속적으로 유심히 살펴 보아야 합니다.

거스름돈이 없다면서 일부러 잔돈을 안주는 경우도 종종 있기 때문에 항상 충분한 잔돈을 준비하는 것이 좋습니다. 혹시라도 택시에 소지품(모바일, 지갑 등)을 두고 내린다면 다시 찾을 확률은 희박하며 이용했던 택시 정보도 알아내기 쉽지 않습니다. 그러므로 소지품을 잃어 버리지 않도록 수시로 확인하며 잘 간수해야 합니다.

당신(남)은 이 장소가
어디인지 압니까?

هَلْ تَعْرِف أَيْنَ هَذَا الْمَكَان؟

[할 타으리프 아이나 하달 마칸?]

이 식당으로 가주세요.

خُذِنِي إِلَى هَذَا الْمَطْعَم.

[쿠드니 일라 하달 마뜨암]

미터기는 어디 있습니까?

أَيْنَ الْعَدَّاد؟

[아이날 앗다-드?]

이 미터기는
정말 이상합니다.

هَذَا الْعَدَّاد غَرِيب جِدًّا.

[하달 앗다-드 가립- 짓단]

이 미터기에는
문제가 있습니다.

تُوجَد مُشِكِلَة فِي هَذَا الْعَدَّاد.

[투자드 무쉬킬라 피 하달 앗다-드]

이 미터기는 너무 빨리
움직입니다.

هَذَا الْعَدَّاد يَتَحَرَّك بِسُرْعَة.

[하달 앗다-드 야타하르라크 비쑤르아]

이곳에서 그곳까지
택시 요금이 얼마입니까?

كَمْ أُجْرَةُ التَّاكْسِي مِنْ هُنَا إِلَى هُنَاك؟

[캄 우즈라툿 타-크씨 민 훈 일라 후나-크?]

우리는 지금 어디에 있습니까?

فِي أَيِّ مَكَان نَحْنُ الْآن؟

[피 아이 마칸 나흐누 알안-?]

이건 너무 비쌉니다.
불가능해요. 수긍 못해요.

إِنَّه غَالِ جِدًّا. مُسْتَحِيل. غَيْر مَعْقُول.

[인나흐 갈-린 짓단. 무쓰타힐. 가이르 마으꿀]

다른 택시를 타겠어요.
여기 세우세요.

سَأَرْكَب تَاكْسِي آخَر. قِف هُنَا.

[싸아르캅 타-크씨 아-카르. 끼프 후나]

당신은 왜 다른 길로 갑니까?

لِمَاذَا تَذْهَب إِلَى الطَّرِيق الْآخَر؟

[라마-다 타드합 일라 따리-낄 아-카르?]

택시 사기	إِحْتِيَال التَّاكْسِي
	[이흐티얄 타-크씨]
범죄	جَرِيمَة
	[자리-마]
경찰서	مَرْكَز الشُّرْطَة.
	[마르카즈 앗슈르따]
자전거	دَرَّاجَة
	[다르라-자]
오토바이	دَرَّاجَة نَارِيَّة
	[다르라-자 나-리야]
승합차	سَيَّارَة كَبِيرَة
	[싸이야-라 케비-라]
내가 창문을 열다	أَفْتَح النَّافِذَة
	[아프타흐 앗나-피다]
내가 창문을 닫다	أُغْلِق النَّافِذَة
	[우글리끄 앗나-피다]
속도	سُرْعَة
	[쑤르아]
시내로	إِلَى وَسَط الْبَلَد
	[일라 와싸띨 발라드]
시장으로	إِلَى السُّوق
	[일랏 쑤-끄]
나일강으로	إِلَى نَهْر النِّيل
	[일라 나흐릿 닐]
앞으로 계속 가세요	إِسْتَمِرّ إِلَى الْأَمَام
	[이쓰타미르르 일랄 아맘]
오른쪽으로 꺾으세요	إِسْتَدِر إِلَى الْيَمِين
	[이쓰타디르 일랄 야민]

아랍이
궁금해

다산 의식의 산물 '벨리댄스'

벨리댄스는 고대시대부터 다산 의식의 산물로 여겨졌던 춤입니다. 다산을 기원하게 된 이유는 여성의 아름답고 풍만한 몸매동작과 함께 다산의 근원인 복부를 이용해 춤을 추기 때문입니다. 벨리댄스의 춤 동작들을 보게 되면 움직임이 많지 않은 것이 특징인데 이유는 사막에서 사는 유목민들의 특성상 움직임이 자유롭지 못했기 때문에 몸과 골반 위주의 춤동작이 생기게 된 것입니다. 아랍에서 시작한 벨리댄스는 추후 터키문화의 영향을 받으며 여성스러움을 나타내는 춤으로 여겨지기 시작했고 스페인에서는 벨리댄스를 모티브로한 플라멩고가 생겨 납니다.

가장 전통적이면서 서양인들이 처음 목격한 벨리댄스는 이집트 스타일 입니다. 이 공연을 처음 본 서양인은 바로 프랑스 영웅 나폴레옹입니다. 그가 이집트를 침공했을 때 알가와지(الغوازي)라고 불리는 전문 여성 무용가들의 벨리댄스를 관람하게 되는데 춤동작과 멜로디가 익숙치 않아 싫어했지만 그녀들의 춤동작에 빠져들게 되었고 이를 계기로 유럽에 널리 알려지게 됩니다. 벨리댄스는 아랍어로 앗라끄쓰 샤르끼(الرّقص الشّرقي)라고 불리는데 추후 불어에서는 〈배의 춤〉이라는 뜻을 가진 〈당스 뒤 방트르 (Danse du ventre)〉으로 번역이 되고 이 의미를 그대로 차용해 영어인 〈belly Dance〉가 탄생하게 됩니다. 1893년 시카고에서 열린 만국 박람회에서 벨리댄스가 소개되며 서구권에 알려지고 큰 인기를 얻게 됩니다.

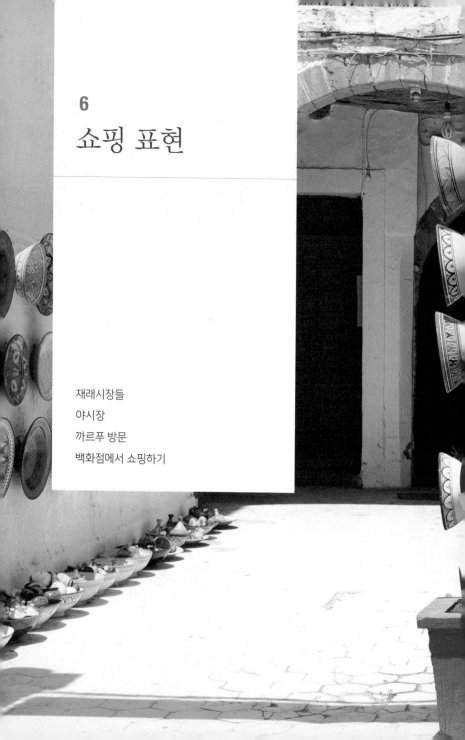

6

쇼핑 표현

환영합니다. 당신은 무엇을 원하십니까?

أَهْلًا وَسَهْلًا. مَاذَا تُرِيد؟

아흘란 와 싸흘란. 마-다 투리-드?

بَائِع
상인(남)

안녕하세요. 과일이 있습니까?

أَهْلًا بِك. هَلْ عِنْدَكُمْ فَوَاكِه؟

아흘란 비크. 할 인다쿰 파와-키?

ضَيْف
손님

네, 과일 많이 있습니다. 마음에 드는거 골라 보세요.

نَعَم، عِنْدَنَا كَثِير مِنَ الْفَوَاكِه.
اِخْتَر الَّذِي يُعْجِبُك.

나암, 인다나 케씨르 미날 파와-키. 이크타르 앗라디 유으지부크

بَائِع
상인(남)

저는 오렌지, 메론, 석류 그리고 아보카도를 원합니다.

أُرِيد بُرْتُقَال وَشَمَّام وَرُمَّان وَأَفُوكَادو.

우리-드 부르투깔 와 삼맘 와 룸만 와 아푸-카드

ضَيْف
손님

당신은 몇 Kg 원하십니까?

كَمْ كِيلُوا تُرِيد؟

캄 킬루 투리-드?

بَائِع
상인(남)

각각 1Kg씩 주세요. 다해서 얼마죠?

أَعْطِنِي كِيلُوا مِنْ كُلّ وَاحِد. بِكَمِ الْكُلّ؟

아으띠니 킬루 민 쿨리 와-힌. 비카밀 쿨?

ضَيْف
손님

25디나르 입니다. 다른 무언가 필요합니까?

بِخَمْسَة وَعِشْرِين دِينَارا. هَلْ تُرِيد شَيْئًا آخَر؟

비캄싸 와 이슈린 디나-르. 할 투리-드 샤이안 아-카르?

بَائِع
상인(남)

쇼핑 표현

야채가 매우 신선해 보이네요.

يَبْدُو أَنَّ الْخُضَرَوَات طَازِجَة لِلْغَايَة.

야브두- 안나 쿠드라와-트 따-지자 릴 가-야

야채들을 좀 살테니까 싸게 해주세요 아저씨(친애하는).

**سَأَشْتَرِي بَعْضَ الْخُضَرَوَات
فَاعْمَل لِي تَخْفِيضًا مِنْ فَضْلِك يَا عَزِيزِي.**

싸아슈타리 바으달 쿠드라와-트
파이으말 리 타크피-단 민 파들리크 야 아지-지

	ضَيْف 손님

알겠습니다. 20 디나르만 내세요.

حَسَنًا. اِدْفَع عِشْرِين دِينَارًا فَقَط.

하싸난. 이드파 이슈린 디나-란 파깟

	بَائِع 상인(남)

야보카도 [이푸-카도]	أَفُوكَادو	과일들(복수) [파와-키]	فَوَاكِه
각각, 따로 [쿨루 와-힌]	كُلّ وَاحِد	고르세요(남) [이크타르]	إِخْتَر
야채들(복수) [쿠드라와-트]	خُضَرَوَات	오렌지 [부르투깔]	بُرْتُقَال
신선한 [따-지자]	طَازِجَة	메론 [샴맘]	شَمَّام
싸게, 할인 [타크피-드]	تَخْفِيض	석류 [룸만]	رُمَّان

생생 여행
Tip

• 재래시장

칸킬릴리 시상 (سُوق خَان الْخليليْ)

이집트 카이로에 위치해 있으며 아랍에서 가장 큰 시장이자 역사와 전통이 있는 곳입니다. 이곳은 맘룩조에 술탄 바르쿠크의 아들 알칼릴리 왕자가 만들었기에 그의 이름을 차용해 〈칸 알칼릴리〉라고 불리고 있습니다. 오스만 제국이 16세기 초 이집트를 정복하기 이전까지 상업과 무역의 중심지였으며 당시 약 1만 개가 넘는 상점들이 운영했으나 지금은 약 1,500여 개에 상점들이 성업 중입니다. 1988년 아랍인 최초 노벨문학상을 수상한 이집트 작가 '나집 마흐푸즈'가 자주 왕래하였던 〈엘피샤위〉 카페는 세계인들이 찾는 명소가 되었습니다.

하미디야 시장 (سُوق الْحَميديَّة)

시리아 수도 다마스쿠스에 위치해 있으며 아랍에서 가장 오래된 재래시장 중 하나라고 알려져 있습니다. 상업과 무역의 중심지로 우마이야왕조가 다마스쿠스를 수도로 명한 뒤부터 번성기를 맞이하게 됩니다. 이 근방에는 아랍인들의 영웅 살라딘 묘소와 우마이야 사원이 위치해 있으며 피스타치오를 뿌려 먹는 아이스크림은 최고의 관광상품입니다.

마라케시 시장 (سُوق مَرَّاكِش)

이집트에 칸 칼릴리 시장 그리고 시리아에 하미디야 시장이 있다면 모로코에는 마라케시 시장이 있습니다. 없는게 없다고 알려진 마라케시 시장은 각종 향신료부터 전통 옷과 악기, 식재료 등을 판매하며 먹거리와 볼거리가 많은 것이기도 합니다. 마라케시 시장은 제마엘 프나 광장과 이어지는데 이곳에서는 수많은 공연과 달콤한 천연 과일주스들 그리고 모로코 음식들을 저렴한 가격에 맛볼 수 있습니다.

쇼핑 표현

시장은 어디 있습니까?

أَيْنَ السُّوقُ؟

[아이낫 쑤-끄?]

이것은 비쌉니다.
당신은 더 저렴한 것이 있습니까?

هَذَا غَالٍ. هَلْ عِنْدَكَ أَرْخَصُ؟

[하다 갈-린. 할 인다크 아르카쓰?]

봉투 좀 더 주세요.

أَعْطِنِي الْكِيسَ أَكْثَرَ.

[아으띠닐 키쓰 아크싸르]

이건 너무 많습니다.
조금만 주세요.

هَذَا كَثِيرٌ جِدًّا. أَعْطِنِي قَلِيلًا.

[하다 케씨-르 짓단. 아으띠니 깔릴-란]

이거 맛 좀 보아도 될까요?

هَلْ يُمْكِنُ أَنْ أَتَذَوَّقَ هَذَا؟

[할 윰킨 안 아타닷와끄 하다?]

가장 맛있는 걸로 주세요.

أَعْطِنِي الْأَلَذَّ.

[아으띠닐 알랏드]

제일 좋은 것으로 주세요.

أَعْطِنِي الْأَجْمَلَ.

[아으띠니 알아즈말]

문제가 있네요. 이거 바꿔주세요.

تُوجَد مُشْكِلَة. غَيِّر هَذَا مِنْ فَضْلِكَ.

[투-자드 무쉬킬라. 가이르 하다 민 파들리크]

고맙지만 괜찮습니다.
이거면 충분합니다.

لَا شُكْرًا. هَذَا يَكْفِي.

[라 슈크란. 하다 야크피]

이것은 신선하지 않습니다.
새 것 주세요.

*هَذَا لَيْسَ طَازِجًا. بِدِّي جَدِيدًا.

[하다 라이싸 따-지잔. 빗디 자디-단]

* **بِدِّي** [빗디]는 "주세요"라는 방언입니다. 아랍 전역에서 사용하는 방언이니 유용하게 사용할수 있습니다.

가게	مَحَل
	[마할]
고기	لَحْم
	[라흠]
견과류	مُكَسَّرات
	[무캇싸라-트]
곡물	حُبُوب
	[후부-브]
토마토	طَمَاطِم / بَنْدُورَة
	[따마-띰 / 반두-라]
양파	بَصَل
	[바쌀]
파	بَصَل أَخْضَر
	[바쌀 아크돠르]
고추	فُلْفُل
	[풀풀]
파프리카	فُلْفُل حُلو
	[풀풀 훌루]
감자	بَطَاطَا / بَطَاطِس
	[바따-따 / 바따-띠쓰]
고구마	بَطَاطَا حُلْوَة
	[바따-따 훌르와]
양배추	مَلْفُوف
	[말르푸-프]
레몬	لَيْمُون
	[라이문]
복숭아	خَوْخ
	[카우크]

아랍 결혼 문화

이슬람에서 결혼은 사회적, 종교적 의무이며 금욕주의나 독신주의는 금하고 있습니다. 20대에 결혼을 많이 하는 편이며 상대방의 혈연 및 종교를 중시하는 경향이 있습니다. 남성은 여성에게 마흐르(مهر)라고 불리는 지참금 지불은 필수이며 서로 결혼증명서를 작성해야 합니다.

배우자를 찾을 때는 주로 부모님 소개나 중매를 통하는 경우가 많습니다. 나라마다 다르긴 하지만 연애가 가능한 지역은 부모님 허락과 관심하에 가능하기도 하지만 불가능한 지역도 있습니다.

기간은 짧게 3~4일 길게는 일주일 동안 이루어지기도 하며 결혼식 전 신부측 하객과 신랑측 하객이 서로 나뉘어 즐거운 시간을 보낸 후 결혼식 당일날 모두 한 자리에 모여 하루종일 축하 파티를 즐깁니다.

무슬림 남성은 이슬람 신자가 아닌 그리스도교나 유대교 여성과도 결혼이 가능하지만 부인이 자신의 신앙을 고수한다면 남성은 상속권을 부여 받지 못합니다. 무슬림 여성은 동일한 신앙을 가진 남성만 결혼이 가능하며 타종교인일 경우 이슬람으로 개종해야 합니다. 이슬람에서 남편은 자녀에게 종교와 예의범절 교육을 책임지는 보호자 역할을 해야 하기 때문입니다. 만약 무슬림 여성이 다른 종교인과 결혼 후 출산한 자녀가 이슬람교를 가지지 않는다면 잠재적 상실을 뜻합니다.

우리는 막 제마 엘프나 야시장에 도착했네.

أَحْمَد
아흐마드

لَقَدْ وَصَلْنَا فِي السُّوقِ اللَّيْلِيِّ بِسَاحَةِ جَامِعِ الْفَنَا.

라까드 와쌀나 피 쑤-끄 레일리 비 싸-하 자-미일 파나

여기는 매장들도 많고 사람들로 매우 붐비는구나.

هُون مِين
훈민

هُنَاكَ مَحَلَّات كَثِيرَة وَمُزْدَحِم بِالنَّاسِ جِدًّا.

후나크 마할라-트 케씨-라 와 무즈다힘 빗 나-쓰 짓단

맞아. 이곳은 마라케쉬에서 최고의 관광지이거든.

أَحْمَد
아흐마드

أَكِيد. هُوَ أَفْضَل الْأَمَاكِنِ السِّيَاحِيَّة فِي مَرَّاكِش.

아키-드. 후와 아프달 아마-킨 씨야-히야 피 마르라-케쉬

정말? 이 야시장은 유명하니?

هُون مِين
훈민

حَقًّا؟ هَلْ هَذَا السُّوقُ اللَّيْلِيُّ مَشْهُور؟

하깐? 할 하닷 쑤-끄 레일리 마슈후-르?

물론이지. 이곳은 모로코에서 가장 유명하면서도
큰 시장이고 굉장히 아름답지.

أَحْمَد
아흐마드

**طَبْعًا. هُوَ أَشْهَر وَأَكْبَر سُوق فِي الْمَغْرِب
وَجَمِيل جِدًّا.**

따브안. 후와 아슈하르 와 아크바르 쑤-끄 필 마그립 와 자밀 짓단

우리 아직 저녁 못 먹었잖아. 빨리 들어가자. 여기 무엇이 있어?

هُون مِين
훈민

**لَمْ نَأْكُلِ الْعَشَاءَ بَعْد.
هَيَّا نَدْخُل بِسُرْعَة. مَاذَا يُوجَد هُنَا؟**

람 나으쿨릴 아샤-아 바우드. 하이야 나드쿨 비 쑤르아. 마-다 유-자드 후나?

많은 모로코 음식들이 있어.

هُنَاكَ أَطْعِمَة مَغْرِبِيَّة كَثِيرَة.

후나-크 아뜨이마 마그리비야 케씨-라

أَحْمَد
아흐마드

나는 너에게 해산물 튀김과 바브슈 그리고 하리라를 추천해.

أُوصِّي بِالْمَأْكُولَات الْبَحْرِيَّة الْمَقْلِيَّة وَ الْبَبُّوش وَحَرِيرَة لَكَ.

우왓씨 빌 마으쿨라-트 알바흐리야 알마끌리야 왈 바부-슈 와 하리-라 라크

우리 같이 다 먹자. 서두르자! 빨리 빨리!

هَيَّا نَأْكُل كُلَّ شَيْء مَعًا. يَلَا يَلَا!

하이야 나으쿨 쿨라 샤이 마안, 얄라 얄라!

هُون مِين
훈민

좋아! 우리 식후에 민트티도 마시자.

مُمْتَاز! لِنَشْرَب شَاي النَّعْنَاع أَيْضًا بَعْدَ الأَكْل.

뭄타-즈! 리 나슈랍 샤-이 나으나 아이단 바으달 아클

أَحْمَد
아흐마드

가장 유명한 시장 [아슈하르 쑤-끄]	أَشْهَر سُوق	가게, 매장(복수) [마할라-트]	مَحَلَّات
가장 큰 시장 [아크바르 쑤-끄]	أَكْبَر سُوق	맞아, 정확해 [아키-드]	أَكِيد
음식들(복수) [아뜨이마]	أَطْعِمَة	더 좋은 [아프달]	أَفْضَل
나는 ~을 에게 추천한다 [우왓씨 비]	أُوصِّي بِـ	관광지들(복수) [알아마-킨 앗씨아-히야]	اَلأَمَاكِن السِّيَاحِيَّة
바부슈(달팽이 스프) [알바부-슈]	اَلْبَبُّوش	유명한 [마슈후-르]	مَشْهُور

• 야시장 ◀

아랍국가에서 재래시장과 야시장을 동시에 갖춘 곳은 모로코 남서쪽에 위치한 붉은 정열의 도시 마라케쉬가 유일합니다. 야시장이 열리는 장소는 세계 유네스코에 등재된 〈제마 엘프나〉 광장입니다. 과거에 이곳은 공개 처형장으로 사용 되었으나 지금은 다양한 볼거리와 카페 및 상점이 즐비합니다. 주의할 점은 광장에서 다양한 공연과 체험들이 열리는데 공연하는 장면을 사진만 찍어도 계속 따라 다니며 팁을 요구한다는 것입니다. 체험은 주로 동물체험인데 아랍인이 먼저 다가와 만져보고, 안아 보라고 하면서 사진을 찍어 주겠다고 하면 비용을 지불해야 합니다. 부르는 게 값이니 원하지 않는다면 과감하게 싫다는 의사표시를 해주는 것이 좋습니다.

낮에는 많은 트럭상들이 모여 각종 과일주스를 파는데 본인이 원하는 메뉴를 고르면 물이나 시럽이 전혀 들어가지 않은 100% 천연과즙 주스를 아주 저렴한 가격에 맛볼 수 있습니다. 야시장은 대부분 해가 저물어 가는 오후 5시~6시쯤 부터 열립니다. 케밥부터 모로코 전통요리인 쿠스쿠스와 따진(찜요리), 건강식인 토마토콩스프 하리라를 맛볼 수 있으며 해산물 모듬튀김과 수 많은 약재를 넣고 달인 달팽이스프(바부슈)를 아주 저렴한 가격에 맛볼 수 있습니다.

아랍도 예전에는 자연에서 약재를 채취해 달여먹는 문화가 있었기에 한약재도 판매 합니다. 식후 모로코인이 즐겨 마시는 민트티를 추천합니다. 인근 카페에 가장 높은 충에서 한눈에 들어오는 야시장을 바라보며 상큼한 민트향을 만끽해 보시길 바랍니다.

이 주스는 신선합니다.

هَذَا الْعَصِيرُ طَازِج.

[하달 아씨-르 따-지즈]

설탕하고 같이 주스를 주세요.

أَعْطِنِي الْعَصِيرَ مَعَ السُّكَّر.

[아으띠닐 아씨-르 마앗 쑷카르]

나는 설탕 없이 주스를 원합니다.

أُرِيدُ الْعَصِيرَ بِدُونِ السُّكَّر.

[우리-둘 아씨-르 비두-닛 쑷카르]

야시장은 몇 시에 시작합니까?

فِي أَيِّ سَاعَة يَبْدَأ السُّوق اللَّيْلِيّ؟

[피 아이 싸-아 야브다 쑤-끄 레일리?]

제가 사진 한장 찍어도 될까요?

هَلْ يُمْكِنُ أَنْ آخُذ الصُّورَةَ الْوَاحِدَة؟

[할 윰킨 안 아-쿠드 쑤-라 알와-히다?]

빵 좀 더주세요.

أَعْطِنِي الْخُبْز أَكْثَر مِنْ فَضْلِك.

[아으띠니 알쿱즈 아크싸르 민 파들리크]

이 음식은 정말 맛있네요.

هَذَا الطَّعَام لَذِيذ جِدًّا.

[하닷 따암 라디-드 짓단]

국물만 더 주세요.

أَعْطِنِي مَزِيد مِنَ الْحَسَاء فَقَط.

[아으띠니 마지-드 미날 하싸-아 파깟]

빵과 함께 가지튀김을 주세요.

أَعْطِنِي بَاذِنْجَان مَقْلِيّ مَعَ الْخُبْز.

[아으띠니 바-딘잔 마끌리 마알 쿱즈]

나는 양고기 따진을 원합니다.

أُرِيد الطَّاجِن بِلَحْمِ الْخَرُوف.

[우리-드 따-진 비 라흐밀 카루-프]

나는 배불러요. 됐어요.

*أَنَا شَبْعَان. صَافِي.

[아나 샤브안. 싸-피]

* صَافِي 는 모로코 방언으로 "됐어요, 그만해요" 라는 표현입니다. 야시장에 가면 호객 행위가 심한데 이때 사용할수 있는 유용한 표현이니 꼭 기억 하길 바랍니다.

케밥	كَبَاب [케바-바]
튀김요리	طَعَام مَقْلِيّ [따암 마끌리]
생선튀김	سَمَك مَقْلِيّ [싸마크 마끌리]
새우튀김	جَمْبَرِي مَقْلِيّ [잠바리 마끌리]
오징어튀김	حَبَّار مَقْلِيّ [핫바-르 마끌리]
대추야자	تَمْر [타무르]
구운요리	طَعَام مَشْوِيّ [따암 마슈위]
바베큐	مَشْوِيَّات [마슈위야-트]
케익	كَعْكَة [카으카]
공연	عَرْضَة [아르돠]
광장	مَيْدَان [마이단]
좋은, 멋진	*مِزيَان [미지얀]

* مِزيَان [미지얀]은 표준어 مُمْتَاز [뭄타-즈] 좋은, 멋진에 해당하는
방언입니다. 모로코 전역에서만 사용하는 방언으로 모로코를 방문
했을때 사용해 보세요.

아랍이 궁금해 출생을 축하하는 의식 '아끼까(العَقِيقَة)'

이슬람 세계에서는 〈아끼까(العَقِيقَة)〉라는 의식을 통해 새 생명의 출생에 대한 축하와 안녕을 기원합니다. 부모님은 아이가 태어나면 귀에 기도문을 속삭이고 으깬 대추야자 조각을 아기 입에 넣어주며 앞으로의 삶에 행운이 가득하길 빌어 줍니다. 이후 아이가 출생한지 7일째 되는 날 가족들과 친지들이 함께 모이면 동네에 있는 이맘(이슬람 지도자)과 집안의 가장 연장자가 아이의 귀에 꾸란(이슬람 성서) 기도문을 속삭이며 건강과 축복을 빌어 줍니다. 아이의 성별이 남성이라면 머리카락을 한 번 잘라 주지만 여성이라면 자르지 않습니다. 가장 중요한 의식은 아이의 이름을 짓는 것인데 꾸란을 이용하는 것이 일반적이며 아이의 무병장수를 위해 희생제를 지냅니다. 일반적으로 양고기를 가장 많이 사용해 요리하며 가족 친지들과 나누어 먹고 가난한 이웃에게 희사 하기도 합니다. 모두 모여 아이의 출생을 축하하고 장난감이나 옷, 학용품, 현금을 희사 하기도 합니다.

아이의 건강을 위해 행하는 전통 미신이 있는데 몸을 하늘로 향하게 바닥에 누인 상태에서 옆으로 3~4차례 넘어 다닙니다. 또는 아이가 깜짝 놀라 눈이 휘둥그레질 정도로 몸을 좌우로 흔들어 대기도 하는데 혹시 있을지 모르는 악귀가 모두 빠져 나간다고 믿기 때문입니다.

아랍인들은 주로 식료품을 구입하기 위해 어디로 갑니까?

تشان هُو
찬호

أَيْنَ يَذْهَبُ الْعَرَبِيُون عَادَةً لِشِرَاءِ
الْمَوَادِ الْغَذَائِيَّة؟

아이나 야드합 알아라비윤 아-다탄 리 쉬라-일 마와-딜 가다-이야?

우리는 주로 카르푸로 갑니다.

آية
아야

نَذْهَب عَادَةً إلى كَارْفُور.

나드합 아-나탄 일라 카-르푸-

카르푸? 거기에는 무엇이 있습니까?

تشان هُو
찬호

كَارْفُور؟ مَاذَا يُوجَد هُنَاك؟

카-르푸-? 마-다 유-자드 후나-크?

그곳에는 고기, 야채 그리고 생선 처럼 다양한 종류들의 식품들이 있습니다.

آية
아야

هُنَاك كَثِير مِنَ الْأَطْعِمَة مِنْ مُخْتَلِفِ الْأَنْوَاع
مِثل لَحم وَخُضَار وَسَمَك.

후나-크 케씨-르 미날 아뜨이마 민 무크탈리필 안와-아 미쏠 라흠 와 쿠돠-르 와 싸마크

그곳은 슈퍼마켓이군요. 전자제품도 판매 합니까?

تشان هُو
찬호

هُنَاك سُوبَر مَارْكَت.
هَل تَبِيع الْإِلْكْتُرُونِيَات أَيْضًا؟

후나-크 쑤-부 마-르켓. 할 타비-아 일렉트루-니야-트 아이단?

물론이죠. 삼성 그리고 엘지와 같은 한국제품들이 있습니다.

آية
아야

طَبْعًا. تُوجَد مُنْتَجَات كُورِيَّة مِثل
سَامْسُونج وَالْ جِي.

따브안. 투-자드 문타자-트 쿠-리야 미쏠 삼성 와 엘지

정말 좋네요. 이곳에서 가장 가까운 까르푸는 어디에 위치해 있습니까?	تَشَان هُو
	찬호

وَاللهِ جَمِيل. أَيْنَ يَقَع أَقْرَب كَارْفُور مِنْ هُنَا؟

왈라히 자밀-. 아이나 야까아 아끄랍 카-르푸- 민 후나?

그곳은 시내에 위치해 있습니다. 택시를 타고 그곳으로 가세요.	آيَة
	아야

يَقَع فِي وَسَطِ الْبَلَد.

اِذْهَب إِلَى هُنَاك بِالتَّاكْسِي.

야까아 피 와싸틸 발라드. 이드합 일라 후나-크 빗 타-크씨

나는 당신께 감사 드립니다. 나는 오늘 그곳으로 갈 것 입니다.	تَشَان هُو
하느님이 허락 하시면.	찬호

أَشْكُرُك. سَأَذْهَب إِلَيْهِ الْيَوْم. إِنْ شَاءَ الله.

아슈크루크. 싸아드합 일라이히 야움. 인샤-알라

한국제품들(복수)	مُنْتَجَات كُورِيَّة	구입	شِرَاء
[문타자-트 쿠-리야]		[쉬라]	
너무 좋은/예쁜	وَاللهِ جَمِيل	식료품	مَوَاد غَذَائِيَّة
[왈라히 자밀-]		[마와드 가다-이야]	
더 가까운	أَقْرَب	주로, 일반적으로	عَادَةً
[아끄랍]		[아-다탄]	
위치한	يَقَع	다양한 종류	مُخْتَلِف الْأَنْوَاع
[야까아]		[무크탈리풀 안와-아]	
가세요(남)	اِذْهَب	슈퍼마켓	سُوبُر مَارْكِت
[이드합]		[쑤-부 마-르켓]	
나는 당신께 감사드립니다	أَشْكُرُك	전자제품	الْإِلِكْتُرُونِيَّات
[아슈크루크]		[알일렉트루-니아-트]	

생생 여행
Tip

• 대형마트

이랍에서 까르푸는 가장 성황리에 운영되고 있는 대형마트입니다. 각종 먹거리부터 전자제품 및 생필품까지 다양한 물품들이 진열되어 있습니다. 이곳의 특징은 마트에 비치된 화덕에서 매일 빵을 구워 판매한다는 것입니다. 빵은 아랍인의 주식인 만큼 가장 신경쓰고 있는 부분입니다. 이외에도 한국처럼 직접 조리하여 판매하는 음식부터 값싸고 싱싱한 수 많은 종류의 과일과 야채류가 판매되고 있습니다. 특히 아랍에서는 야채와 과일 가격이 한국에 비해 현저히 저렴하니 많이 구입하여 드시면 좋습니다.

마트의 구조는 한국과 비슷하게 지하 1층이 식료품 코너 지상 2층부터는 각종 생필품과 전자제품 및 공산품을 주로 판매합니다. 아랍은 제조업 능력이 현저히 떨어지므로 물가에 비해 공산품이 굉장히 비싼 데다가 퀄리티도 그렇게 좋지 못하니 한국에서 챙겨 오시는 것도 좋은 방법입니다. 특히 여성용품은 철저히 준비하시면 좋습니다. 아랍국가는 셀프 계산대 시스템이 아직 미미하여 계산원이 직접 계산합니다. 가끔 실수로 계산이 맞지 않을 때도 있으니 계산 후 반드시 영수증을 확인하길 바랍니다.

전단지 주세요.	أَعْطِنِي النَّشَرَة.
	[아으띠닛 나슈라]
쌀코너는 어디 있습니까?	أَيْنَ قِسْمُ الْأُرْزِ؟
	[아이나 끼쓰물 우르즈?]
수입품은 어디 있습니까?	أَيْنَ الْمُسْتَوْرَدَات؟
	[아이날 무쓰타으라다-트?]
생활용품은 몇 층에 있습니까?	فِي أَيِّ طَابِق تُوجَد الْمَوَاد الْمَنْزِلِيَّة؟
	[피 아이 따-비끄 투-자드 마와-드 만질리야?]
나는 여성용품들을 찾고 있습니다.	أَبْحَث عَنِ الْمُنْتَجَات النِّسَائِيَّة.
	[아브하쓰 아닐 문타자-트 니싸-이야]
나는 전자제품들을 보길 원합니다.	أُرِيد أَنْ أَرَى مُنْتَجَات اِلْكَتْرُونِيَّة.
	[우리-드 안 아라 문타자-트 일렉트루-니야]
이 상품 유통기한은 어디 있습니까?	أَيْنَ تَارِيخ الْاِنْتِهَاء لِهَذَا الْمُنْتَج؟
	[아이나 타-리크 인티하 리하달 문타즈?]
보증기간은 몇 년 입니까?	كَمْ سَنَة فِتْرَة الضَّمَان؟
	[캄 싸나 피트라트 앗돠만?]
이 생선은 언제 들어왔습니까?	مَتَى أَتَى هَذَا السَّمَك؟
	[마타 아타 하닷 싸마크?]
이 고기는 어디서 왔습니까?	مِنْ أَيْنَ أَتَى هَذَا اللَّحْم؟
	[민 아이나 아타 하닷 라흠?]
이 닭을 잘라 주시겠습니까?	هَلْ يُمْكِن أَنْ تُقَطِّع هَذَا الدَّجَاج؟
	[할 윰킨 안 투깟띠아 하닷 다자-즈?]
한국 상품들은 어디 있습니까?	أَيْنَ الْمُنْتَجَات الْكُورِيَّة؟
	[아이날 문타자-트 알쿠-리야?]

오이	خِيَار [키야-르]
가지	بَاذِنْجَان [바-딘잔]
마늘	ثُوم [쑴]
버섯	فِطْر [피뜨르]
시금치	سَبَانِخ [싸바-니크]
당근	جَزَر [자자르]
콩	فُول [풀]
애호박	كُوسَة [쿠-싸]
무화과	تِين [틴]
체리	كَرَز [카라즈]
소스	صَلْصَة [쌀싸]
(과일)잼	مُرَبَّى [무랍바]
식용유	زَيْت الطَّبْخ [자이트 앗따바크]
밀가루	طَحِين [따-힌]

아랍이 궁금해 — 이슬람에서는 왜 돼지가 금기된 것일까?

첫 번째로 사막에 주로 키우던 양, 낙타, 염소, 소와 같은 동물들은 유목민들에게 젖을 주었고 마시고 요리하며 다양한 유제품을 만들수 있었습니다. 또한 축제날은 단백질을 보충할 수 있었고 가죽까지 활용가능 했습니다. 양과 낙타, 염소, 소는 초식동물로 배설물을 연료로도 사용할 수 있었으나 돼지는 젖을 줄 수도 없었고 잡식성 동물이기에 배설물을 연료로 사용할 수 없었습니다.

두 번째로 식량과 위생적인 문제가 있었습니다. 사막은 식량이 한정적이라 잡식성인 돼지는 태생적으로 메마르고 무더운 곳에서 서식하는 것은 거의 불가능에 가깝습니다. 특히 돼지는 먹을 식량이 부족하면 자신의 오폐물 먹는데 이러한 불결함 때문에 사막에서는 부적합 하다고 여긴 것입니다.

세 번째로는 이동의 문제입니다. 아랍 유목민들은 생존을 위해 끊임없이 사막 횡단을 해왔던 민족입니다. 양이나 염소 그리고 소는 인간이 길들이기 쉽고 이동에 문제가 없으나, 돼지는 자발적 이동 능력이 현저히 떨어져 뜨거운 사막지대에서 다루기 쉽지 않았습니다. 한국에서 여름날 아랍 친구와 아이스크림을 먹기 위해 슈퍼에 들려 아이스크림을 고르고 있었는데, 아랍 친구가 "악!" 소리를 지르며 놀라했습니다. 그래서 "무엇이 문제냐?" 물었더니 아이스크림에 돼지가 있다는 겁니다. 이 친구가 말한 것은 포장지에 돼지그림이 있는 아이스크림이었습니다. 너무 과한 것이 아니냐고 생각될 지 모르지만 같은 중동에 거주하는 유대교인도 돼지는 금기사항으로 중동문화 이기도 합니다.

환영합니다. 무엇을 도와 드릴까요?

أَهْلًا وَسَهْلًا. أَيُّ خِدْمَة؟

아흘란 와 싸흘란. 아이유 키드마?

عَامِل
남직원

안녕하세요. 저는 아랍 전통 복장을 사고 싶은데요. 당신들은 있습니까?

أَهْلًا بِك. أُرِيد أَنْ أَشْتَرِي مَلَابِسًا عَرَبِيَّة تَقْلِيدِيَّة. هَلْ عِنْدَكُمْ؟

아흘란 비크. 우리 드 안 이슈타리 밀라-비싼 아라비야 타끌리-디아. 할 인다쿰?

كُورِيّ
한국인(남)

네. 우리는 잘라비야, 쿠피야 그리고 이깔이 있습니다. 당신은 무엇을 원하십니까?

نَعَمْ. عِنْدَنَا الْجَلَابِيَّة وَالْكُوفِيَّة وَالْعِقَال. مَاذَا تُرِيد؟

나암. 인다나 잘라-비야 왈 쿠-피야 왈 이깔. 마-다 투리-드?

عَامِل
남직원

나는 모두 구입하길 원합니다. 가장 좋은 것을 보여 주세요.

أُرِيد شِرَاء كُلَّ شَيء. أَرِنِي اَلْأَفْضَل.

우리-드 쉬라-아 쿨라 샤이. 아리니- 알아프달

كُورِيّ
한국인(남)

이것이 매장에서 가장 좋은 옷입니다. 고퀄리티이고 지금 세일 기간입니다.

هَذِهِ هِيَ أَفْضَل مَلَابِس فِي الْمَحَل. اَلْجَوْدَة عَالِيَة وَالْآنَ فِتْرَة التَّنْزِيلَات.

하디히 히야 아프달 말라-비쓰 필 마할. 알자우다 알-리야 왈안- 피트라 앗탄질-라-트

عَامِل
남직원

이것은 예뻐 보이네요. 제가 이 옷을 입어 볼 수 있을까요?

يَبْدُو أَنَّهَا جَمِيلَة. هَلْ يُمْكِن أَنْ أَلْبَس هَذِهِ الْمَلَابِس؟

야브두 안나하 자밀-라. 할 윰킨 안 알바쓰 하디힐 말라-비쓰?

كُورِيّ
한국인(남)

		عَامِل 남직원

물론이죠. 이거 입어보세요. 탈의실은 저쪽에 있습니다.

طَبْعًا. جَرِّبْهَا.
تُوجَد غُرْفَة تَغْيِيرِ الْمَلَابِس هُنَاك.

따브안. 자르립하. 투-자드 구르파 타그이-룰 말라-비쓰 후나-크

كُورِيّ
한국인(남)

이 옷은 나에게 잘 어울리나요? 무척 마음에 들긴 하네요.

هَل هَذِهِ الْمَلَابِس مُنَاسِبَة لِي؟ تُعْجِبُني كَثِيرًا.

할 하디힐 말라-비쓰 무나-씨바 리? 투으지부니 케씨-란

عَامِل
남직원

정말로 아랍인처럼 너무 잘 어울립니다. 이 쿠피야를 이깔과 함께 써보세요.
제가 당신을 도와 드리죠.

إِنَّهَا مُنَاسِبَة جِدًّا مِثْل عَرَبِيّ.
جَرِّب هَذِهِ الْكُوفِيَّة مَعَ الْعِقَال. سَأُسَاعِدك.

인나하 무나-씨바 짓단 미쓸 아라비, 자르립 히디힐 쿠-피야 마알 이깔. 싸우싸-이드크

كُورِيّ
한국인(남)

이 옷을 주세요. 바로 결제하겠습니다.

أَعْطِني هَذِهِ الْمَلَابِس. سَأَشْتَرِيهَا عَلَى الْفَوْر.

아으띠니 히디힐 말라-비쓰. 싸아슈타리-하 알랄 파우르

세일기간 [피트라트 앗탄질-라-트]	فِتْرَة التَّنْزِيلَات	옷 [말라-비쓰]	مَلَابِس
~처럼 [미쓸]	مِثْل	아랍전통 [아라비야 타끌리-디야]	عَرَبِيَّة تَقْلِيدِيَّة
나에게 주세요 [아으띠니]	أَعْطِني	나에게 보여주세요 [아리니]	أَرِني
즉시, 바로 [알랄 파우르]	عَلَى الْفَوْر	가장 좋은것 [알아프딸]	اَلْأَفْضَل
탈의실 [구르파 타그이-룰 말라비쓰]	غُرْفَة تَغْيِير الْمَلَابِس	품질 [자우다]	جَوْدَة
시도하세요(남) [자르립]	جَرِّب	높은 [알-리야]	عَالِيَة

• 아랍인의 복장

잘라비야(جَلَابِيَّة)

잘라비야는 아랍 남성들이 통치마 형태에 복장을 말합니다. 이집트에서는 갈라비야라고도 말하며, 모로코에서는 젤레바(جلَّابة)라고 부릅니다. 모로코 복장 젤레바는 잘라비야와 다르게 모자가 달려 있다는 것이 특징입니다. 여름에는 면으로 겨울에는 양모로 만들며 평소에도 일상 복장으로 입습니다.

쿠피야(كُوفِيَّة)

쿠피야는 머리에 쓰는 두건으로 사막에서 모래 바람을 막아주기도 하고 뜨거운 햇빛으로부터 머리를 보호하며 겨울에는 목도리처럼 보온용으로 사용하기도 합니다.

구트라(غُتْرَة)

구트라는 쿠피야와 똑같이 머리에 두르는 두건으로 사막에서 모래 바람을 막아주기도 하고 뜨거운 햇빛으로부터 머리를 보호해 줍니다. 주로 GCC국가에서만 착용 합니다.

히잡(حِجَاب)

히잡은 무슬림 여성들이 머리부터 목, 가슴까지 가리는 베일형태입니다. 히잡을 쓰는 이유는 남성은 시각적으로 약한 존재면서 물리적으로는 여성보다 강하기 때문에 마음에 드는 여성을 상대로 불미스러운 일을 저지를수 있으니 자기자신을 보호하는 차원에서 시작되었습니다.

아바야 (عَبَاءَة)

아바야는 남성과 여성이 공식석상에서 입는 겉옷입니다. 남성들은 평상복장에 걸치고 다니고 여성들은 옷처럼 입는 복장입니다.

세일기간은 어떻게 됩니까?

مَا هِيَ فِتْرَة التَّنْزِيلَات؟

[마 히야 피트라 앗탄질-라-트?]

세일은 언제부터 시작합니까?

مَتَى تَبْدَأ التَّخْفِيضَات؟

[마타 타브다 앗타크피-돠-트?]

옷가게는 어디에 위치해
있습니까?

أَيْن يَقَع مَحَلُ الْمَلَابِس؟

[아이나 야까아 마할룰 말라-비쓰?]

이 옷은 큽니다.
더 작은 사이즈가 있습니까?

هَذِهِ الْمَلَابِس كَبِيرَة.
هَلْ عِنْدَك مَقَاس أَصْغَر؟

[하디힐 말라-비쓰 케비-라. 할 인다크 마까-쓰 아쓰가르?]

이 셔츠는 작습니다.
더 큰 사이즈가 있습니까?

هَذَا الْقَمِيص صَغِير. هَلْ عِنْدَك مَقَاس أَكْبَر؟

[하달 까미-쓰 싸기-르. 할 인다크 마까-쓰 아크바르?]

이 상품은 어디서
판매 합니까?

أَيْنَ يُبَاع هَذَا الْمُنْتَج؟

[아이나 유바-아 하달 문타즈?]

다른 것을 보여주세요.

أَرِني شَيْئًا آخَر.

[아리니 샤이안 아-카르]

이거 포장 가능한가요?

هَلْ يُمْكِن أَنْ يَلُفّ هَذَا؟

[할 윰킨 안 얄루프 하다?]

이거 반품하고 싶은데요.

أَرِيد أَنْ أُرَجِّع هَذَا.

[우리-드 안 우랏지아 하다]

나는 이 색깔을 원하지 않습니다.
다른 색깔을 주세요.

لَا أُرِيد هَذَا اللَّون. أَعْطِني لَوْنًا آخَر.

[라 우리-드 하닷 라운. 아으띠니 라우-난 아-카르]

우리 카페에서 쉴까요?

هَلْ نَسْتَرِيح فِي الْمَقْهَى؟

[할 나쓰타리-흐 필 마끄하?]

바지	بَنْطَلُون [반딸룬-]
청바지	سِرْوَال جِيْنْز [씨르왈 진]
원피스	فُسْتَان [푸스탄]
신발	حِذَاء [히다]
운동화	حِذَاء رِيَاضِيّ [히다 리야-뒤]
양말	جَوْرَب [자우랍]
남성복	مَلَابِس رِجَالِيَّة [말라-비쓰 리잘-리야]
여성복	مَلَابِس نِسَائِيَّة [말라-비쓰 니싸-이야]
속옷	مَلَابِس دَاخِلِيَّة [말라-비쓰 다-킬리야]
화장품	مُسْتَحْضَرَات تَجْمِيل [무쓰타흐돠라-트 타즈밀-]
보석, 귀금속	مُجَوْهَرَات [무자으하라-트]
반지	خَاتِم [카-팀]
향수	عِطْر [이뜨르]
선물	هَدِيَّة [하디야]

어휘 플러스

흥정하는 방법

아랍 상인들은 외국인을 보면 일단 가격을 높게 부르며 본인이 원하는 가격을 먼저 말하고 손님에게 원하는 가격을 묻습니다. 이럴 때는 원 가격에서 절반 가격으로 최대한 많이 깎은 상태에서 협상하는 것이 가장 좋습니다. 상인은 한 푼이라도 더 받기 위해 친숙한 분위기로 이끌어 갑니다. 매장으로 들어와 앉아 차를 권하고 상냥한 미소를 지으며 국적과 방문 목적을 묻기도 합니다. 한국인이라고 말하면 삼성, 엘지 ,현대, 기아와 같은 기업들을 언급하고 치켜 세워주며 비위를 최대한 맞추려고 노력합니다.

다시 가격흥정을 시작하는데 상인이 얼마를 요구하든 이에 동요하지 말고 내가 원하는 가격만 강하게 주장하는 것이 저렴하게 물건을 구매할 수 있는 방법입니다. 원하는 만큼 가격흥정이 잘 이루어지지 않으면 과감하게 매장을 나서는 것도 하나의 방법입니다. 그러면 대부분의 상인들은 손님을 붙잡고 다시 가격 흥정을 시작합니다. 내가 원하는 가격에 물건을 구입했다면 좋지만 만약 쉽지 않다면 내가 제시한 가격과 상인이 부르는 가격 중간쯤에서 협상하는 것도 좋은 방법입니다.

아랍인들은 5천 년 넘게 전 세계를 누비며 무역으로 생계를 이어왔던 민족으로 탁월한 상업능력을 지닌 사람들입니다. 아랍시장에서 물건 구매시 흥정은 필수이며 적을 알고 나를 알아야 백전백승인 것처럼 철저히 준비한다면 재밌는 경험을 하게 될 것입니다.

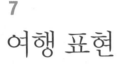

7

여행 표현

차 렌트하기
이집트 여행
사막투어

안녕하세요. 저는 차 한 대를 빌리길 원합니다.

مَرْحَبًا. أُرِيد تَأْجِير سَيَّارَة وَاحِدَة.

마르하반. 우리-드 타으지-르 싸이야-라 와-히다

سَائِح
여행객(남)

안녕하세요. 당신은 어느 종류에 자동차를 원하십니까?

مَرْحَبًا. أَيّ نَوْع مِنَ السَّيَارَات تُرِيد؟

마르하반. 아이야 나우아 미낫 싸이야-라 투리-드?

مُوَظَّفَة
여직원

나는 가장 저렴한 자동차를 원합니다. 당신들은 무엇이 있습니까?

أُرِيد أَرْخَص سَيَّارَة. مَاذَا عِنْدَكُمْ؟

우리-드 아르카쓰 싸이야-라. 마-다 인다쿰?

سَائِح
여행객(남)

소나타 이것이 우리 회사에서 가장 저렴한 자동차입니다.

سُونَاتَا هِيَ أَرْخَص سَيَّارَة فِي شَرِكَتِنَا.

쑤-나-타 히야 아르카쓰 싸이야-라 피 샤리카티나

مُوَظَّفَة
여직원

이 자동차 가격은 하루에 얼마입니까?

كَمْ ثَمَن السَّيَّارَة فِي الْيَوْم؟

캄 싸만 앗싸이야-라 필 야움?

سَائِح
여행객(남)

하루에 25디나르 입니다. 당신은 며칠을 원하십니까?

خَمْسَة وَعِشْرُون دِينَارًا فِي الْيَوْم. كَمْ يَوْما تُرِيد؟

캄싸 와 이슈룬- 디-나-란 필 야움. 캄 야움 투리-드?

مُوَظَّفَة
여직원

나는 5일 동안 자동차가 필요합니다.

أَحْتَاج إِلَى سَيَّارَة لِمُدَّة خَمْسَة أَيَّام.

아흐타-즈 일라 싸이야-라 리뭇다 캄싸 아얌

سَائِح
여행객(남)

당신은 이 자동차를 어떻게 생각하십니까? 마음에 드십니까?

مَا رَأْيُكَ فِي هَذِهِ السَّيَّارَةِ؟ هَلْ تُعْجِبُكَ؟

마 라으유카 피 하디힛 싸이야-라? 할 투으지부카?

مُوَظَّفَة
여직원

네, 굉장히 마음에 듭니다. 이걸로 선택하겠습니다.
받으세요. 국제 운전 면허증입니다.

نَعَمْ، تُعْجِبُنِي كَثِيرًا. سَأَخْتَارُهَا.
تَفَضَّلِي. هَذِهِ هِيَ رُخْصَةُ الْقِيَادَةِ الدُّوَلِيَّةِ.

나암, 투으지부니 케씨-란. 싸아크타-루하. 타팟달리. 하디히 히야 루크싸 알끼야-다 앗두왈리야

سَائِح
여행객(남)

제가 키를 드릴께요.
이 계약서 받으시고 서명 부탁드립니다. 안전 운전하세요.

سَأُعْطِيكِ الْمِفْتَاحَ.
خُذْ هَذَا الْعَقْدَ وَوَقِّعْ مِنْ فَضْلِكِ. قُدْ بِأَمَانٍ.

싸우으띠-크 알미프타-하. 쿠드 하달 아끄드 와 와까아 민 파들리크. 꾸드 비 아만

مُوَظَّفَة
여직원

기간 [리뭇다]	لِمُدَّة	어떤 종류 [아이 나우아]	أَيِّ نَوْع	
5일 [캄싸 아얌]	خَمْسَة أَيَّام	나는 원한다 [우리-드]	أُرِيد	
나는 선택할 것이다 [싸아크타-르]	سَأَخْتَار	가장 저렴한 자동차 [아르카쓰 싸이야-라]	أَرْخَص سَيَّارَة	
열쇠 [미프타-하]	مِفْتَاح	자동차 가격 [싸만 앗싸이야-라]	ثَمَن السَّيَّارَة	
계약서 [아끄드]	عَقْد	며칠 [캄 야움]	كَمْ يَوْما	
국제운전면허증 [루크싸 알끼야-다 앗두왈리야]	رُخْصَة الْقِيَادَة الدُّوَلِيَّة	나는 ~이 필요하다 [아흐타-즈 일라]	أَحْتَاج إِلَى	

● 렌터카

운전이 가능하고 아랍에서 장기간 이동할 계획이라면 렌트카를 강력하게 추천드립니다. 특히 GCC국가와 같은 산유국들은 석유가격이 전세계에서 가장 저렴하므로 렌트카는 가성비가 좋은 최고의 발이 되어 줄 것입니다. 하지만 요르단이나 레바논처럼 일부 비산유국은 석유 가격이 약간 비싼 편입니다. 렌트카는 온라인을 통해 미리 예약할 수도 있으나 현지에서 렌트를 한다면 인터넷 가격보다 최대 20~30% 정도 더 저렴하게 예약할 수도 있습니다. 하지만 성수기 기간이라면 필히 온라인을 통해 미리 예약 하는것이 가장 바람직합니다.

아랍에서 렌트카를 대여하려면 국제운전면허증과 여권(주민등록증과 같은 신분증은 국가마다 상이함)이 필요합니다. 국제운전면허증은 국내 해당관할 경찰서 또는 인천공항 1터미널과 2터미널 경찰치안센터에서 즉시 발급 가능합니다.

렌트카 대여시 담당자와 함께 자동차 전체(스크레치처럼 차사고 유무)를 확인하고 서류에 이 사안을 모두 표기 합니다. 경찰 검문시 이 서류와 함께 신분 확인을 하므로 차량 이력 서류를 잘 보관해여 합니다. 카드 결제시 보증금에 한해서는 가결제가 먼저 이루어 지고 차량 반납 후 며칠안에 돌려 받는 시스템입니다. 또한 차량 사고시 대처방법과 연락처를 꼭 알아두고 속도 위반 카메라를 주의해야 합니다. 한국처럼 잘 보이게 설치되어 있지 않아 속도 위반시 단속에 적발되기 쉽고 벌금 금액은 국가마다 상이하나 저렴하지는 않습니다. 시내에서는 평균 최대 60~70Km 고속도로에서는 100km를 준수하는 것이 좋습니다.

렌터카 회사들은 어디에
있습니까?

أَيْنَ شَرِكَات إِيجَار السَّيَّارَات؟

[아이나 샤리카-트 이자-르 싸이야-라-트?]

나는 한국 차를 원합니다.

أُرِيد سَيَّارَة كُورِيَّة.

[우리-드 싸이야-라 쿠-리야]

몇 시까지 이 차를 반납해야
합니까?

حَتَّى أَيّ سَاعَة يَجِب أَن أُعِيد هَذِهِ السَّيَّارَة؟

[핫타 아이 싸-아 야지브 안 우이-드 히디힛 싸이야-라?]

자동차를 하루 더
렌트할 수 있을까요?

هَل يُمْكِنِي تَأْجِير السَّيَّارَة لِيَوْم آخَر؟

[할 윰키누니 타으지-르 싸이야-라 리 야움 아-카르?]

여기에 차
스크레치(흠집)가 있습니다.

تُوجَد خُدُوش فِي السَّيَّارَة هُنَا.

[투-자드 쿠두-슈 핏 싸이야-라 후나]

계약서는
어디서 작성합니까?

أَيْنَ أَكْتُب الْعَقد؟

[아이나 아크툽 알아끄드?]

자동차 체크
리스트(서류)를 주세요.

أَعْطِنِي قَائِمَة فَحص السَّيَّارَة.

[아으띠니 까-이마 파흐쓰 싸이야-라]

자동차 사고 이후에는
어디로 전화해야 합니까?

أَيْنَ يَجِب أَن أَتَّصِل بَعْدَ حَادَث سَيَّارَة؟

[아이나 야지브 안 앗타씰 바으다 하-다쓰 싸이야-라?]

주유소는
어디에 있습니까?

أَيْنَ مَحَطَّة الْبَنْزِين؟

[아이나 마핫따 알반진-?]

가득 채워 주세요.

إِمْلَئِه تَمَامًا مِن فَضلِك.

[이믈라이흐 타마-만 민 파들리크]

보증금 가격은
얼마입니까?

كَم سِعْرُ التَّأْمِين؟

[캄 씨으룻 타으민?]

자동차등록증	شَهَادَة تَسْجِيل السَّيَّارَة [샤하-다 타쓰질 싸이야-라]
신호등	إِشَارَة ضَوْئِيَّة [이샤-라 돠우이야]
운전석	مَقْعَد السَّائِق [마끄아드 앗싸-이끄]
조수석	مَقْعَد الرَّاكِب [마끄아드 앗라-킵]
고속도로	طَرِيق سَرِيع [따리-끄 싸리-아]
주행속도	سُرْعَة الْقِيَادَة [쑤르아툴 끼야-다]
속도위반	تَجَاوُز السُّرْعَة [타자-와줏 쑤르아]
안전벨트	حِزَامُ الأَمَان [히자-물 아만]
벌금, 벌칙금	غَرَامَة [가라-마]
에어백	وِسَادَة هَوَائِيَّة [위싸-다 하와-이야]
타이어	عَجَلَة [아잘라]
와이퍼	مَسَّاحَات زُجَاج السَّيَّارَة [맛싸-하-트 주자-즈 앗싸이야-라]
운전대	مِقْوَد [미끄와드]
브레이크	فَرَامِل [파라-밀]

아랍에서 운전 시 준비사항

국제운전면허 발급시 필요 서류와 방법 및 기관 (국내)

발급에 필요한 서류: 운전면허증, 여권, 6개월 이내 촬영한 여권용 사진 1부
(대리인 가능 대리인 신분증, 위임장 요구)

발급처: 전국 운전면허 시험장 또는 관할 경찰서 민원실 및 공항
(여권발급시 함께 신청 가능)
인천공항 1터미널: 경찰치안센터 (3층)
인천공항 2터미널: 정부종합행정센터 (2층)
김해공항: 국제운전면허증발급센터 (국제선1층)
제주공항: 국제공항경찰대 (3층)

운영시간: 9:00 ~ 18:00 (12:00 ~ 13:00 점심시간 / 주말 및 공휴일 휴무)

소요시간: 5분 ~ 10분

유효기간: 1년 (유효기간 경과후 재발급 가능)

수수료: 8,500원 (공항은 카드결제만 가능)

기관연락처: 경찰청 교통기획과 (02) 1577-1120

주의사항: 영문 서명 철자와 띄어쓰기 확인(발음은 같으나 철자가 다르다는 이
유로 문제가 생길수 있음) 서명날인 유효기관 확인 / 과태료 및 체납
액이 있을시 발급 제한

해외에서 렌트카 (자차소유) 사용시 필요한 서류

제출할 서류: 국제 운전 면허증과 여권 (국내 운전면허증과 국내주민등록증을 요구
하기도함) 자차 구매시 이까마(거주증) 필수

주의사항: 제네바 협약에 미가입된 국가에서 운전을 하려면 국가에 있는 면허 발급
기관을 방문하여 한국면허증, 여권과 현지에서 필요로 하는 서류들을 제
출하고 해당국가 면허증으로 발급 (국가마다 상이하므로 현지 확인필수)

*2023년 기준

당신은 다음 겨울 방학에 무엇을 하실 겁니까?

مَاذَا سَتَفْعَل فِي الْعُطْلَة الشِّتَوِيَّة الْقَادِمَة؟

마-다 싸타프알 필 우뜰라 쉬타위야 까-디마?

إِبْرَاهِيم
이브라힘

나는 이집트로 여행 갈 것입니다. 그래서 지금 비행기 티켓을 찾고 있습니다.

سَأُسَافِر إِلَى مِصْر.
لِذَلِكَ، أَبْحَث عَنْ تَذْكِرَة الطَّيَرَان الْآن.

싸우싸-피르 일라 미쓰르 리달리카 아브하쓰 안 디드키라릿 따야란 알안-

جُون سُو
준수

놀랍군요! 당신은 며칠 그리고 어디를 여행하실 겁니까?

يَا سَلَام! كَمْ يَوْما وَأَينَ سَتُسَافِر؟

야 쌀람! 캄 야움 와 아이나 싸투싸-피르?

إِبْرَاهِيم
이브라힘

나는 한 달 동안 여행을 할 것이고 카이로와 룩소르를 방문할 것입니다.

سَأُسَافِر لِمُدَّة شَهْر وَسَأَزُور الْقَاهِرَة وَالْأُقْصُر.

싸우싸-피르 리뭇다 샤흐르 와 싸아주-르 알까-히라 왈 우끄쑤르

جُون سُو
준수

이집트에는 많은 고대 유적지이 있습니다.

فِي مِصْر تُوجَد آثَار قَدِيمَة كَثِيرَة.

피 미쓰르 투-자드 아-싸-르 까디-마 케씨-라

إِبْرَاهِيم
이브라힘

나는 이집트 역사에 관심이 많이 있습니다
그리고 오래전부터 이번 여행을 기다려 왔습니다.

أَهْتَمّ بِتَارِيخ مِصْر كَثِيرًا وَكُنْتُ أَنْتَظِر
هَذِهِ الرِّحْلَة مُنْذ زَمَانٍ طَوِيل.

아흐탐므 비 타-리-크 미쓰르 케씨-란 와 쿤투 안타뒤르 하디힛 리흘라 문드 자마-닌 따윌-

جُون سُو
준수

나는 당신께 멋진 시간이 되길 희망합니다. 당신은 호텔을 예약했습니까?

أَتَمَنَّى لَك وَقْتًا مُمْتَازًا. هَل حَجَزْتَ الْفُنْدُق؟

아타만나 라크 와끄탄 뭄타-잔. 할 하자즈탈 푼두끄?

إِبْرَاهِيم
이브라힘

	جُون سُو
	준수

아직입니다. 나는 비행기 티켓 구매 이후 호텔을 예약하려고 합니다.

لَيسَ بَعْد. سَأَحْجِزُ الْفُنْدُق بَعْدَ شِرَاء تَذْكِرَةِ الطَّيَرَان.

라이싸 바으드. 싸아흐지줄 푼두끄 바으다 쉬라-아 타드키라릿 따야란

	إِبْرَاهِم
	이브라힘

최대한 빨리 호텔을 예약하세요. 왜냐하면 겨울은 관광 성수기입니다.

اِحْجِز الْفُنْدُق فِي أَسْرَع وَقْت مُمْكِن. لِأَنَّ فَصْلَ الشِّتَاء مَوسِم سِيَاحِيّ.

이흐지즈 알푼두끄 피 아쓰라으 와끄트 뭄킨. 리안나 파쓸랏 쒸타 마우씸 씨야-히

	جُون سُو
	준수

나는 이걸 몰랐네요. 인터넷을 통해 적당한 호텔을 찾아봐야겠습니다.

لَم أَعْرِف هَذَا. يَجِب أَن أَبْحَث عَنِ الْفُنْدُق الْمُنَاسِب عَبْرَ الْإِنْتَرْنِت.

람 아으리프 하다. 야지브 안 아브하쓰 아닐 푼두끄 알무나-씹 아브랄 인타르넷

나는 ~에 관심 있다 [아흐탐므 비]	أَهْتَمّ بِ	겨울방학 [우뜰라 쉬타위야]	عُطلَة شِتَوِيَّة
역사, 날짜 [타-리-크]	تَارِيخ	그래서 [리달리카]	لِذَلِك
여행, 여정 [리흘라]	رِحْلَة	나는 ~을 찾다 [아브하쓰 안]	أَبْحَث عَن
오래전부터 [문드 자마-닌 따윌-]	مُنذ زَمَان طَوِيل	비행기 티켓 [타드키랏 따야란]	تَذْكِرَةُ الطَّيَرَان
아직 [라이싸 바으드]	لَيسَ بَعْد	놀랍다, 세상에 [아 쌀람]	يَا سَلَام
예약하세요 (남) [이흐지즈]	اِحْجِز	고대 유적지들 [아-싸-르 까디-마]	آثَار قَدِيمَة

• 이집트

피라미드와 스핑크스 (اَلْأَهْرَام وَأَبُو الْهَوْل)

10만 명의 노동자가 약 20년에 걸쳐 완성시켰다고 알려진 "쿠푸왕" 피라미드는 평균 2.5 톤 정도 되는 바위가 280만 사용되었고 전체 무게는 575만 톤이라고 추정됩니다. 또한 고대 이집트인들은 나일강을 기점으로 동쪽은 생명, 서쪽은 죽음의 세계로 보았기 때문에 이집트의 모든 피라미드는 서쪽에 위치해 있으며 그리스어로 '삼각형 모양의 과자'라는 뜻입니다. 스핑크스는 '공포의 아버지' 라는 뜻으로 피라미드를 수호하기 위해 지어 졌으며 생전 카프레왕의 얼굴입니다.

룩소르 신전과 카르낙 신전 (مَعْبَد الْأُقْصُر وَالْكَرْنَك)

룩소르 신전은 과거 그리스의 한 시인이 말하길 '황금이 산처럼 쌓여 있고 100개의 문이 있는 호화 찬란한 곳'이라고 극찬 했던 곳입니다. 높이 24m에 달하는 오벨리스크는 제19왕조 파라오 람세스 2세가 2개를 세웠는데 1829년 당시 프랑스 왕이었던 루이-필립에게 주었고 현재 프랑스 파리 콩코르드 광장에 전시되어 있습니다.

카르낙 신전은 현존하는 신전 가운데 최대 규모이며 고대 이집트의 축복과 번영을 위해 기도를 들였던 곳입니다. 두 유적지는 죽기 전 꼭 가봐야 할 1001 세계 건축과 역사 유적으로 손 꼽히는 곳입니다.

여행사가 어디 있습니까?

أَينَ وِكَالَةُ السِّيَاحَة؟

[아이나 위칼-라툿 씨야-하?]

이집트 국립 박물관은
어디에 있습니까?

أَينَ الْمَتحَفُ الْمِصرِي الْوَطَنيِ؟

[아이날 마프하풀 미쓰릴 와따니?]

입장료가 얼마입니까?

كَمْ رُسُومُ الدُّخُول؟

[캄 루쑤-뭇 두쿨?]

나는 여행 프로그램을
알기를 원합니다.

أُرِيد أَنْ أَعرِف بَرنَامَج السَّفَر.

[우리-드 안 아으리프 바르나-마즈 싸파르]

당신은 영어를 말할 수
있습니까?

هَلْ تَسْتَطِيع أَنْ تَتَكَلَّم اللُّغَة الإِنجِلِيزِيَّة؟

[할 타쓰타띠-으 안 타타칼람 앗루갈 인질리지야?]

우리 함께 사진 찍을 수
있을까요?

هَلْ يُمْكِن أَنْ نَأْخُذ الصُّورَة مَعًا؟

[할 윰킨 안 나으쿠드 앗쑤-라 마안?]

당신들은 관광안내서가
있습니까?

هَلْ عِندَكُمْ دَلِيل سِيَاحِيّ؟

[할 인다쿰 달릴- 씨야-히?]

나는 기념품을 사길 원합니다.

أُرِيد أَنْ أَشتَرِي تَذكَارًا.

[우리-드 안 아슈타리 타드카-란]

당신께 질문해도 될까요?

هَلْ يُمْكِن أَنْ أَسأَلَك؟

[할 윰킨 안 아쓰알라크?]

이것은 무엇입니까?
설명 가능합니까?

مَا هَذَا؟ هَلْ يُمْكِن أَنْ تَشرَح؟

[마 하다? 할 윰킨 안 타슈라하?]

유명한 관광지들은
무엇입니까?

مَا هِيَ الأَمَاكِن السِّيَاحِيَّة الْمَشهُورَة؟

[마 히얄 아마-킨 앗씨야-히야 알마슈후-라?]

휴일	يَوْم عُطْلَة [야움 우뜰라]
예약	حَجْز [하즈즈]
관광안내원(남)	مُرْشِد سِيَاحِيّ [무르쉬드 씨야-히]
관광안내원(여)	مُرْشِدَة سِيَاحِيَّة [무르쉬다 씨야-히야]
지도	خَرِيطَة [카리-따]
피라미드	اَلْأَهْرَام [알아흐람]
스핑크스	أَبُو الْهَوْل [아불-하을]
룩소르 신전	مَعْبَد الْأُقْصُر [마으바드 알우끄쑤르]
카르낙 신전	مَعْبَد الْكَرْنَك [마으바드 알카르나크]
페트라	اَلْبَتْرَاء [알바트라]
제라쉬	جَرَش [자라쉬]
쉐프샤오엔	شَفْشَاون [샤프샤-윈]
까라윈사원	جَامِع الْقَرَوِّيِين [자-미아 알까라윈]
씨디 부사이드	سِيدِي بُو سَعِيد [씨-디 부-싸이-드]

나라별 주요 유적지와 관광지

| 요르단 |

페트라와 제라쉬 그리고 카락성 (ٱلْبَتْرَاء وَجَرَش وَالْقَلْعَة الْكَرَك)

현재 10% 밖에 발굴이 되지 않은 페트라는 고대 아랍계 유목민 나바트인들이 BC 7세기경 페트라를 중심으로 정착하면서 나바테 문명이 세워졌으며 거대한 암석들을 깎아 만든 왕국 입니다. 페트라는 그리스어로 〈바위〉라는 뜻이며 왕의 무덤부터 원형극장 목욕탕, 우물 등 그 당시 사람들이 살았던 흔적이 그대로 남아있습니다. 애굽을 탈출하여 가나안으로 향하던 모세와 추종자들이 약속의 땅으로 가는 통로이기도 했습니다. 큰 지진으로 자연재해를 겪은 나바트인들은 다른 곳으로 이동했다고 추정되며 이후 스위스의 한 탐험가가 발견해 세상에 알려지게 됩니다. 현재 페트라 스폰서인 현대가 직접 제작한 〈Go Petra〉 어플리케이션을 통해 페트라의 역사를 알 수 있습니다. 제라쉬는 고대 로마시대의 문명을 보여주는 유적지입니다. 해발 600m에 위치하고 있으며 1~3 세기까지 로마제국의 동방거점이었습니다. 약 1만 5천 명 수용규모의 전차경기장인 히퍼드롬이 유명하며 아직 발굴 중 입니다. 카락성은 해발 1050m 고원에 위치한 천연 요새라고 불렸던 곳입니다. 아랍의 영웅 살라딘이 카락성을 함락하기 위해 수 차례 시도했지만 워낙 고지대인데다가 요새가 험해 지속된 실패로 포기하려고 하였으나 그의 여동생이 십자군 병사들을 미인계로 꼬셔 비밀 통로를 알아내고 이 통로를 통해 아랍군이 진격하여 카락성을 함락시켰다는 유래가 있습니다.

아랍이
궁금해

| 모로코 |

탕헤르와 쉐프샤오엔, 페스 그리고 에사우리아
(طَنْجَة وَشَفْشَاون وَفَاس وَالصَّويرَة)

탕헤르는 모로코에서 최북단 지브롤토 해협에 위치한 작은 항만 도시입니다. 이 도시는 아랍어로 〈딴자〉라고 불리며 세계 최초 여행가 이븐 바투타의 고향 이기도 합니다. 그의 생가 내부에 무덤이 있어 많은 세계인들이 찾는 명소이며, 록밴드 비틀즈가 사랑했던 하파카페에서 지브롤터 해협을 바라보며 마시는 민트티는 최고의 맛을 자랑합니다.

쉐프샤오엔은 스머프 마을로 불릴 만큼 온통 파란빛깔을 지닌 작은 도시입니다. 이 도시가 파란색인 이유는 스페인에서 유대인들이 유입 되었는데 자신들의 종교적 정체성을 지키기 위해 무슬림들과 차별화하여 집벽을 파란색

으로 칠했기 때문입니다.

페스는 굉장히 비좁은 골목길이 약 1만개정도 있는 도시입니다. 외세의 침략을 막기 위해 수많은 골목길을 미로처럼 만들었으며 가장 유명한 관광지 중에 하나는 까라윈사원입니다. 처음에 사원으로만 사용되었으나 학생들의 수가 늘어남에 따라 세계 최초로 까라윈 대학교가 개교 합니다. 이 외에도 세계에서 가장 오래된 가죽염색공장 테너리가 있습니다. 아직도 예전 전통 방식 고수하며 전 세계에서 수작업으로 진행되는 유일한 곳입니다.

에사우이라는 모로코의 해양 도시로 매일 어부들이 바다에서 잡아 올린 수많은 해산물들을 직접 맛볼 수 있는 곳입니다. 정어리가 가장 많이 잡히

는 특산물이며 굴, 소라, 맛조개, 성게 등을 날로 맛볼 수 있습니다. 갈치 또한 많이 잡히는데 가장 큰 갈치는 20~30kg정도 나갈 정도 크며 신선한 해산물들이 항시 준비되어 있습니다. 시장에서 적당한 흥정을 통해 해산물을 구입 후 약간의 수고비만 지불하면 소금만 살짝 뿌려 숯불에 바로 구워 줍니다. 해산물을 좋아하시는 분들은 한국에서 초고추장이나 와사비, 간장들을 준비해 가시면 좋습니다.

| 튀니지 |

부르기바 거리와 씨디 부사이드 그리고 엘젬
(بُورْقِيبَة وَسِيدِي بُو سَعِيد وَالْجَم)

부르기바 거리는 튀니지 수도 튀니스 중심부에 위치해 있으며 미니 샹젤리제라고 불립니다. 이곳에는 프랑스 샹젤리제 거리처럼 수 많은 식당들과 카페, 서점, 쇼핑몰, 극장, 호텔, 펍 등이 즐비한 곳입니다.

씨디 부사이드는 아랍의 산토리니라고 불리는 곳으로 파란 지붕들과 하얀 건물들이 인상적입니다. 카페에 앉아 드넓은 지중해를 바라 보며 마시는 달콤한 민트티는 감탄을 자아냅니다.

엘젬은 엘젬 원형 경기장 또는 티스드루스 콜로세움이라고 불리기도 합니다. 티스드루스는 현재 엘젬이라는 도시로 불리기 전 도시 이름이었습니다. 전세계에서 가장 잘 보존된 로마 유적지 중에 하나로 손꼽히며 한 번에 약 3만5천여명을 수용할 수 있습니다. 수많은 헐리우드 영화의 촬영지입니다.

당신은 휴가기간에 무엇을 하실 겁니까?

مَاذَا سَتَفْعَلِينَ فِي فِتْرَةِ الْإِجَازَةِ؟

마-다 싸타프알린 피 피트라틸 이자-자?

مَازِن
마진

나는 요르단에서 사막투어를 할 것입니다.

سَأَقُوم بِرِحْلَةِ الصَّحْرَاء فِي الْأُرْدُنّ.

싸아꿈 비리흘라팃 싸흐라 필 우르둔

يُومِي
유미

놀랍군요! 그 사막 이름은 무엇입니까? 그곳은 좋습니까?

مَا شَاءَ اللّٰه! مَا اسم هَذِه الصَّحْرَاء؟
هَلْ هِيَ جَمِيلَة؟

마샤-알라! 마 씀 하디힛 싸흐라? 할 히야 자밀-라?

مَازِن
마진

이곳에 이름은 와디럼이고 세계에서 가장 아름다운 사막 중 하나 입니다.

إِسْمُهَا وَادِي رُم وَهِيَ مِنْ أَجْمَل صَحْرَاء فِي الْعَالَم.

이쓰무하 와디룸 와 히야 민 아즈말 싸흐라 필 알람

يُومِي
유미

당신은 사막에서 여행 할때 주로 무엇을 합니까?

مَاذَا تَفْعَلِينَ عَادَةً عِنْدَمَا تُسَافِرِين فِي الصَّحْرَاء؟

마-다 타프알린 아-다탄 인다마 투싸-피린 핏 싸흐라?

مَازِن
마진

낙타 그리고 샌드보드를 탑니다.

أَرْكَبُ الْجَمَل وَالتَّزَلُّج عَلَى الرِّمَال.

아르카불 자말 왓 타잘루즈 알라 리말

يُومِي
유미

몇몇의 유적지들을 방문하고 베두인 전통 음식들을 먹습니다.

أَزُور بَعْضَ الْأَمَاكِنِ الْأَثَرِيَّة
وَآكُلُ الْأَطْعِمَة الْبَدَوِيَّة التَّقْلِيدِيَّة.

아주-르 바으달 아마-키닐 아싸리야 와 아-쿨룰 아뜨이마 바드위야 타끌리-디아밤에는 뜨거운 홍차와 함께 베두인 공연과 수많은 별들을 봅니다.

أُشَاهِدُ الْعَرْضَ الْبَدَوِيَّ وَكَثِيرًا مِنَ
النُّجُوم مَعَ الشَّاي الْأَحْمَر السَّاخِنِ فِي اللَّيْل.

우샤-히둘 아르돨 바드위- 와 케씨-란 미낫 누줌 마아 샤이 아흐마르 싸-킨 핏 레일

가끔은 사막 여우 또한 만나게 됩니다.

أَحْيَانًا، أُقَابِل ثَعْلَبَ الصَّحْرَاء أَيْضًا.

아흐야난, 우까-빌 싸을라밧 싸흐라 아이단

정말 환상적이군요. 나도 그곳을 방문 하길 희망해 봅니다.
하느님이 허락 하신다면.

مَازِن
마진

وَاللهِ خَيَالِي. أَتَمَنَّى أَنْ أَزُور هُنَاكَ.
إِنْ شَاء الله.

왈라 카얄-리. 아타만나 안 아주-르 후나-크. 인사-알라

한국어	아랍어	한국어	아랍어
공연 [아르드]	عَرْض	휴가기간 [피트라툴 이자-자]	فِتْرَةُ الْإِجَازَة
~가 많은 [케씨-르 민]	كَثِير مِن	사막 [싸흐라]	صَحْرَاء
별들 (복수) [누줌]	نُجُوم	세계 [알람]	عَالَم
홍차 [샤-이 아흐마르]	شَاي أَحْمَر	샌드보드 [타잘루즈 알라 리말]	تَزَلُّج عَلَى الرِّمَال
뜨거운 [싸-킨]	سَاخِن	유적지들 [아마-킨 아싸리야]	أَمَاكِن أَثَرِيَّة
사막여우 [싸을랍 앗싸흐라]	ثَعْلَب الصَّحْرَاء	베두인 음식들 [아뜨이마 바두위야]	أَطْعِمَة بَدَوِيَّة

• 사막투어

아랍 여행시 빼놓을수 없는 것이 바로 사막투어입니다. 사막투어는 크게 여름과 겨울로 나뉘는데 더운 날씨 때문에 겨울에 찾는 경우가 더 많습니다.

사막의 겨울은 일교차가 심하며 밤에는 모래 바람으로 인해 굉장히 춥기 때문에 각종 방한 용품 (목도리, 장갑, 점퍼, 핫팩 등)을 반드시 준비해야 합니다.

또한 숙소들에서는 각종 다양한 음식들과 안식처만 제공하므로 사막으로 가기 전 마트에 들려 생수와 간단한 간식거리를 직접 준비해 가야 합니다. 또한 강렬한 햇빛과 모래바람 그리고 위생으로부터 보호하기 위한 수단으로 썬글라스와 물티슈는 꼭 챙겨 가길 바랍니다.

나는 사막 투어를 원합니다.

أُرِيد رِحْلَةَ الصَّحْرَاء.

[우리-드 리흘라탓 싸흐라]

나는 사막으로 어떻게
가야 합니까?

كَيْفَ أَذْهَب إِلَى الصَّحْرَاء؟

[케이파 아드합 일라 싸흐라?]

메르주가행 티켓 부탁드립니다.

أَعْطِنِى تَذْكِرَة إِلَى مَرْزُوكَة مِنْ فَضْلِك.

[아으띠니 타드키라 일라 메르주-카 민 파들리크]

이곳에서 사막까지
몇 시간 걸립니까?

كَمْ سَاعَة يَسْتَغْرِق السَّفَر مِنْ هُنا إِلَى الصَّحْرَاء؟

[캄 싸-아 야쓰타그리끄 싸파르 민 후나 일라 싸흐라?]

이 프로그램은 얼마입니까?

بِكَمْ هَذَا الْبَرْنَامَج؟

[비캄 하달 바르나-마즈?]

나는 사막에서 3일간
머물길 원합니다.

أُرِيد أَنْ أُقِيم لِمُدَّة ثَلَاثَة أَيَّام فِي الصَّحْرَاء.

[우리-드 안 우낌 리뭇다 쌀라-싸 아얌 피 싸흐라]

당신들은 어떤 종류의
투어 프로그램들이 있습니까?

أَيّ نَوْع مِنْ بَرَامِج الرُّحَلَات عِنْدَكُمْ؟

[아이야 나우 민 바라-미즈 리흘라-트 인다쿰?]

나는 낙타를 타는 것이
가능 합니까?

هَلْ يُمْكِن أَنْ أَرْكَب الْجَمَل؟

[할 윰킨 안 아르캅 알자말?]

나는 이 프로그램을
예약 하길 원합니다.

أُرِيد أَنْ أَحْجِز هَذَا الْبَرْنَامَج.

[우리-드 안 아흐지즈 하달 바르나-마즈]

사막투어는 언제부터
시작 합니까?

مُنْذُ مَتَى تَبْدَأ رِحْلَةُ الصَّحْرَاء؟

[문두 마타 타브다 리흘라툿 싸흐라?]

우리 사막에서 함께 셀카
찍읍시다.

لِنَلْتَقِط سِيلْفِي مَعًا فِي الصَّحْرَاء.

[리날타끼뜨 쎌-피 마안 피 싸흐라]

선글라스	نَظَّارَة شَمْسِيَّة
	[낫돠-라 샴씨야]
선크림	وَاقِي الشَّمْس
	[와-끼 앗샴쓰]
물티슈	مِنْدِيل مُبَلَّل
	[민딜 무발랄]
하늘	سَمَاء
	[싸마]
모래	رَمْل
	[라물]
모래바람	عَاصِفَة رَمْلِيَّة
	[아-씨파 라믈리야]
구름	سَحَاب
	[싸합]
별똥별	شِهَاب
	[쉬합]
텐트	خَيْمَة
	[카이마]
베두윈 (사막 현지인)	بَدْوِيّ
	[바드위]
차(음료)	شَاي
	[샤이]
아침	فُطُور
	[푸뚜-르]
점심	غَدَاء
	[가다]
저녁	عَشَاء
	[아샤]

아랍이 궁금해

나라별 사막투어

| 아랍에미리트 |

아랍에미리트는 아부다비와 두바이에서 사막 투어를 즐길 수 있으며 장점은 사막과 시내와의 거리가 멀지 않아 오전/오후/야간 투어처럼 자신에 스케줄에 맞추어 잠시 다녀올수 있다는 것입니다. 또한 숙소에는 에어컨부터 냉장고, 침대 등 각종 모든 편의시설을 갖추고 있어 편리합니다.

* 주요예약사이트: www.kkdays.com

| 이집트 |

이집트는 아랍 국가 중 가장 넓은 영토만큼 사막지역도 많습니다. 그 가운데 한국인들이 많이 방문하는 곳은 바하리야 사막입니다. 이곳은 오래전 바다였으나 바닷물이 모두 빠져나가가며 하얀사막과 검은사막을 드러내 지금은 아주 멋진 관광지로 알려져 있습니다. 수많은 투어 관리자중 한국분이 계신데 메신저를 통해서만 예약가능하니 참고 바랍니다. 바하리야 사막은 숙박시설이 갖추어 있지 않아 관리자들이 지정하는 장소에서 캠프를 차려 숙식을 해결합니다. 모닥불을 피워 삼겹살과 닭을 굽고 이집트 현지 음식과 함께 만찬을 즐길수 있습니다.

* 바하리야 사막 경미네 ilikedesert4 (카카오톡 문의 가능)

이집트 북부에 작은 오아시스 마을 시와라는 곳이 있습니다. 이곳 또한 오래전 바닷물이 유입되었다가 빠져 나간 형태로 땅만 파면 소금이 나오는 도시입니다. 현지인 가이드 동원하에 차량으로 사막투어를 진행 합니다. 또한 매주 금요일은 시내에 작은 시장이 열리는데 재밌는 볼거리이니 꼭 들려 보길 바랍니다.

* 온라인 예약 없음. 현지 숙박업소를 통해 예약 해야함

| 요르단 |

와디럼 사막은 헐리우드 영화 「아라비아 로렌스」, 「마션」, 「알라딘」 외에도 한국 영화 「교섭」의 촬영지일 정도로 전 세계에서 가장 멋진 곳으로 손꼽힙니다. 이곳은 다른 사막과 다르게 화성처럼 붉은색과 멋진 산악지대까지 형성하고 있어 『죽기전에 꼭 가봐할 세계 휴양지 1001』 중에 하나로 알려져 있습니다.

현지 베두인 가이드 지프차로 투어를 하는데 워낙 명소가 많아 하루만에 둘러보기도 쉽지 않은 곳입니다. 저녁에는 전통 베두인 스타일의 뷔페 식사가 준비되어 있고 각종 공연과 캠프 파이어를 감상할 수 있습니다. 야간에는 전 세계인들과 함께 수많은 별들로 은하수 같은 야경 감상은 잊지 못할 추억이 될 것입니다.

와디럼은 다른 사막과 다르게 모든 곳에 화장실과 샤워 시설을 갖추고 있고 숙박 텐트와 푹신한 침대가 준비되어 있습니다. 최근에는 투명 캡슐 호텔도 등장하여 이색 신혼 여행지로 각광 받고 있습니다.

나라별 사막투어

* 전 세계 숙박 사이트에서 예약 가능
   (투어 상품마다 조건과 가격이 제각기 다르니 확인 요망) 추천 가이드 업체
   https://www.wadirumnomads.com (버스 있음. 현지에서 시간 확인)

| 모로코 |

모로코의 사하라 사막은 전 세계에서 두 번째로 큰 규모에
속합니다. 캠프에 도착하면 가파른 경사의 사막에서 샌드
보드를 타기도 하고 자연을 벗삼아 수많은 사진을 찍기도
합니다. 사막 정상에서 바라보는 석양은 타의 추종을 불
허할 정도로 아름답습니다. 저녁에는 생선 요리부터 아랍
식 달걀찜과 샐러드 그리고 빵이 무한으로 제공되며 한국
라면을 끓여 주기도 합니다.

야간에는 캠프파이어와 토착민 베르베르인들의 공연을
직접 보며 같이 즐길 수 있습니다. 베르베르인들 중 〈아
리랑〉을 부를 줄 아는 현지인들도 있으니 함께 어울리는 재미는 잊지 못할 추억
이 될 겁니다. 광활한 사막에서 무수하게 떨어지는 별똥별들과 각종 별자리들을
관찰하는 재미를 만끽하길 바랍니다.

* 전 세계 숙박 사이트들에서 예약 가능
   (투어 상품마다 조건과 가격이 제각기 다르니 확인 요망)
   추천 숙박 업체 페이스북 : aubergeoasis / Alioasis(카카오톡 문의 가능)
   (메신저를 통해 예약 가능. 한국인에게 성지로 불리는 곳으로 주인인 알리 아저씨가
   한국을 굉장히 좋아함. 간단한 한국어 구사 가능)
   (대중교통 수트라투어 버스 있음. 페스에서 메르주가행 티켓을 끊어야 하며 야간 버
   스만 있음. 새벽 4시경 메르주가에 도착하며 버스정류장에는 알리네 하우스측 직원
   들이 픽업 나와 있음)

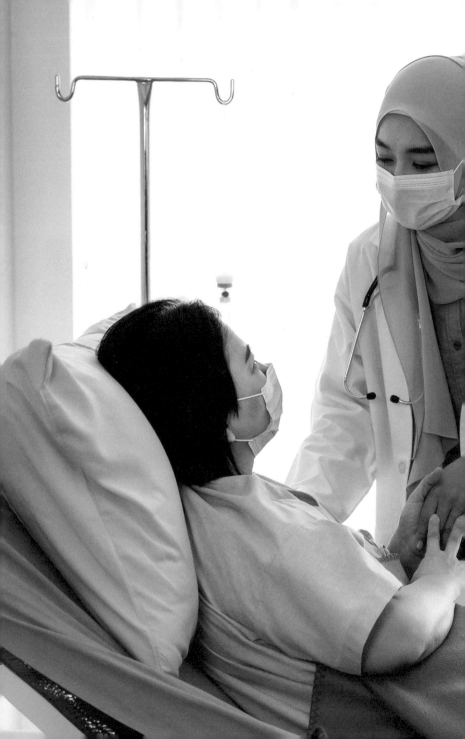

8

병원에서

약국
병원

안녕하세요. 무엇을 도와드릴까요?

صَيْدَلِيَّة
약사(여)

مَرْحَبًا. أَيُّ خِدْمَة؟

마르하반. 아이유 키드마?

안녕하세요. 저는 약을 원합니다.

أَحْمَد
아흐마드

مَرْحَبًا. أُرِيد دَوَاء.

마르하반. 우리-드 다와

당신은 어디가 아프십니까?

صَيْدَلِيَّة
약사(여)

مَاذَا عِنْدَك؟

마-다 인다크?

저는 아침부터 심한 두통이 있습니다.

أَحْمَد
아흐마드

عِنْدِي صُدَاع شَدِيد مُنذ الصَّبَاح.

인디 쑤다-아 샤디-드 문드 싸바-하

당신은 열도 있습니까?

صَيْدَلِيَّة
약사(여)

هَلْ عِنْدَك حُمَّى أَيْضًا؟

할 인다크 훔마 아이단?

네, 저는 열이 있고 온몸에 통증을 느낍니다.

أَحْمَد
아흐마드

نَعَمْ، عِنْدِي حُمَّى وَأَشْعُر بِأَلَمَ فِي كُلّ أَعْضَاء جِسْمِي.

나암, 인디 훔마 와 아슈우르 비알람 피 쿨 아으돠 지쓰미

당신에게 무슨 일이 있었습니까?

صَيْدَلِيَّة
약사(여)

مَاذَا حَدَث لَك؟

마다 하다쓰 라크?

저는 한달 동안 아랍국가들에서 여행 중인데 요즘에 피곤함을 느꼈습니다.

أَحْمَد
아흐마드

أُسَافِر فِي الدُّوَلِ الْعَرَبِيَّة خِلَال شَهْر
وَأَشْعُر بِالتَّعْب فِي هَذِهِ الْأَيَّام.

우싸-피르 피 두왈릴 아라비야 킬랄-라 샤흐르 와 아슈우르 빗 타읍 피 하디힐 아얌

당신은 감기가 있습니다. 이 약을 물과 함께 복용하고 많이 쉬어야 합니다.

صَيْدَلِيَّة
약사(여)

عِنْدَك بَرْد. خُذْ هَذَا الدَّوَاء مَعَ الْمَاء
وَيَجِب أَنْ تَسْتَرِيح كَثِيرًا.

인다크 바르드. 쿠드 하닷 다와 마알 마-아 와 야지브 안 타쓰타리-흐 케씨-란

당신 조언 고맙습니다.

أَحْمَد
아흐마드

شُكْرًا عَلَى نَصِيحَتِك.

슈크란 알라 나씨-하티크

아랍국가들 [앗두왈룰 아라비아]	اَلدُّوَلُ الْعَرَبِيَّة	약 [다와]	دَوَاء
나는 피곤함을 느낀다 [아슈우르 빗 타읍]	أَشْعُر بِالتَّعْب	심한 두통 [쑤다-아 샤디-드]	صُدَاع شَدِيد
요즘에 [피 하디힐 아얌]	فِي هَذِهِ الْأَيَّام	~부터 [문드]	مُنْذ
감기 [바르드]	بَرْد	열 [훔마]	حُمَّى
~에 대해 고맙다 [슈크란 알라]	شُكْرًا عَلَى	무슨일 입니까? [마-다 하다쓰]	مَاذَا حَدَث

생생 여행
Tip

● 약국

아랍에서 의약품은 수입에 의존하고 있는 실정입니다. 약국에 가면 거의 모든 약들은 구비되어 있으니 크게 걱정은 하지 않아도 되지만 우리는 한국인에게 맞는약을 복용하는 것이 가장 좋습니다. 아랍국가 방문시 간단한 상비약이나 본인이평소에 복용하는 약이 있다면 국내에서 넉넉하게 준비하는 것이 좋습니다.

특히 오랫동안 여행을 하다보면 발뒤꿈치나 발가락에상처가 날수도 있고 가방을 오랫동안 메고 다니다 보면 어깨에 무리가 오기 십상입니다. 반창고와 상처에바르는 연고 그리고 붙이거나 뿌리는 파스제품들은 너무 유용하니 꼭 챙기길 바랍니다. 이외에도 피로회복에 좋은 비타민C 제품(캔디류) 또한 질병예방에 큰 도움이 될 것입니다.

나는 너무 아픕니다.

أَنَا مَرِيض جِدًّا.

[아나 마리-드 짓단]

여기에서 가장 가까운 약국은
어디 입니까?

أَيْنَ أَقْرَب صَيْدَلِيَّة مِن هُنَا؟

[아이나 아끄랍 싸이달리야 민 후나?]

약국은 언제 엽니까?

مَتَى تَفْتَح الصَّيْدَلِيَّة؟

[마타 타프타하 앗싸이달리야?]

당신들은 두통약이 있습니까?

هَل عِنْدَكُم دَوَاء لِلصُّدَاع؟

[할 인다쿰 다와 릿 쑤다-아?]

나는 여기에 심한 통증이
있습니다.

عِنْدِي أَلَم شَدِيد هُنَا.

[인디 알람 샤디-드 후나]

나는 심한 통증 때문에 잠을
잘 못잡니다.

لَا أَسْتَطِيع أَن أَنَام جَيِّدًا بِسَبَب أَلَم شَدِيد.

[라 아쓰타띠-으 안 아남 자이단 비싸밥 알람 샤디-드]

나는 이 약을 하루에 몇 번
복용해야 합니까?

كَم مَرَّة أَتَنَاوَل هَذَا الدَّوَاء فِي الْيَوْم؟

[캄 마르라 아타나왈 하닷 다와 필 야움?]

당신들은 이 약보다
더 저렴한 것이 있습니까?

هَل عِنْدَكُم أَرْخَص مِن هَذَا الدَّوَاء؟

[할 인다쿰 아르카쓰 민 하닷 다와?]

붕대와 함께 연고를 주세요.

أَعْطِنِي مَرْهَم مَعَ الضَّمَادَة.

[아으띠니 마르함 마앗 돠마-다]

나는 근육통과 미열이
있습니다.

عِنْدِي أَلَم عَضَلِيّ وَحُمَّى خَفِيفَة.

[인디 알람 아들리 와 훔마 카피-파]

당신들은 다른 약 있습니까?

هَل عِنْدَكُم دَوَاء آخَر؟

[할 인다쿰 다와 아-카르?]

어휘
플러스

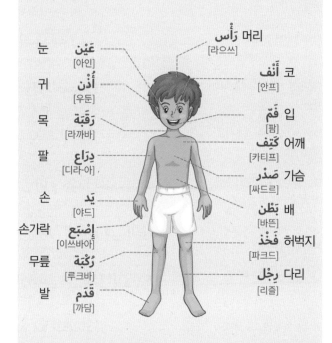

رَأْس 머리
[라으쓰]

أَنْف 코
[안프]

فَم 입
[팜]

كَتِف 어깨
[카티프]

صَدْر 가슴
[싸드르]

بَطْن 배
[바뜬]

فَخْذ 허벅지
[파크드]

رِجْل 다리
[리즐]

눈 عَيْن
[아인]

귀 أُذْن
[우둔]

목 رَقَبَة
[라까바]

팔 ذِرَاع
[디라-아]

손 يَد
[야드]

손가락 إِصْبَع
[이쓰바아]

무릎 رُكْبَة
[루크바]

발 قَدَم
[까담]

올리브유

한 그루만 심어 놓으면 우후죽순으로 자라는 올리브는 생명의 상징이라고도 불립니다. 아랍에서는 모든 요리에 올리브유를 사용할 정도로 보편화 되어 있으며 퀄리티와 가격 또한 좋습니다. 공항 면세점에서 선물용으로 또는 일반 대형 마트에서 스프레이형 올리브유를 판매 합니다.

대추야자

대추야자는 야자수에서 자라는 열매로 중동에서는 8,000년 전부터 꾸준히 먹어왔던 영양분이 풍부한 식품입니다. 한국의 곶감 맛과 흡사한 대추야자는 국내 한 건강프로그램에서 비타민과 아연,철분 등 다양한 영양분이 함유 되어 있어 여름철 보양식으로 소개 되기도 했습니다. 아랍에서는 사우디아라비아산 대추야자를 가장 최고로 치며 아메리카노와 잘 어울립니다.

각종 향신료와 소스류

아랍은 인도와 더불어 향신료 그리고 소스천국이라고 불리는 곳 입니다. 마요네즈만 해도 마늘, 양파, 매운 고추맛과 더불어 케찹과 마요네즈를 섞어 놓은 케찹마요가 시판되고 있습니다. 이외도 한국에서는 볼 수 없는 다양한 종류의 소스류들이 판매중 입니다.

예멘산 꿀

예멘산 꿀은 전 세계 TOP5 안에 들 정도로 높은 퀄리티를 자랑합니다. 색깔이 한국의 밤꿀처럼 갈색빛을 띄는게 특징인데 사람 손이 전혀 닿지 않는 아주 깊은 산 속에서 채취합니다. 선물용이나 기념품으로 좋습니다.

안녕하세요. 어디가 아프십니까?

طَبِيب
남의사

اَلسَّلَامُ عَلَيْكُم. مَاذَا بِك؟

앗쌀라-무 알라이쿰. 마-다 비크?

나는 며칠 전부터 배에 통증을 느끼고 설사가 있습니다.

جَمِيلَة
자밀라

أَشْعُر بِأَلَم فِي الْبَطن وَعِنْدِي إِسْهَال قَبْلَ أَيَّام قَلِيلَة.

아슈우르 비알람 필 바뜬 와 인디 이쓰할 까블라 아얌 깔릴-라

당신은 무엇을 먹었습니까?

طَبِيب
남의사

مَاذَا أَكَلْت؟

마-다 아칼트?

나는 나의 친구들과 함께 많은 아랍음식들을 먹었습니다.

جَمِيلَة
자밀라

أَكَلْتُ كَثِيرًا مِنَ الْأَطْعِمَة الْعَرَبِيَّة مَعَ أَصْدِقَائِي.

아칼투 케씨-란 미날 아뜨이마 알아라비야 마아 아쓰디까-이

제가 청진기로 당신 배를 확인해 보겠습니다.

طَبِيب
남의사

سَأَفْحَص بَطْنَك بِالسَّمَّاعَة.

싸아프하쓰 바뜨나크 빗 쌈마-아

나는 어디가 아픕니까?

جَمِيلَة
자밀라

مَاذَا عِنْدِي؟

마-다 인디?

당신은 장염이 있습니다. 제가 당신께 주사와 처방전을 드리겠습니다.

عِنْدَكَ الْتِهَاب فِي الْأَمْعَاء.
سَأُعْطِيكِ حُقْنَة وَوَصْفَة طِبِّيَّة.

인다크 일티합 필 암아. 싸우으띠-크 후끄나 와 와쓰파 띱비야

	طَبِيب
	남의사

저는 무언가를 먹는 것이 가능합니까?

هَلْ يُمْكِن أَنْ آكُل شَيْئًا؟

할 융킨 안 아-쿨 샤이안?

	جَمِيلَة
	자밀라

따뜻한 물과 함께 죽을 드세요.

تَنَاوَلِي عَصِيدَة مَعَ الْمَاء السَّاخِن.

타나-왈리- 아씨-다 마알 마-아 싸-킨

	طَبِيب
	남의사

약을 복용해도 나아지지 않으면, 다시 내원해야 합니다.

إِذَا لَمْ تَتَحَسَّنِي رَغْمَ تَنَاوُلِ الدَّوَاء،
فَيَجِب أَنْ تَزُورِي الْمُسْتَشْفَى مَرَّة أُخْرَى.

이다 람 타타핫싸니 라그마 타나-울릿 다와-
파 야지브 안 타주-릴 무쓰타슈파 마르라 우크라

청진기, 이어폰 [쌈마-아]	سَمَّاعَة	당신은 어디가 아픕니까 [마-다 비크]	مَاذَا بِك
염증 [일티합]	الْتِهَاب	설사 [이쓰할]	إِسْهَال
주사 [후끄나]	حُقْنَة	며칠 전 [까블라 아얌 깔릴-라]	قَبْلَ أَيَّام قَلِيلَة
처방전 [와쓰파 띱비야]	وَصْفَة طِبِّيَّة	아랍음식들 [아뜨이마 아라비야]	أَطْعِمَة عَرَبِيَّة
죽 [아씨-다]	عَصِيدَة	나의 친구 [아쓰디까-이]	أَصْدِقَائِي

생생 여행

Tip

● 병원 진료

아랍에미리트 왕립 세이크 칼리빠 선분 병원

서울대병원이 오랫동안 위탁 운영하고 있는 기관입니다. 이곳에는 수백명의 서울대출신 의료진분들이 수 많은 환자들을 진료하고 계십니다. 의사소통이 문제라면 왕립 셰이크 칼리파 전문병원을 방문하는 것도 방법입니다.

병원명　　Sheikh Khalifa Specialty Hospital (SKSH)

مستشفى الشيخ خليفة التخصصي

주소　　　Al Shohadaa Road, Exit 119 – Ras al Khaimah –

　　　　　아랍에미리트 (두바이에서 차로 1시간)

연락처　　+971 7 244 4444

홈페이지　https://www.sksh.ae

두바이 한의원

주소　　　Room No. 2003, 2nd floor, Al Razi Building, No.64, Block A

　　　　　– Dubai – 아랍에미리트

연락처　　+971-4-431-2544

홈페이지　http://www.kahcuae.com

* 아랍에미리트 이외에도 많지는 않지만 사우디아라비아, 쿠웨이트, 요르단에 한국 출신 의료진 분들이 계신 병원들이 있으니 필요하시다면 현지에서 알아보시길 바랍니다.

나는 이 병원으로
가길 원합니다.

أُرِيد أَنْ أَذْهَب إِلَى هَذَا الْمُسْتَشْفَى.

[우리-드 안 아드랍 일라 하달 무쓰타슈파]

앰뷸런스 좀 불러주세요.

أُطْلُب سَيَّارَة الْإِسْعَاف مِنْ فَضْلِك.

[우뜰룹 싸이야-라 알이쓰아-프 민 파들리크]

병원으로 빨리 가주세요.

خُذْنِي إِلَى الْمُسْتَشْفَى بِسُرْعَة.

[쿠드니 일랄 무쓰타슈파 비쑤르아]

의사 선생님 빨리 불러주세요.

أُطْلُب طَبِيبًا بِسُرْعَة.

[우뜰룹 따비-반 비쑤르아]

나의 열이 높습니다.

حَرَارَتِي عَالِيَة.

[하라-라티 알-리야]

나는 주사와 진통제를 원합니다.

أُرِيد حُقْنَة مُسَكِّنَ الْأَلَم.

[우리-드 후끄나 와 무쌋키날 알람]

나는 잘 움직일 수가 없습니다.

لَا أَسْتَطِيع أَنْ أَتَحَرَّك جَيِّدًا.

[라 아쓰타띠-으 안 아타하르라크 자이단]

나는 언제 다시
내원 해야 합니까?

مَتَى أَزُورُ الْمُسْتَشْفَى مَرَّة ثَانِيَة؟

[마타 아주-룰 무쓰타슈파 마르라 싸-니야?]

이 약을 얼마나
복용 해야 합니까?

كَمْ مُدَّة آخُذ هَذَا الدَّوَاء؟

[캄 뭇다 아-쿠드 하닷 다와?]

나는 당신께 빨리
회복하길 희망 합니다.

أَتَمَنَّى لَك الشِّفَاء الْعَاجِل.

[아타만나 라크 쉬파-아 알아-질]

오늘 당신 건강은 어떠 합니까?

كَيْفَ صِحَّتُك الْيَوْم؟

[케이파 씻하투크 알야움?]

편두통	صُدَاع نِصْفِيّ [쑤다-아 니쓰피]
변비	إِمْسَاك [임싸-크]
위염	اِلْتِهَاب الْمَعِدَة [일티합 알마이다]
목염증	اِلْتِهَاب فِي الْحَلْق [일티합 필 할르끄]
화상	حَرْق [하르끄]
상처	جَرْح [자르하]
혈압	ضَغْط الدَّم [따그뜨 앗담]
혈당	سُكَّر الدَّم [쑷카르 앗담]
당뇨병	دَاء سُكَّرِي [다-아 쑷카리]
알레르기	حَسَاسِيَّة [하싸-씨야]
소화불량	سُوء الْهَضْم [쑤-울 하듬]
소화제	دَوَاء الْجِهَاز الْهَضْمِيّ [다와 알지하-즈 알하드미]
기침	سُعَال [쑤알]
구토	قَيْء [까이]

아랍 의료 시스템

아랍에서 병원을 방문하여 자신의 증상을 상세히 설명하는 것은 쉽지 않아 해당 용어를 영어나 아랍어로 적어 보여 주는 것이 하나의 방법이라고 할 수 있겠습니다. 하지만 몇몇 아랍 국가들에는 한국 의료진 분들이 파견되어 계십니다. 병원을 방문하기 전 한국 의료진이 있는지 알아보는 것도 좋습니다.

시대가 변하면서 아랍권도 많이 변하긴 했으나 아직 남녀를 나누어 치료하기도 합니다.

예를 들어 주사를 맞을 때와 같은 상황을 말하는데 남성 환자는 남성 의사나 간호사 반대로 여성 환자는 여성 의사 또는 간호사에게 맡겨야 합니다 신체 일부를 상대방에게 어쩔 수 없이 보여야 하기 때문입니다.

현재 아랍에는 미국, 유럽, 한국 등등의 의료진들과 의료 기술 그리고 장비들을 대부분 사용하기 때문에 의료수준은 높으나 비용이 높은 편입니다. 의료비가 부담이 된다면 국가에서 운영하는 보건소를 찾는 것도 방법입니다.

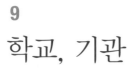

9

학교, 기관

어서오세요(환영합니다). 무엇을 도와드릴까요?

مُوَظَّفَة
여직원

أَهْلًا وَسَهْلًا. أَيُّ خِدْمَة؟

아흘란 와 싸흘란. 아이유 키드마?

안녕하세요. 저는 언어센터에 등록을 원합니다.

هَان سُو
한수

أَهْلًا بِك. أُرِيد التَّسْجِيل فِي مَرْكَز اللُّغَات.

아흘란 비크. 우리-드 타쓰질 피 마르카즈 앗루가-트

당신은 어떤 언어를 공부할 것입니까?

مُوَظَّفَة
여직원

أَيَّ لُغَة سَتَدْرُس؟

아이 루가 싸타드루쓰?

나는 아랍어를 공부하길 원합니다. 신학기는 언제 시작 합니까?

هَان سُو
한수

أُرِيد أَنْ أَدْرُس اللُّغَةَ الْعَرَبِيَّة.

مَتَى سَيَبْدَأُ الْفَصْلُ الدِّرَاسِيّ الْجَدِيد؟

우리-드 안 아드루쓰 앗루가탈 아라비야. 마타 싸야브다 알파쏠룻 디라-씨 자디-드?

다음달에 시작 합니다. 이 종이 위에 당신 정보들을 쓰세요.

مُوَظَّفَة
여직원

سَيَبْدَأُ فِي الشَّهْرِ الْقَادِم.

أُكْتُب مَعْلُومَاتَك عَلَى الْوَرَقَة.

싸야브다 피 샤흐릴 까-딤. 우크툽 마알루-마-타크 알랄 와라까

알겠습니다. 학기에 얼마입니까?

هَان سُو
한수

طَيِّب. بِكَمْ فِي الْفَصْلِ الدِّرَاسِيّ؟

따입. 비캄 필 파쏠릿 디라-씨?

500 디르함입니다. 그리고 다음 달 초에 당신에게 테스트가 있을 것입니다.

بِخَمْسَمِئَةِ دِرْهَم. وَسَيَكُونُ لَدَيْكَ اِمْتِحَان فِي بِدَايَةِ الشَّهْرِ الْقَادِم.

비 캄싸미아 디르함. 와 싸야쿠-나 라다이크 임티한 피 비다-야틱 샤흐릴 까-딤

مُوَظَّفَة
여직원

정보 고맙습니다. 당신은 매우 친절하군요.

شُكْرًا عَلَى الْمَعْلُومَات. أَنْتِ كَرِيمَة جِدًّا.

슈크란 알랄 마알루-마-트. 안티 케리-마 짓단

هَان سُو
한수

이건 정말 아무 것도 아닙니다. 의무인걸요.
나는 다음 달에 당신을 뵙겠습니다.

إِنَّهُ لَا شَيْء. هَذَا وَاجِب.
سَأَرَاكِ فِي الشَّهْرِ الْقَادِم.

인나흐 라 사이. 하다 와집. 싸아라-크 핏 샤흐릴 까-딤

مُوَظَّفَة
여직원

고맙습니다(하나님 축복 받으세요). 저도 다음에 당신을 뵙겠습니다.

بَارَكَ اللّٰهُ فِيكِ. سَأَرَاكِ فِيمَا بَعْد أَيْضًا.

바-라크 알라후 피-크. 싸아라-크 피-마 바우드 아이단

هَان سُو
한수

당신(남) 정보을 쓰세요 [우크툽 마알루-마-타크]	أُكْتُبْ مَعْلُومَاتَك	등록 [타쓰질]	تَسْجِيل
당신에게 있을 것이다 [싸야쿠-나 라다이크]	سَيَكُونُ لَدَيْك	언어센터 [마르카즈 앗루가트]	مَرْكَز اللُّغَات
다음 달 초 [비다-야툿 샤흐릴 까-딤]	بِدَايَةِ الشَّهْرِ الْقَادِم	어떤 언어 [아이 루가]	أَيّ لُغَة
친절한(여) [케리-마]	كَرِيمَة	학기 [알파쓸룻 디라-씨]	اَلْفَصْل الدِّرَاسِيّ
아무것도 아닌 [라 사이]	لَا شَيْء	새로운(남) [자디-드]	جَدِيد

생생 여행
Tip

• 언어공부

모든 아랍국가에서 아랍어를 배우기에 적합한 것은 아닙니다. 아랍어를 공부하기
위해 한국인들이 주로 유학하는 나라들은 오만, 요르단, 이집트, 튀니지 정도이며
이외의 국가들은 아직 아랍어 교육 시스템이 미비하거나 체계가 잘 갖추어 있지
않습니다. 아랍어를 공부하는데 크게 2가지 방식이 존재합니다.

첫 번째는 기관입니다. 대부분의 외국인들은 현지 대학교의 부설 언어교육원(마
르카즈) 을 이용합니다. 부설 언어교육원의 장점은 학생들 국적이 다양하고 레벨
1-9까지 개설되어 있다는 것입니다. 수업과정만 있는 것이 아니라 그 나라의 유
적지를 다 같이 방문하거나 소풍을 가기도 하고 영어나 아랍어 방언같은 무료 수
업들도 존재 합니다.

두번째는 개인 과외입니다. 본인 수준에 맞추어 1:1 또는 그룹 과외 수업을 진행
하는데 장소가 중요합니다. 학생과 선생님이 서로 이성이라면 반드시 카페와 같
은 공개된 장소에서만 수업을 진행해야 합니다.

아랍국가들에서 거주시 가장 중요한 것은 이까마라고 불리는 거주증입니다. 이
까마(거주증)을 발급하기 위해서 아랍어 교육기관 등록이 필수인 곳도 있지만 그

렇지 않은 곳도 있습니다. (주재원이나 회사원은 해
당 사항 없음) 조건은 국가마다 모두 다르니 국내
에 해당 국가 대사관 또는 현지에서 꼼꼼히 확인해
야 합니다. 이까마 없이 거주하면 불법체류자로 되
며 체류일수만큼 합산해 벌금이 부과되니 주의하
길 바랍니다.

| 언어센터는 어디 있습니까? | أَيْنَ مَرْكَزُ اللُّغَاتِ؟ |
| | [아이나 마르카즈 앗루가-트?] |

| 나는 이곳에서 공부하고 싶습니다. | أُرِيدُ الدِّرَاسَةَ هُنَا. |
| | [우리-드 디라-싸 후나] |

| 나는 질문이 있습니다. | عِنْدِي سُؤَال. |
| | [인디 수알] |

| 나는 커리큘럼을 알길 원합니다. | أُرِيدُ أَنْ أَعْرِفَ الْمِنْهَجَ الدِّرَاسِيَّ. |
| | [우리-드 안 아으리프 알민하즈 앗디라-씨] |

| 입학시험은 언제 있습니까? | مَتَى يُوجَدُ اِمْتِحَانُ الدُّخُولِ؟ |
| | [마타 유-자드 임티한 앗두쿨?] |

| 당신들은 몇 개의 반이 있습니까? | كَمْ صَفًّا عِنْدَكُمْ؟ |
| | [캄 싸프 인다쿰?] |

| 나는 영어도 배우는 것이 가능 합니까? | هَلْ يُمْكِنُ أَنْ أَتَعَلَّمَ اللُّغَةَ الْإِنْجِلِيزِيَّةَ أَيْضًا؟ |
| | [할 윰킨 안 아타알람 앗루갈 인질리-지야 아이단?] |

| 이 테스트는 어렵습니까 아니면 쉽습니까? | هَلْ هَذَا الْاِمْتِحَانُ صَعْبٌ أَوْ سَهْلٌ؟ |
| | [할 하달 임티한 싸읍 아우 싸흘?] |

| 당신들은 어떤 종류의 시험들이 있습니까? | أَيِّ نَوْعٍ مِنَ الْاِمْتِحَانَاتِ لَدَيْكُمْ؟ |
| | [아이 나우아 미날 임티하-나-트 라다이쿰?] |

| 나는 이 학원에 등록하길 원합니다. | أُرِيدُ أَنْ أُسَجِّلَ فِي هَذَا الْمَعْهَدِ. |
| | [우리-드 안 우쌋질 피 하달 마으하드] |

| 가장 좋은 학원을 소개해 주실 수 있습니까? | هَلْ يُمْكِنُ أَنْ تُعَرِّفَنِي عَلَى أَفْضَلِ مَعْهَدٍ؟ |
| | [할 윰킨 안 투아르리파니 알라 아프달 마으하드?] |

교재 (단수)	كِتَاب [키탑]
교재(복수)	كُتُب [쿠툽]
교실	فَصْل [파쏠]
학교	مَدْرَسَة [마드라싸]
초등학교	مَدْرَسَة اِبْتِدَائِيَّة [마드라싸 입티다-이야]
중학교	مَدْرَسَة إِعْدَادِيَّة [마드라싸 이으다-디야]
고등학교	مَدْرَسَة ثَانَوِيَّة [마드라싸 싸-나위야]
대학교	جَامِعَة [자-미아]
선생님(남)	مُدَرِّس / مُعَلِّم [무다르리쓰 / 무알림]
선생님(여)	مُدَرِّسَة / مُعَلِّمَة [무다르리싸 / 무알리마]
교수(남)/(여)	أُسْتَاذ / أُسْتَاذَة [우쓰타-드 / 우쓰타-다]
수업	دَرْس / حِصَّة [다르쓰 / 힛싸]
영어	اَللُّغَة الْإِنْجِلِيزِيَّة [앗루갈 인질리-지야]
한국어	اَللُّغَة الْكُورِيَّة [앗루갈 쿠-리야]

아랍이 궁금해

세계 최초의 대학교 '까라윈' 그리고 '알아즈하르'

까라윈 사원 그리고 대학교 (جَامِع الْقَرَوِيِّين وَجَامِعَة الْقَرَوِيِّين)

859년에 건설된 까라윈 대학교 (جَامِعَة الْقَرَوِيِّين)는 유네스코에 등재되고 기네스북에 오를 만큼 가장 오래된 세계 최초의 대학교 입니다. 가장 오래된 고등 교육 기관이자 의학 학위를 최초로 수여한 곳이기도 합니

다. 추후 배움의 기회를 위해 찾는 학생들의 수가 늘어나자 교육기관의 필요성을 느껴 부속 교육기관으로 개교합니다. 모로코 페스에 있으며 누구나 꼭 들리는 관광지이긴 하나 비무슬림들은 내부출입이 금지되어 있습니다.

알아즈하르 사원 그리고 대학교 (اَلْجَامِع الأَزهَر وَجَامِعَة الأَزهَر)

모로코 페스에 까라윈 사원이 있다면 이집트 카이로에는 알아즈하르 사원 (اَلْجَامِع الأَزهَر)이 있습니다. 알아즈하르는 '가장 빛나는'이라는 뜻으로 파티마 왕조시절 자으하르 씨끌리가 970년 건축을 시작하여 972년 사원

을 완공합니다. 수니파에 의해 오랫동안 탄압과 핍박을 받아오던 시아파들이 지속적인 시아 이슬람 보존과 연구 목적으로 건립하였습니다. 지금의 알아즈하르(الأَزهَر)는 전 이슬람세계에서 가장 공신력 있는 기관이자 이슬람의 표준으로 불리고 있습니다. 까라윈 대학교에 이어 세계 두 번째로 개교한 알아즈하르 대학교(جَامِعَة الأَزهَر)는 신학만 가르치는 곳이었으나 1961년 일반 종합 대학교로 탈바꿈하며 이슬람 신자들에게는 최고의 명문대학교로 손꼽히는 곳입니다.

안녕하세요. 당신은 잘 지냅니까?

أُسْتَاذ
남교수

مَرْحَبًا. *شِلُونَكَ؟

마르하반. 쉴루-나크?

안녕하세요 교수님. 나는 좋습니다 잘 지냅니다.

طَالِب
남학생

مَرْحَبًا يَا أُسْتَاذ. أَنَا مُمْتَازٌ، اَلْحَمْدُ لله.

마르하반 야 우쓰타-드. 아나 뭄타즈 알함두릴라

나는 당신께 질문 있습니다. 당신은 왜 아랍어를 공부합니까?

أُسْتَاذ
남교수

عِنْدِي سُؤَالٌ لَكَ. لِمَاذَا تَدْرُسُ اللُّغَةَ الْعَرَبِيَّةَ؟

인디 수알 라크. 리마-다 타드루쑷 루가탈 아라비야?

왜냐하면, 나는 다음달부터 아랍인들과 함께 일할 것이기 때문입니다.

طَالِب
남학생

لِأَنَّنِي، سَأَعْمَلُ مَعَ الْعَرَبِ مِنَ الشَّهْرِ الْقَادِمِ.

리안나니, 싸아으말 마알 아랍 미낫 샤흐릴 까-딤

당신은 아랍어를 어떻게 생각합니까? 어렵습니까, 아니면 쉽습니까?

أُسْتَاذ
남교수

مَا رَأْيُكَ فِي اللُّغَةِ الْعَرَبِيَّةِ؟ صَعْبَةٌ أَوْ سَهْلَةٌ؟

마 라으유카 핏 루가틸 아라비야? 싸으바 아으 싸흘라?

나에게 아랍어는 어렵습니다만 매우 재미있습니다.

طَالِب
남학생

بِالنِّسْبَةِ لِي، اَللُّغَةُ الْعَرَبِيَّةُ صَعْبَةٌ لَكِنَّهَا مُمْتِعَةٌ جِدًّا.

빗 니쓰바티 리, 앗루가툴 아라비야 싸으바 라킨나하 뭄티아 짓단

당신은 다른 언어 또한 말할 수 있습니까?

أُسْتَاذ
남교수

هَلْ يُمْكِنُ أَنْ تَتَكَلَّمَ لُغَةً أُخْرَى أَيْضًا؟

할 융킨 안 타타칼람 루가탄 우크라 아이단?

네, 저는 영어와 한국어를 말할 수 있습니다.

طَالِب
남학생

نَعَمْ، يُمْكِنُ أَنْ أَتَكَلَّمَ اللُّغَةَ الْإِنْجِلِيزِيَّةَ وَالْكُورِيَّةَ.

나암, 융킨 안 아타칼람 앗루가 인질리-지아 왈 쿠-리야

당신은 아랍어를 잘 말하는군요. 행운을 빕니다.

أُسْتَاذ
남교수

تَتَكَلَّم اللُّغَةَ الْعَرَبِيَّةَ جَيِّدًا. بِالتَّوْفِيق.

타타칼람 앗루가탈 아라비아 자이단. 빗 타우피-끄

* شِلُونَك [쉴루-나크]는 كَيْف حَالُك؟ [케이프 할루크?] 잘 지내십니까? 표준어에 해당하는 방언입니다. 아랍전역에서 굉장히 많이 사용 하는 방언이니 숙지하길 바랍니다.

재밌는(여) [뭄티아]	مُمْتِعَة	왜 [리마-다]	لِمَاذَا
다른언어 [루가 우크라]	لُغَة أُخْرَى	왜냐하면 나는 [리안나니]	لِإِنَّنِي
~하는 것이 가능한 [융킨 안]	يُمْكِن أَنْ	아랍인들과 함께 [마알 아랍]	مَعَ الْعَرَب
당신은 말한다(남) [타타칼람]	تَتَكَلَّم	다음달 [앗샤흐룰 까-딤]	اَلشَّهْرُ الْقَادِم
행운을 빕니다 [빗 타우피-끄]	بِالتَّوْفِيق	또는 [아으]	أَوْ

• 요르단 어학원

요르단 대학교 부설 언어 센터
요르단에서 최고의 시설과 다양한 국적과 무료 클래스 (방언, 영어) 그리고 수준 높은 교수진들과 1단계부터 9단계까지 (프리토킹반도 있음) 수준별 수업을 제공합니다.

알리바바
요르단 대학교 맞은편에 위치하며 가장 좋은 시설을 갖춘 사설 어학원 중에 하나입니다. 소수정예반으로 구성되어 있으며 학습자가 원하면 선생님과 1:1 또는 2:1 수업도 가능하며 수업 내용은 조정 가능합니다.

MALIC (Modern Arabic Language International Center)
요르단 대학교 근처에 위치한 사설 어학원으로 한국 유학생들이 많이 찾는 곳 중에 한곳입니다.

QASID
요르단에서 가장 퀄리티 있는 아랍어 강사진을 보유하고 있는 사설 어학원입니다. 커리큘럼 또한 굉장히 다양하고 체계적이며 시설적인면에서도 최고를 자랑합니다. 하지만 수강료가 굉장히 비싸다는 것이 단점이며 주로 유럽인들이 많이 공부합니다.

쿨리야툴 무즈타마이 아라비
전문대학에 개설된 작은 아랍어 어학원입니다. 시설과 수업료 대비 교육수준은 굉장히 높은 편이며 어학 수업뿐 아니라 이슬람 종교 수업도 있습니다. 단점으로는 그룹당 학생 수가 많다는 것입니다.

저는 이것을 알고 싶습니다.

أُرِيد أَنْ أَعْرِف هَذَا.

[우리-드 안 아으리프 하다]

몇 페이지 입니까?

أَيُّ الصَّفْحَة؟

[아이윳 싸프하?]

여기에 적어 주실 수 있습니까?

هَلْ يُمْكِن أَنْ تَكْتُب هُنَا؟

[할 윰킨 안 타크툽 후나?]

이것은 맞나요 틀리나요?

هَلْ هَذَا صَحِيح أَوْ خَطَأ؟

[할 하다 싸히 아우 카따?]

잠시만요, 천천히 천천히
부탁드립니다.

دَقِيقَة، شُوَي شُوَي مِنْ فَضْلِك.

[다끼-까, 슈와이 슈와이 민파들리크]

이거 다시 설명해 주실 수
있을까요?

هَلْ يُمْكِن أَنْ تَشْرَح هَذَا مَرَّة أُخْرَى؟

[할 윰킨 안 타슈라하 하다 마르라 우크라?]

나는 이것을 아랍어로
어떻게 말해야 합니까?

كَيْفَ أَقُول هَذَا بِاللُّغَةِ الْعَرَبِيَّة؟

[케이파 아꿀 하다 빗 루가틸 아라비야?]

잘 이해 못했습니다.
다시 말씀해주실래요?

لَمْ أَفْهَم جَيِّدًا. هَلْ يُمْكِن أَنْ تَقُولَ
مَرَّة ثَانِيَة؟

[람 아프함 자이단. 할 윰킨 안 타꿀-라 마르라 싸-니야?]

우리는 오늘 숙제가
있습니까?

هَلْ عِنْدَنَا وَاجِب مَنْزِلِيّ الْيَوْم؟

[할 인다나 와집 만질리 알야움?]

실례합니다.
화장실로 가도 될까요?

لَوْسَمَحْت، هَلْ يُمْكِن أَنْ أَذْهَب إِلَى الْحَمَّام؟

[라우 싸마흐트, 할 윰킨 안 아드합 일랄 함맘?]

나는 내일 결석해야 할 것
같습니다. 중요한 일이 있습니다.

أَعْتَقِد أَنَّنِي سَأَتَغَيَّب غَدًا. عِنْدِي عَمَل مُهِم.

[아으타끼드 안나니 싸아타가얍 가단. 인디 아말 무힘]

칠판	سَبُّورَة [쌉부-라]
펜	قَلَم [깔람]
가방	حَقِيبَة [하끼-바]
남학생	طَالِب [딸립]
남학생들(복수)	طُلَّاب [뚤랍]
여학생	طَالِبَة [딸-리바]
여학생들(복수)	طَالِبَات [딸-리바-트]
교무실	غُرْفَةُ الْمُدَرِّسِين [구르파툴 무다르리씬]
친구(남)	صَدِيق [싸디-끄]
친구(남 복수)	أَصْدِقَاء [아쓰디까]
친구(여)	صَدِيقَة [싸디-까]
친구(여 복수)	صَدِيقَات [싸디-까-트]
튀르키예어	اَللُّغَة التُّرْكِيَّة [앗루갓 투르키야]
불어	اَللُّغَة الْفَرَنْسِيَّة [앗루갈 파란씨야]

아랍인들이 많이 사용 하는 제스처

좋습니다, 맞아요

고맙습니다.

어떻게 하겠습니까?
어쩔수 없지요.

잠시만, 1분만

의견에 동의 합니다.

안녕하세요(아침인사). 무엇을 도와 드릴까요?

صَبَاحَ الْخَيْر. أَيُّ خِدَمَة؟

싸바-할 카이르. 아이유 키드마?

مُوَظَّف
남직원

안녕하세요(아침인사). 나는 이 소포를 한국으로 보내길 원합니다.

صَبَاحَ النُّور. أُريد أَنْ أُرْسِل هَذَا الطَّرْدَ إلَى كُوريَا الْجَنُوبِيَّة.

싸바-핫 누-르. 우리-드 안 우르씰 하닷 따르다 일라 쿠-리알 자누-비야

مِين جُون
민준

이 소포를 저울 위에 놓으세요. 이것 무게가 정확히 5.5킬로군요.

ضَع هَذَا الطَّرْدَ عَلَى الْميزان. وَزْنُه خَمْسَة وَنِصْف كِيلُو تَمَامًا.

돠아 하닷 따르다 알랄 미-잔. 와즈누흐 캄싸 와 니쓰프 킬루 타마-만

مُوَظَّف
남직원

항공우편으로 발송하면 얼마입니까?

كَم الْأُجْرَة لِإرْسَالِه بِالْبَريد الْجَوِّيّ؟

캄 알우즈라 리이르쌀-리히 빌 바리-드 알자으위?

مِين جُون
민준

10디르함 입니다. 소포에는 무엇이 있습니까?

عَشَرَة دَرَاهِم. مَاذَا يُوجَد فِي الطَّرْد؟

아샤라 다라-힘. 마-다 유-자드 핏 따르드?

مُوَظَّف
남직원

안에는 책 뿐입니다. 소포가 한국으로 도착하는데 며칠 걸립니까?

فِيه كُتُب فَقَط. كَم يَوْما يَسْتَغْرِق وُصُولَ الطَّرد إلَى كُوريَا الْجَنُوبِيَّة؟

피-히 쿠툽 파깟. 캄 아움 야쓰타그리끄 우쑬-랏 따르드 일라 쿠-리알 자누-비야?

مِين جُون
민준

대략 일주일 또는 이주일이 걸립니다.

يَسْتَغْرِقُ حَوَالِي أُسْبُوع أَوْ أُسْبُوعَيْن.

야쓰타그리끄 하왈-리 우쓰부으 아으 우쓰부-아인

مُوَظَّف
남직원

알겠습니다. 받으세요. 여기 돈이 있습니다. 영수증 부탁드립니다.

طَيِّب. تَفَضَّل. هَذِهِ هِيَ النُّقُود.
فَاتُورَة مِنْ فَضْلِك.

따입. 타팟돨. 하디히 히얏 누꾸-드. 파-투-라 민 파들리크

مِين جُون
민준

물론이죠. 그리고 이 종이 위에 서명 부탁드립니다.

طَبْعًا. وَتَوْقِيع عَلَى الْوَرَقَة مِنْ فَضْلِك.

따브안. 와 타으끼-으 알랄 와라까 민 파들리크

مُوَظَّف
남직원

항공우편 [바리-드 자으위]	بَرِيد جَوِّيّ	소포 [따르드]	طَرْد
도착 [우쑬]	وُصُول	(물건, 사물) 놓아라 [따아]	ضَع
대략 [하왈-리]	حَوَالِي	저울 [미-잔]	مِيزَان
이주일 [우쓰부-아인]	أُسْبُوعَيْن	무게 [와준]	وَزْن
돈 [누꾸-드]	نُقُود	정확히 [타마-만]	تَمَامًا

◦ 우체국 소포

아랍에서 소포를 받거나 보낼 때 주로 우체국과 DHL을 하지만 저렴한 가격 때문에 우체국을 많이 사용합니다. 아랍에서는 소포를 보낼 수 있는 우체국 지정처가 따로 있으니 현지에서 확인해야 합니다. 한국에서 보낸 소포를 아랍국가에서 받을 때 본인이 직접 해당 우체국을 방문하여 찾아 와야 하지만 외교관이나 코이카 등 정부 소속으로 파견된 직원들은 주소지까지 배송해 줍니다.

아랍은 우체국마다 가격 차이가 있으니 이 부분은 현지에서 확인해야 합니다. 또한 대부분의 아랍 현지 공공기간들은 오후 2~3시에 업무가 마무리 되는데 30분 전부터 문을 걸어 잠그니 시간엄수는 필수입니다. 소포가 해당 국가에 도착하면 본인 현지 휴대폰 번호로 문자메세지나 전화를 통해 연락이 옵니다. 그러므로 한국에서 소포를 보낼 때 수신인 휴대폰 번호와 이름 그리고 주소를 정확하게 기입하는 것이 중요합니다.

소포를 찾기 위해 우체국을 방문하면 신분 확인 절차 때문에 여권이나 이까마(거주증)와 같은 신분증이 꼭 필요합니다. 그리고 소포를 인계 받기 전 현지 직원이 소포를 열어 모든 물품을 직접 확인하기 때문에 이슬람에서 하람(금기)로 취급되는 술이나 돼지고기와 같은 물품들은 가급적이면 피하는 것이 좋습니다. 발각시 벌금 또는 수수료를 내거나 몰수 및 폐기처분하기 때문입니다.

우체국은 어디 있습니까?

أَيْنَ مَكْتَبُ الْبَرِيد؟

[아이나 마크타불 바리-드?]

나는 우체국으로
어떻게 갑니까?

كَيْفَ أَذْهَب إِلَى مَكْتَبِ الْبَرِيد؟

[케이파 아드합 일라 마크타빌 바리-드?]

나는 이것을 한국으로
발송하고 싶습니다.

أُرِيد إِرْسَال هَذَا إِلَى كُورِيَا الْجَنُوبِيَّة.

[우리-드 이르쌀 하다 일라 쿠-리알 자누-비야]

어디서 이것을 보낼 수
있습니까?

أَيْنَ يُمْكِن أَنْ أُرْسِل هَذَا؟

[아이나 윰킨 안 우르씰 하다?]

나는 등기우편을 원합니다.

أُرِيد بِالْبَرِيد الْمُسَجَّل.

[우리-드 빌 바리-드 앗무쌋잘]

1kg에 얼마입니까?

كَمْ سِعْر الْكِيلُو الْوَاحِد؟

[캄 씨우르 알킬-루 알와힌?]

소포 발송 창구는 어디입니까?

أَيْنَ شُبَّاك لِإِرْسَالِ الطَّرْد؟

[아이나 슙바-크 리이르쌀릿 따르드?]

이곳에서 편지를
보낼 수 있습니까?

هَلْ يُمْكِن أَنْ أُرْسِل بِالْخِطَاب مِنْ هُنَا؟

[할 윰킨 안 우르씰 빌 키땁 민 후나?]

몇 시에 업무를 시작합니까?

فِي أَيِّ سَاعَة يَبْدَأَ الْعَمَل؟

[피 아이 싸-아 야브다알 아말?]

우체국은 몇시에 닫습니까?

فِي أَيِّ سَاعَة يُغْلِق مَكْتَب الْبَرِيد؟

[피 아이 싸-아 유글리끄 마크탑 알바리-드?]

기사님, 시내에 있는
우체국으로 가주세요.

يَا سَائِق، خُذْنِي إِلَى مَكْتَبِ الْبَرِيد
فِي وَسَطِ الْمَدِينَة.

[야 싸-이끄, 쿠드니 일라 마크타빌 바리-드 피 와싸딜 마디-나]

신분증	بِطَاقَة هُوِيَّة [비따-까 후위야]
여권	جَوَاز السَّفَر [자와-즈 싸파르]
거주증	إِقَامَة [이까-마]
휴대폰 번호	رَقْم الْهَاتِف [라끔 알하-티프]
문자메세지, 편지	رِسَالَة [리쌀-라]
우표	طَابِع بَرِيد [따-비아 바리-드]
우편번호	رَقْم بَرِيدِي [라끔 바리-디]
빠른우편	اَلْبَرِيد السَّرِيع [알바리-드 앗싸리-아]
등기우편	اَلْبَرِيد الْمُسَجَّل [알바리-드 알무쌋잘]
보통우편	اَلْبَرِيد الْعَادِيّ [알바리-드 알아-디]
항공우편	اَلْبَرِيد الْجَوِّيّ [알바리-드 알자으위]
봉투	ظَرْف [돠루프]
종이상자	صُنْدُوق وَرَقٍ [쑨두-끄 와라끼]
남직원 / 여직원	مُوَظَّف / مُوَظَّفَة [무왓돠프 / 무왓돠파]

아랍경제 개혁의 중심
사우디아라비아 '비전2030'

페르시아(이란)에서 처음으로 발견된 석유는 여러 아랍국가에서 발견되며
알라의 축복이라고 불려 왔으나 지금은 탈석유화를 외치며 경제개혁을 단행
하고 있습니다. 이유는 2014년부터 저유가
사태가 지속되며 적자를 기록했기 때문입니
다. 2015년 사우디아라비아의 적자 규모만
보더라도 980억 달러에 달하며 국가 건립
이래 최악의 경제위기를 겪었습니다.
이러한 사우디아라비아의 국가적 위기를 해

결하고자 칼을 빼든 젊은 왕자가 있습니다. 미스터 에브리씽(Mr.Everything)
이라고 불리는 현 사우디아라비아의 왕세자 '무함마드 빈 살만'입니다. 그가
왕세자의 자리에 오른 후 내건 슬로건은 〈VISION 2030〉입니다. 이 프로젝
트의 목적은 2030년까지 탈석유화를 통해 석유 의존도를 현 90%에서 10%
로 낮추고 민간경제 육성을 활성화해 새로운 경제개혁을 이루는 것입니다.
그는 한국 자동차, 전자기기, 의료, 방산, 담수화, 수소, 배터리, 조선업 등에
큰 관심을 보였고 이를 계기로 서울에 〈사우디 VISION 2030〉 사무소가 개
설 하였습니다. 이외에 VISION 2030의 목표 중 하나는 중동판 구글, 페이스
북 등과 세계적인 기업들을 육성하는 것입니다.
사회적 분위기도 많이 변화하고 있는데 35년 동안 폐장 되었던 영화관들을
재개장하고 여성들의 운전이 가능해지며 세계 최대의 자동차 시장으로 거듭
나고 있습니다. 여성의 히잡 착용 의무화도 폐지와 일자리 기회가 늘어나고
문호개방을 통해 세계적 보이밴드 BTS를 토대로 전 세계 수많은 팝아티스트
들이 사우디아라비아를 방문하고 있으며 국제 스포츠 경기도 꾸준히 개최하
고 있습니다. 코로나 19 사태로 조금은 주춤한 모습을 보였으나 제2의 중동
붐은 머지 않아 찾아오게 될 것입니다.

은행에 오신 것을 환영합니다. 당신은 무엇을 원하십니까? **أَهْلًا وَسَهْلًا فِي الْبَنْك. مَاذَا تُرِيدِينَ؟** 아흘란 와 싸흘란 필 반크. 마다 투리-딘?	**مُوَظَّفَة** 여직원
안녕하세요. 나는 환전을 원합니다. **أَهْلًا بِك. أُرِيد الصَّرْف.** 아흘란 비크. 우리-드 싸루프	**بُومِي** 보미
당신은 어떤 화폐를 가지고 있습니까? **أَيّ عُمْلَة عِنْدَك؟** 아이 우믈라 인다크?	**مُوَظَّفَة** 여직원
저는 달러를 주나이흐(이집트화폐)로 환전하길 원합니다. 오늘 1달러가 얼마입니까? **أُرِيد أَنْ أَصْرِف دُولَارًا إِلَى جُنَيْه. كَمْ سِعْرُ الدُّولَارِ الْيَوْم؟** 우리-드 안 아쓰리프 둘라-란 일라 주나이흐. 캄 씨으루 둘-라-릴 야움?	**بُومِي** 보미
10 주나이히 입니다. 당신은 몇 달러를 환전하길 원하십니까? **عَشَرَة جُنَيْهَات. كَمْ دُولَارا تُرِيدِينَ أَنْ تَصْرِفِي؟** 아샤라 주나이하-트. 캄 둘-라 투리-디-나 안 타쓰리피?	**مُوَظَّفَة** 여직원
나는 150달러 환전을 원합니다. 받으세요. **أُرِيد الصَّرْف مِئَة وَخَمْسِين دُولَار. تَفَضَّلِي.** 우리-드 싸루프 미아 와 캄씬 둘-라. 타팟달리-	**بُومِي** 보미

	مُوَظَّفَة
알겠습니다. 여권을 주시고 잠시만 기다려 주세요.	여직원

طَيِّب. أَعْطِينِي جَوَازَ السَّفَر وَانْتَظِرِي قَلِيلًا مِنْ فَضْلِك.

따입. 아으띠-니 자와-즈 싸파르 와 인타뒤리- 깔릴-란 민 파들리크

〈بَعْد دَقِيقَة〉 잠시뒤

	مُوَظَّفَة
여기 금액과 여권입니다.	여직원

هُنَا نُقُود وَجَوَاز سَفَر.

후나 누꾸-드 와 자와-즈 싸파르

	بُومِي
다 맞습니다. 안녕히 계세요. (알라의 자비와 축복 그리고 당신께 평화가 깃들기를).	보미

كُلّ تَمَام. اَلسَّلَامُ عَلَيْكُم وَرَحْمَةُ الله وَبَرَكَاتُه.

쿨르 타맘. 앗쌀라-무 알라이쿰 와 라흐마 툴라-흐 와 바라카-투흐

몇 달러 [캄 둘-라]	كَمْ دُولَارا	은행 [반크]	بَنْك
나에게 주세요(여) [아으띠-니]	أَعْطِينِي	환전 [싸루프]	صَرْف
기다리세요(여) [인타뒤리-]	اِنْتَظِرِي	통화 [우믈라]	عُمْلَة
돈 (복수) [누꾸-드]	نُقُود	주나이히(이집트통화) [주나이흐]	جُنَيْه
모두 정확/완벽한 [쿨르 타맘]	كُلّ تَمَام	1달러 가격 [씨우릇 둘-라]	سِعْرُ الدُّولَار

데이터 표:

CURRENCY	PRICES IN EGP/TRANSF.	
	TRANSF. BUYING	TRANSF. SELLING
USD	16.08	16.18
EUR	17.7491	17.9744
GBP	21.0616	21.301
SAR	4.2881	4.3155
KWD	52.947	53.3465
AED	4.3779	4.4058
QAR	4.3902	4.4461
JOD	22.6766	22.8563
CAD	12.1185	12.2892
DKK	2.3759	2.4062
JPY	0.1476	0.1491
CHF	16.2146	16.4081

● 은행

아랍국가들에는 수많은 은행이 있습니다. 환전은 여권만 있으면 바로 가능하지만 계좌 개설은 여권과 더불어 이까마(거주증)을 요구하며 업무처리가 빠르지 않습니다. 이까마(거주증)을 받급받기까지 최대 한 달까지 소요되기도 하며 은행계좌를 발급받기 까지 최소 며칠이 걸립니다. 정부관계자나 워크비자가 있는 경우가 아니라면 개인적으로 계좌개설은 상당히 까다롭습니다. 환전시 달러가 환율상 가장 유리하며 가급적 은행에서 환전을 하길 바랍니다. 길거리 환전상들은 수수료들이 모두 제각각이기 때문입니다.

아랍은행들은 한국은행과 달리 이자시스템이 존재하지 않는데 이자(아랍어로 리바 لربا)는 노력 없이 취득하는 부당이득이라고 보기 때문입니다. 이는 소수에게 부가 집중되는 것을 막기 위해 그리고 어떠한 댓가나 노력없이 취득하는 이득은 전부 부당하다고 여겨 강력히 금지하고 있습니다. 그래서 아랍국가들에서는 우리가 흔히 아는 글로벌 은행 기업들(비즈니스용으로 소수가 존재)을 찾기 힘들며 이슬람식 체계를 갖춘 은행들이 대다수입니다.

정부관계자나 워크비자를 소지하지 않은 개인이라면 항상 현찰을 소지하고 다녀야 한다는 불편함이 있으므로 관리를 잘해야 합니다. ATM 기계는 쉽게 찾을수 있으며 현지 화폐로 현금 인출시 은행마다 수수료가 조금씩 상이하니 인출시 영수증을 통해 확인하는 것이 좋습니다. 현금 인출 금액이 높을수록 수수료는 줄어드니 참고 바랍니다.

여기에서 가장 가까운 은행은
어디입니까?

أَيْنَ أَقْرَب بَنْك مِنْ هُنَا؟

[아이나 아끄랍 반크 민 후나?]

ATM은 어디에 있습니까?

أَيْنَ مَاكِينَة الصَّرَاف؟

[아이나 마-키-나 앗싸라-프?]

유로를 환전하는 것이
가능합니까?

هَلْ يُمْكِن أَنْ أَصْرِف يُورُوا؟

[할 윰킨 안 아쓰리프 유-루?]

나는 계좌를 만들고 싶습니다.

أُرِيد أَنْ أَفْتَح حِسَابًا.

[우리-드 안 아프타하 히싸-반]

나는 계좌이체를 원합니다.

أُرِيد تَحْوِيل بَنْكِي.

[우리-드 타흐윌 반키]

나는 계좌를 해지 하길
원합니다.

أُرِيد أَنْ أُغْلِق الْحِسَاب.

[우리-드 안 우글리끄 알히쌉]

은행은 언제 엽니까?

مَتَى يَفْتَحُ الْبَنْك؟

[마타 야프타훌 반크?]

은행은 언제 닫습니까?

مَتَى يُغْلِقُ الْبَنْك؟

[마타 유글리꿀 반크?]

신용카드를 분실했습니다.

لَقَدْ فَقَدْت بِطَاقَة الائْتِمَان.

[라까드 파까다트 비따-까탈 이으티만]

카드를 재발급 받길 원합니다.

أُرِيد أَنْ أُعِيدَ إِصْدَار الْبِطَاقَة.

[우리-드 안 우이-다 이쓰다-르 알비따-까]

영어로 설명 가능합니까?

هَلْ يُمْكِن أَنْ تَشْرَح بِاللُّغَة الإِنْجِلِيزِيَّة؟

[할 윰킨 안 타슈라하 빗 루갈 인질리지야?]

지폐	عُمْلَة وَرَقِيَّة [우믈라 와라끼야]
동전	عُمْلَة مَعْدَنِيَّة [움라 마으다니야]
금액	مَبْلَغ [마블라그]
송금	تَحْوِيل الْمَال [타흐윌 알말]
출금	سَحْب الْمَال [싸흡 알말]
금융	تَمْوِيل [타무윌]
계좌번호	رَقْم الْحِسَاب [라끔 알히쌉]
계좌이체	تَحْوِيل الْحِسَاب [타흐윌 알히쌉]
저축, 예금계좌	حِسَاب التَّوْفِير [히쌉 앗타우피-르]
비밀번호	رَقْم سِرِّي [라끔 씨르리]
수수료	رُسُوم [루쑴]
은행대출	قَرْض بَنْكِي [까루드 반키]
청원경찰	حَارِس أَمْن [하-리쓰 암]
고객	عَمِيل [아밀-]

이자가 없는 이슬람 은행

아랍에서는 이슬람 율법을 따르는 이슬람 뱅크들이 주를 이룹니다. 이자 없이 은행 은 어떻게 운영을 해나가고 아랍 무슬림들 은 왜 이자가 없는 이슬람 은행을 많이 이용 하는 것일까요?

이슬람 성서 꾸란 2장, 바까라 278절에 이 유를 찾을수 있습니다.

"믿는자들이여 하느님을 공경하라 만일 너 희들이 믿음이 있다면 추구하는 이자를 포 기하라."

이슬람에서 돈은 개인의 소유가 아닌 하느님의 소유라고 믿습니다. 아무리 부유 하더라도 한 푼도 저승으로 가지고 갈 수 없으므로 가난한 자나 불우한 이웃들을 써야 한다는 것이고 빈부격차의 한 원인이 이자 제도에 있다고 생 각하고 있습니다. 하지만 정상적인 투자(이슬람에서 금기하는 술, 담배, 마 약, 음란 제외)를 통해 이윤을 배당 받는 것은 허용합니다.

이슬람 은행에는 이슬람 율법위원회가 설치되어 있으며 이슬람법 안에서 위 반사항은 없는지 투자와 분배는 제대로 이루어지는지 지속적인 감시와 조언 이 있습니다. 은행은 조금이라도 결격사유가 있는 기업에게는 투자 기회조 차 주지 않으므로 튼튼한 기업과 함께 손을 잡고 고객들의 저축 예금을 통해 투자가 이루어집니다. 이를 통해 생긴 수익 중 일부를 제외한 금액을 고객들 에게 공평하게 분배해 줍니다. 이런 구조 덕분에 리스크도 거의 없는 편입니 다. 계좌를 만들어 유지하는 것만으로 도덕적 의무라고 믿기 때문에 항상 이 슬람 은행을 찾는 것입니다.

안녕하세요. 나는 좋은 임대 아파트를 찾고 있습니다.

هَان نَا
한나

اَلسَّلَامُ عَلَيْكُم.
أَبْحَث عَنْ شَقَّة فَاخِرَة لِلإِيجَار.

앗쌀라-무 알라이쿰. 아브하쓰 안 샷까 파-키라 리 이-자-르

우리는 가구가 구비된 아파트와 구비 되지 않은 아파트가 있습니다.
당신은 무엇을 원합니까?

حَارِس
경비

عِنْدَنَا شَقَّة مَفْرُوشَة وَغَيْر مَفْرُوشَة.
مَاذَا تُرِيدِين؟

인다나 샷까 마푸루-샤 와 가이르 마푸루-샤. 마-다 투리-딘?

나는 가구가 구비된 아파트를 원합니다.
이 아파트에 방과 화장실은 몇 개 입니까?

هَان نَا
한나

أُرِيد شَقَّة مَفْرُوشَة.
كَم غُرْفَة وَحَمَّاما فِي هَذِهِ الشَّقَّة؟

우리-드 샷까 마푸루-샤. 캄 구르파 와 함맘 피 하디힛 샷까?

여기에는 방 3개, 화장실 2개 그리고 큰 주방이 있습니다.

حَارِس
경비

فِيهَا ثَلَاث غُرَف وَحَمَّامَان وَمَطْبَخ كَبِير.

피-하 쌀라-쓰 구라프 와 함마-만 와 마뜨바크 케비-르

보증금 그리고 월세는 얼마입니까?

هَان نَا
한나

بِكَم تَأْمِينُهَا وَالإِيجَار الشَّهْرِي؟

비캄 타으미-누하 와 이-자-르 앗샤흐리?

보증금은 500디나르이고 월세는 100디나르입니다.

حَارِس
경비

تَأْمِينُهَا بِخَمْسَمِئَة دِينَار وَالإِيجَار الشَّهْرِي
بِمِئَة دِينَار.

타으미-누하 비캄싸미아 디나-르 와 이-자-르 샤흐리 비미아 디-나르

هَان نَا 한나	몇 층입니까? **فِي أَيّ طَابِق؟** 피 아이 따-비끄?	

حَارِس 경비	3층이고 엘레베이터도 있습니다. **فِي الطَّابِقِ الثَّالِثِ وَعِنْدَنَا مِصْعَد أَيْضًا.** 핏 따-비끄 쌀-리쓰 와 인다나 미쓰아드 아이단

هَان نَا 한나	제가 지금 아파트를 볼 수 있을까요? **هَلْ يُمْكِن أَنْ أُشَاهِد هَذِهِ الشَّقَّة الآنَ؟** 할 윰킨 안 우샤-히드 하디힛 샷까 알안?

حَارِس 경비	물론이죠. 저를 따라 오세요. 갑시다. **طَبْعًا. تَعَال مَعِي. يَلَا.** 따브안. 타알 마이. 얄라

أَبْحَث عَنْ	나는 ~을 찾고 있다 [아브하쓰 안]	حَمَّام	화장실 [함맘]
شَقَّة فَاخِرَة	멋진 아파트 [샷까 파-키라]	مَطْبَخ	부엌 [마뜨바크]
لِلإِيجَار	임대를 위한 [리 이-자-르]	تَأْمِين	보증금 [타으민]
مَفْرُوشَة	가구가 구비된 [마푸루-샤]	إِيجَار شَهْرِيّ	월세 [이-자-르 샤흐리]
غَيْر مَفْرُوشَة	가구가 구비되지 않은 [가이르 마푸루-샤]	طَابِق	층 [따-비끄]
غُرْفَة	방 [구르파]	مِصْعَد	엘레베이터 [미쓰아드]

생생 여행
Tip

● 아랍에서 집 구하기

아랍에서는 대부분 아파트를 렌트해 생활하며 집을 구하는 방법은 여러가지가 있습니다. 길거리에 붙어 있는 전단지를 통해 전화를 걸어 찾아 가는 방법도 있고 아파트 단지 간판에 적혀 있는 전화번호로 전화해 집을 보는 방법도 있습니다. 한국 교민이나 유학생이 운영하는 온라인 커뮤니티에서 정보를 얻기도 하며 학원이나 학교 게시판에서 주거 정보를 얻기도 합니다. 아랍은 한국처럼 부동산 체계가잘 갖추어 있지 않아 부동산을 이용하는 것보다는 개인적으로 발품을 팔아 여러 집을 보면서 자기에게 맞는 집을 찾는 것이 가장 좋습니다.

아랍의 아파트 형식은 크게 가구가 구비된 마푸루샤 (مَفْرُوشَة)와 가구가 구비되지 않은 가이르 마푸루샤 (غَيْر مَفْرُوشَة)로 나뉩니다. 월세 가격 차이는 크게 절반 이상 납니다. 가구는 쇼파, 책상, 침대, TV, 주방기구, 세탁기 등을 말하며 대부분 편의상 가구가 구비된 마푸루샤 (مَفْرُوشَة)에서 많이 생활하며 집 계약시 〈하리스(이집트는 바왑)〉라고 불리는 경비와 함께 집을 구경하고 계약서를 작성합니다. 월세는 모든 아파트마다 제각기 조건에 따라 다르며 매달 〈하리스(이집트는 바왑)〉 비용을 따로 지불해야 합니다. 경비들이 주로 하는 일은 건물 청소 그리고 집 내부 수리 등입니다. 약간의 비용만 지불하면 심부름도 가능 하며 아랍국가에서는 아직 분리수거에 대한 개념이 없기 때문에 각종 쓰레기들은 일반 봉투에 담아 문 앞에 두면 하리스라고 부르는 경비가 매일 수거해 갑니다. 또한 공과금 지로용지를 직접 집마다 넣어주며 현금으로 하리스에게 직접 건네면 됩니다. 아랍은 아직까지 한국처럼 자동이체 시스템이 잘 구축되지 않아 항상 현찰을 소지하는 것이 좋습니다.

이 아파트는 좋습니다.

هَذِهِ الشَّقَّة جَمِيلَة
[하디힛 샷까 자밀-라]

이 아파트는 마음에 듭니다.

تُعْجِبُنِي هَذِهِ الشَّقَّة.
[투으지부니 하디힛 샷까]

경비 비용은 매달에
얼마입니까?

كَمْ أُجْرَةُ الْحَارِس فِي كُلِّ شَهْر؟
[캄 우즈라툴 하-리쓰 피 쿨리 샤흐르?]

당신들은 이 집보다
더 큰 것이 있습니까?

هَلْ عِنْدَكُمْ أَكْبَر مِنْ هَذَا الْبَيْت؟
[할 인다쿰 아크바르 민 하달 바이트?]

당신들은 이 집보다
더 작은 것이 있습니까?

هَلْ عِنْدَكُمْ أَصْغَر مِنْ هَذَا الْمَنْزِل؟
[할 인다쿰 아쓰가르 민 하달 만질?]

나는 이 집에서 6개월을
거주하길 원합니다.

أُرِيد أَنْ أَسْكُن سِتَّة أَشْهُر فِي الْبَيْت.
[우리-드 안 아쓰쿤 씻타 아슈후르 필 바이트]

나는 이 집에서 딱 1년만
살 것입니다.

سَأَعِيش سَنَة فَقَط فِي الْمَنْزِل.
[싸아이-쉬 싸나 파깥 필 만질]

저에게는 월세가 비쌉니다.

بِالنِّسْبَة لِي اَلْإِيجَارُ الشَّهْرِي غَالِ.
[빗 니쓰바티 리 알이-자룻 샤흐리 갈-린]

더 저렴하게 부탁드립니다.
나는 학생(남/여) 입니다.

أَرْخَص مِنْ فَضْلِك. أَنَا طَالِب / طَالِبَة.
[아르카쓰 민 파들리크. 아나 딸립/딸-리바]

나는 책상과 의자가 필요합니다.

أَحْتَاج إِلَى الْمَكْتَب وَالْكُرْسِيّ.
[아흐타-즈 일라 마크탑 왈 쿠르씨]

나는 계약서를 작성 하겠습니다.

سَأَكْتُبُ الْعَقد.
[싸아크투불 아끄드]

열쇠	مِفْتَاح [미프타-하]
쇼파	أَرِيكَا [아리-카]
가구	أَثَاث [아싸-쓰]
세탁기	غَسَّالَة [갓쌀-라]
냉장고	ثَلَّاجَة [쌀라-자]
침대	سَرِير [싸리-르]
옷장, 찬장	خِزَانَة [키자-나]
카페트	سَجَّادَة [쌋자-다]
커튼	سِتَارَة [씨타-라]
텔레비젼	تِلِيفِزْيُون [틸리피지윤-]
식탁	مَائِدَة [마-이다]
거실	غُرْفَةُ الْجُلُوس [구루파툴 줄루-쓰]
손님방	غُرْفَةُ الضُّيُوف [구루파툿 두유-프]
침실	غُرْفَةُ النَّوْم [구루파툿 나움]

이슬람 여성

이슬람 여성들이 많이 쓰는 히잡은 아랍어 동사 가리다(حَجَبَ 하자바)에서 나온 명사로 이슬람에서는 여성들에게 히잡만 명시하고 있습니다.

실제로 이집트의 유명한 한 셰이크(이슬람 학자)가 한 여고를 방문하였는데 교실에 한 여학생이 눈을 제외한 얼굴 전체를 가리는 〈니깝〉을 쓰고 있었습니다. 이를 본 셰이크분이 불같이 화를 내며 여학생과 담임선생님을 크게 나무랐습니다. 그 당시 셰이크가 말하길 이슬람에서는 히잡만 명시하고 있으며 이외의 복장은 집안 내력이거나 지역적 전통이라고 언급하며 교육부 장관에게 이집트내에 모든 교육기관들에서 히잡 외 다른 복장 착용한 여학생들을 출입금지 시키라는 지시를 내렸습니다.

쿠웨이트에서는 교육부 장관에 여성이 임명되었었고 튀니지에서는 시장과 총리 자리에 여성이 발탁되었습니다. 요르단에서는 여성전용 택시기사들이 있고 이집트에서는 법무부 최고위원, 버스운전기사, 자동차 정비수리공 등 수많은 분야에서 여성들의 일자리 기회가 생겨 나고 있습니다. 그녀들의 끊임없는 유리천장 깨기 시도가 빛을 보고 있습니다.

경비
حَارِس

당신은 이 아파트가 마음에 듭니까?

هَل تُعْجِبُكَ هَذِهِ الشَّقَّة؟

할 투으지부크 하디힛 샷까?

한나
هَان نَا

네, 이 아파트는 나의 마음에 듭니다.

نَعَم. تُعْجِبُنِي هَذِهِ الشَّقَّة.

나암. 투으지부니 하디힛 샷까

경비
حَارِس

당신은 기간을 얼마나 원하십니까?

كَم الْمُدَّة تُرِيدِين؟

캄 알뭇다 투리-딘?

한나
هَان نَا

나는 1년동안 거주하길 원합니다. 경비 비용은 얼마입니까?

أُرِيد أَن أَسْكُن لِمُدَّة سَنَة. كَم أُجْرَةُ الْحَارِس؟

우리-드 안 아쓰쿤 리 뭇다 싸나. 캄 우즈라툴 하-리쓰?

경비
حَارِس

매달 15주나이히(이집트화폐명) 입니다.

خَمْسَة وَعَشَرَة جُنَيْهَات كُلَّ شَهْر.

캄싸타 와 아샤라 주나이하-트 쿨라 샤흐르

한나
هَان نَا

월세 가격 조정 가능할까요?

هَل يُمْكِنُنِي تَعْدِيل سِعْرُ الْإِيجَارِ الشَّهْرِيّ؟

할 윰키누니 타으딜 씨으룰 이-자-르 앗샤흐리?

경비
حَارِس

만약에 당신이 일년치 월세를 지불하면 가격 조정 가능합니다.

إِذَا دَفَعْتِ الْإِيجَارَ الشَّهْرِيّ لِسَنَة كَامِلَة، يُمْكِنُكِ تَعْدِيل السِّعْر.

이다 다파으틸 이-자-랏 샤흐리 릿 싸나 카-밀라, 윰키누키 타으딜 앗씨으르

하지만 저는 학생입니다. 돈이 많이 없어요. 더 저렴하게 부탁드립니다.	هَان نَا 한나

لَكِن أَنَا طَالِبَة. لَيْسَ عِنْدِي نُقُود كَثِيرَة.

إِيجَار أَرْخَص مِنْ فَضْلِك.

라킨 아나 딸-리바. 라이싸 인디 누꾸-드 케씨-라. 이-자-르 아르카쓰 민 파들리크

당신은 학생이었어요? 좋아요. 매달 180 주나이히만 지불하세요.	حَارِس 경비

هَل أَنْتِ طَالِبَة؟ طَيِّب.

إِدْفَعِي مِئَة وَثَمَانِين جُنَيْهَات كُلَّ شَهْر فَقَط.

할 안티 딸-리바? 따입. 이드파이- 미아 와 싸마-닌 주나이하-트 쿨라 샤흐르 파깐

정말 고맙습니다. 나는 지금 이 아파트 계약서에 서명하겠습니다.	هَان نَا 한나

وَاللهِ شُكْرًا.

سَأُوَقِّع عَلَى الْعَقْد لِهَذِهِ الشَّقَّة الْآن.

왈라히 슈크란. 싸우왓끼아 알랄 아끄드 리하디힛 샤까 알안-

전체, 통째로 [카-밀라]	كَامِلَة	계약서 [아끄드]	عَقْد
나는 없다 [라이싸 인디]	لَيْسَ عِنْدِي	나의 마음에 든다 [투으지부니]	تُعْجِبُنِي
더 저렴한 [아르카쓰]	أَرْخَص	경비 비용 [우즈라툴 하-리쓰]	أُجْرَة الْحَارِس
정말 고맙습니다 [왈라히 슈크란]	وَاللهِ شُكْرًا	매달 [쿨르 샤흐르]	كُلَّ شَهْر
나는 ~에 싸인한다 [우왓끼아 알라]	أُوَقِّع عَلَى	가격조정 [타으딜 앗씨으르]	تَعْدِيل السِّعْر

● 아파트 계약하기

집을 구할 때는 반드시 여러 아파트를 둘러보는 것이 좋습니다. 이유로는 모든 아파트마다 조건과 가격이 다르며 외국인들 대상으로 심심치 않게 사기 사건이 발생합니다. 예를 들어 월세나 하리쓰 또는 공과금 비용을 아랍인들보다 2~3배 더 요구 한다든가 보증금을 돌려 주지 않는 경우를 말합니다. 그래서 본인이 거주하고 싶은 지역에 아파트 월세가 대략적으로 얼마에 거래가 되고 있는지를 정확하게 따져 보아야 합니다.

쌍방의 합의는 필수입니다. 계약서를 작성하지 않는다면 문제가 생겼을 때 구제받을 가능성이 희박하니 작성 후 잃어버리지 않게 잘 보관해야 합니다. 외국인들에게는 거주 확인 서류로 잠시 여권을 달라고 하는데 여권을 직접 건네기 보다는 복사본을 미리 준비해 넘겨주는 것이 안전합니다.

아랍에서는 전세(한국만 존재합니다)가 존재하지 않고 월세만 있습니다. 매달 결제 방법은 하리쓰에게 현찰로 직접 지불하는 형식이며 6개월이나 1년치 일시불 결제시 가격조정은 충분히 가능하니 가능하다면 조금이라도 저렴하게 계약하는 것도 좋은 방법입니다. 월세 외에도 공과금과 하리쓰 비용 또한 하리쓰에게 직접 현찰로 지불합니다.

당신들은 다른 아파트가 있습니까?

هَلْ عِنْدَكُمْ شَقَّة أُخْرَى؟

[할 인다쿰 샷까 우크라?]

나는 좋은 원룸을 찾고 있습니다.

أَبْحَثُ عَنْ اِسْتُوديو فَاخِرَة لِلْإِيجَار.

[아브하쓰 안 이쓰티오디유- 파-키라 리 이-자-르]

나는 언제부터 이 아파트에
살 수 있습니까?

مُنْذُ مَتَى أَعِيش فِي هَذِهِ الشَّقَّة؟

[문두 마타 아이-쉬 피 하디힛 샷까?]

나는 계약서를 언제 작성합니까?

مَتَى أَكْتُبُ الْعَقْد؟

[마타 아크툽 알아끄드?]

이 세탁기는 잘 작동하지 않습니다.

لَا تَعْمَل هَذِهِ الْغَسَّالَة جَيِّدًا.

[라 타으말 하디힛 갓쌀-라 자이단]

수압이 약합니다.

ضَغْطُ الْمَاء ضَعِيف.

[돠그뚤 마-아 돠이-프]

나는 집키를 언제 받습니까?

مَتَى آخُذ مِفْتَاح الْمَنْزِل؟

[마타 아-쿠드 미프타-할 만질?]

단기 계약 가능합니까?

*هَلْ مُمْكِن عَقْد قَصِيرُ الْأَجَل؟

[할 뭄킨 아끄드 까씨-룰 아잘?]

계약 연장 가능합니까?

*هَلْ مُمْكِن تَمْدِيد الْعَقْد؟

[할 뭄킨 탐디-둘 아끄드?]

* مُمْكِن [뭄킨]은 가능이라는 뜻으로 모든 아랍국가들에서 통용되는 표준어입니다. 무언가 가능한지 물어 볼 때는 억양만 높혀 مُمْكِن؟ [뭄킨?] 이라고 말하며 가능하다면 답변은 억양만 낮추어 مُمْكِن [뭄킨] 이라고 답변합니다. "مُمْكِن [뭄킨] + 명사" 이러한 형태로 패턴처럼 사용하면 상당히 간편하고 유용한 표현이니 잘 숙지 하시길 바랍니다.

빗자루	مِكْنَسَة [미크나싸]
전기청소기	مِكْنَسَة كَهْرَبَائِيَّة [미크나싸 카흐라바-이야]
쓰레받기	جَارُوف الْقُمَامَة [자-루-프 알꾸마-마]
쓰레기	قُمَامَة [꾸마-마]
비닐봉투	كِيس بُلَاسْتِيكِي [키쓰 불라-쓰티-키]
전기	كَهْرَبَاء [카흐라바]
전등	مِصْبَاح [마쓰바-흐]
전구	لَمْبَة كَهْرَبَائِيَّة [람바 카흐라바-이야]
선풍기	مِرْوَحَة [미르와하]
가스레인지	مَوْقِد الْغَاز [마우끼드 알가-즈]
충전기	شَاحِن بَطَّارِيَّة [샤-힌 바따-리야]
고속 충전	شَاحِن سَرِيع [샤-힌 싸리-아]
콘센트	مَقْبِس [마끄비쓰]
온수보일러	سَخَّانَة [싻카-나]

아랍인에게 주면 좋은 선물

어린 아이나 10대에게 퀄리티가 좋은 학용품이나 장난감이 가장 무난하며 한국어에 관심이 있다면 토픽용 한국어 교재도 최고의 선물이 될 것입니다. 아랍 현지에는 한국어 교육 인프라가 매우 빈약한 상태로 교재 한 권 구하기가 쉽지 않기 때문입니다. 젊은 연령층에게는 값싸면서도 유용한 전자기기 선물이 좋습니다. 예를 들면 모바일 보조배터리나 충전용 거치대처럼 실용적인 것들을 말합니다. 물론 아랍 현지에도 판매는 되고 있으나 아랍인은 퀄리티가 좋은 한국제품을 가장 선호합니다. 여성에게는 화장품이 최고의 선물이 될 것입니다. 최근 한류의 바람이 중동권을 휩쓸면서 한국여성들의 화장법과 화장품에 대한 관심이 높아지고 있기 때문 입니다. 주의할 점은 반드시 이슬람 교리에 맞게 만들어진 〈할랄(حلال)화장품〉을 선물해야 합니다. 국내에서는 전 세계적에서 가장 공신력 있는 말레이시아 자킴으로부터 할랄 인증을 받은 탈렌트 화장품이 유명합니다. 국내 최초 할랄 화장품을 제조 하여 지금까지 중동뿐만 아니라 많은 이슬람권 국가로 수출하고 있습니다. 40대 이상의 세대 중 남성에게는 인삼 또는 홍삼과 같은 건강식품이 좋습니다.

아랍인은 차를 마실 때 항상 설탕을 넣어 달게 먹는 관습이 있습니다. 그러므로 인삼이나 홍삼차에 캔디류까지 같이 선물하면 금상첨화입니다. 여성은 젊은 연령층처럼 화장품이 가장 인기가 좋은데 아랍여성은 나이가 들수록 부의 상징인 금을 좋아 하므로 금이 들어간 마스크팩과 같은 화장품이 인기가 많습니다.

당신은 이전에 한국 음식들을 먹어 봤습니까?

جُون سُو
준수

هَلْ أَكَلْتِ الْأَطْعِمَة الْكُورِيَّة مِنْ قَبْل؟

할 아칼틸 아뜨이마 쿠-리야 민 까블?

네, 나는 이전에 친구들과 함께 한국 음식을 먹었습니다.

مَرْيَم
마르얌

نَعَم. تَنَاوَلْتُهَا مَعَ الْأَصْدِقَاء مِنْ قَبْل.

나암. 타나왈투하 마알 아쓰디까 민 까블

당신은 어떤 음식을 좋아합니까?

جُون سُو
준수

أَيَّ طَعَام تُحِبِّين؟

아이야 따암 투힙빈?

나는 전주 비빔밥과 해물 파전을 좋아합니다.

مَرْيَم
마르얌

أُحِب جُون جُو بِيبِيمْبَاب وَهَيمُول بَاجُون.

우힙브 전주 비빔밥 와 해물 바-전

놀랍군요! 당신은 한국인 같습니다. 당신은 오늘 무엇을 먹길 원합니까?

جُون سُو
준수

مَا شَاء الله! أَنْتِ تَبْدِي مِثْل كُورِيَّة.
مَاذَا تُرِيدِينَ أَنْ تَأْكُلِي الْيَوْم؟

마샤-알라! 안티 타브디- 미쓸라 쿠-리야. 마다 투리-디-나 안 타으쿨릴 야움?

나는 오늘 잡채와 떡볶이를 시도해 보려고 합니다.
저는 아직 이 두 가지를 먹어 보지 못했습니다.

مَرْيَم
마르얌

أُرِيد أَنْ أُجَرِّب جَابْتِشِيه وَتُو بُوك كِي الْيَوْم.
لَم أُجَرِّبْهُمَا بَعْد.

우리-드 안 우자르립 잡채 와 떡볶이 알야움. 람 우자르립 후마 바우드

جُون سُو 준수

떡볶이 이건 약간 매운 음식입니다. 당신은 매운 음식을 좋아합니까?

تُو بُوك كِي هُوَ الطَّعَامُ الْحَارّ قَلِيل.
هَلْ تُحِبِّين الطَّعَامَ الْحَارّ؟

떡볶이 후와 따암 하-르 깔릴. 할 투힙빈 앗따아-말 하-르?

مَرْيَم 마르얌

한국 음식은 맛있게 맵습니다. 그래서 나는 한국 음식을 좋아합니다.

اَلطَّعَامُ الْكُورِيّ هُوَ حَارّ بِشَكْل لَذِيذ.
لِذَلِكَ، أُحِبّ الطَّعَامَ الْكُورِيّ.

앗따아-물 쿠-리 후와 하-르 비샤클 라디-드. 리달리크, 우힙브 앗따아-말 쿠-리

جُون سُو 준수

나는 한국치킨을 주문할 건데 우리 같이 먹을까요?

سَأَطْلُبُ الدَّجَاج الْمَقْلِيّ الْكُورِيّ وَهَلْ نَأْكُل مَعًا؟

싸아뚤루붓 다자-즈 알마끌리 알쿠-리 와 할 나으쿨 마안?

مَرْيَم 마르얌

너무 좋아요. 우리 같이 먹어요. 나는 기대가 됩니다.

وَاللهِ مُمْتَاز. لِنَأْكُل مَعًا. أَتَطَلَّع إِلَى ذَلِكَ.

왈라히 뭄타즈. 리나으쿨 마안. 아타딸라아 일라 달리크

떡볶이 [투-북-키]	تُو بُوك كِي	한국음식들 [아뜨이마 쿠-리아]	أَطْعِمَة كُورِيَّة
매운음식 [따암 하-르]	طَعَام حَارّ	음식 [따암]	طَعَام
맛있게 매운 [하-르 비샤클 라디-드]	حَارّ بِشَكْل لَذِيذ	비빔밥 [비-빔밥]	بِيبِيمْبَاب
치킨 [다자-즈 마끌리]	دَجَاج مَقْلِيّ	파전 [바-준]	بَاجُون
나는 ~을 기대한다 [아타딸라아 일라]	أَتَطَلَّع إِلَى	잡채 [잡채]	جَابْتِشِيه

● 아랍에서 먹고 살기

아랍 현지에서 아시아 식재료에 대한 관심이 증가하면서 아시아 식료품을 많이 찾아 볼 수 있습니다. 아랍에미리트 까르푸 매장에 가면 한 코너가 할랄인증을 받은 한국 라면과 과자류 그리고 각종 장류와 김치를 쉽게 찾을 수 있으며 사우디 아라비아에는 한국치킨 기업 BBQ가 진출하였습니다. 중국인들이 운영하는 마켓에 가면 아랍에서는 정말 구하기 힘든 콩나물, 두부, 청포묵, 도토리묵 등 직접 만들어 팔기도 하고 된장, 고추장, 등 다양한 곡물류, 해초류까지 인근 국가나 중국에서 들여와 판매합니다.

아랍에서는 배추와 무를 찾기가 힘든데 중국인들이 직접 농사를 지어 때가 되면 대량 판매하니 시기에 맞추어 대량 주문하는 것이 하나의 방법입니다. 배추를 구하지 못하면 양배추는 마트에서 쉽게 구할 수 있어 양배추 김치를 담가 먹기도 합니다. 하지만 김치를 담가 먹을 수 있는 일부 재료들은 구하기 쉽지 않으니 필요하다면 미리 챙겨 가는 것도 좋습니다.

이외에 이슬람에서 금기로 취급되는 돼지고기도 일부국가에서는 어렵지 않게 찾아 볼 수 있습니다. 대표적인 나라가 아랍에미리트인데 제주도산 흑돼지가 정식 통관을 거쳐 수입이 된 적이 있으며 요르단에서는 아랍 기독교인들이 인근 키프러스에서 돼지고기를 수입해 판매하고 있고 바레인과 이집트 한식당에서는 삼겹살과 소주 주문이 가능하고 한국식으로 맛볼 수 있습니다.

우리 같이 한식당으로 갈까요?

هَلْ نَذْهَب مَعًا إِلَى الْمَطْعَمِ الْكُورِيّ؟

[할 나드합 마안 일랄 마뜨아밀 쿠-리?]

당신(남)은 한국 음식을 압니까?

هَلْ تَعْرِف الطَّعَامَ الْكُورِيّ؟

[할 타으리프 앗따아-말 쿠-리?]

우리 식당을 예약 할까요?

هَلْ نَحْجِز الْمَطْعَم؟

[할 나흐지즈 알마뜨암?]

나는 4명 자리를 예약하길
원합니다.

أُرِيد أَنْ أَحْجِز مَائِدَة لِأَرْبَعَة أَشْخَاص.

[우리-드 안 아흐지즈 마-이다 리 아르바아 아슈카-쓰]

나의 집에서 한국 음식들을
먹읍시다.

لِنَأْكُل الْأَطْعِمَة الْكُورِيّة فِي بَيْتِي.

[리 나으쿨 알아뜨이마 쿠-리야 피 바이티]

김치는 가장 유명한
한국 전통 음식 입니다.

اَلْكِيمْتِشِي هُوَ أَشْهَر طَعَام كُورِيّ تَقْلِيدِيّ.

[알김치 후와 아슈하르 따암 쿠-리 타끌리-디]

당신(남)은 어떤 종류의
음식들을 선호합니까?

أَيَّ نَوْع مِنَ الْأَطْعِمَة تُفَضِّل؟

[아이야 나우아 미날 아뜨이마 투팟뒬?]

이 음식은 할랄입니다.

هَذَا الطَّعَام حَلَال.

[하닷 따암 할랄]

나는 당신들을 집으로
초대 하길 원합니다.

أُرِيد أَنْ أَدْعُوَكُمْ إِلَى الْمَنْزِل.

[우리-드 안 아드우와쿰 일랄 만질]

나는 대부분의 아랍음식들을
좋아합니다.

أُحِبّ مُعْظَم الْأَطْعِمَة الْعَرَبِيَّة.

[우힙브 무으돰 알아뜨이마 아라비아]

이곳에서 가장 유명한
아랍음식은 무엇입니까?

مَا هُوَ أَشْهَر طَعَام عَرَبِيّ هُنَا؟

[마 후와 아슈하르 따암 아라비 후나?]

맛있게 드세요.

بِالْهَنَاء وَالشِّفَاء.

[빌하나 왓 쉬파]

고추장	مَعْجُون الْفِلْفِل الْأَحْمَر الْكُورِيّ
	[마우준 알필필 아흐마르 쿠-리]
된장	مَعْجُون فُول الصُّويَا الْكُورِيّ
	[마우준 풀 쑤-야 쿠-리]
간장	صَلْصَة الصُّويَا
	[쌀싸 쑤-야]
한국파전	فَطِيرَة الْبَصَل الْأَخْضَر الْكُورِيَّة
	[파띠-라 알바쌀 아크돠르 쿠-리야]
한국떡	كَعْكَة الْأُرُز الْكُورِيّ
	[카으카 알우르즈 쿠-리]
식혜	مَشْرُوب الْأُرُز الْحَلْوِي
	[마슈룹- 알우루즈 할라위]
한과	حَلَوِيَات كُورِيَّة تَقْلِيدِيَّة
	[할라위야-트 쿠-리야 타끌리-디야]
된장찌개	حَسَاء مَعْجُون فُول الصُّويَا
	[하싸-아 마우준 풀 앗쑤-야]
김치찌개	حَسَاء الْكِيمْتِشِي
	[하싸-아 알김치]
삼계탕	حَسَاء الدَّجَاج الْكُورِيّ
	[하싸-아 앗다자-즈 쿠-리]
생선구이	سَمَك مَشْوِيّ
	[싸마크 마슈위]
한국바베큐	مَشْوِيَات كُورِيَّة
	[마슈위야-트 쿠-리야]
잡채(한국 국수)	مَكَرُونَة كُورِيَّة
	[마카루-나 쿠-리야]
반찬	مُقَبِّلَات / أَطْبَاق جَانِبِيَّة
	[무깝빌라-트 / 아뜨바-끄 자-니비야]

어휘
플러스

일상생활

280 / 281

아랍인이 좋아하는 한국 음식

한식

손님 맞이 음식으로 모든 외국인이 좋아하는 소갈비나 불고기가 최고입니다. 요즘 아랍에서도 웰빙과 다이어트에 관심이 많아 쌈까지 같이 준비하면 좋습니다. 밑반찬으로는 각종 전이나 잡채, 간장 베이스로 볶은 요리, 달걀말이나 찜(메추리알은 선호하지 않음), 각종 나물를 선호합니다. 매운 맛과 강한 향이 나는 고추장 된장은 가볍게 준비 하는것이 좋으며 김치에 들어가는 대부분의 식재료는 아랍에는 없기에 익숙치 않아 호불

호가 있고, 해물은 생선이나 새우 정도가 적당하며 오징어는 몸통만 사용하는 것이 좋습니다. 조개류나 해초류들은 아랍지역에서 거의 먹지 않기 때문에 선호하지 않습니다.

간식 및 디저트

아랍인이 가장 선호하는 차로는 커피, 홍차, 녹차이며 모든 차에 설탕을 꼭 넣어 마시는 문화가 있습니다. 차와 함께 준비하면 좋은 디저트는 약과이며 고소한 맛을 좋아해 깨나 견과류가 포함된 전통 한과도 좋습니다. 슈크림이 들어간 부드러운 식감의 카스텔라도 좋아합

니다. 길거리 음식으로는 계란빵과 델리만쥬를 가장 선호하고 과일에는 호불호가 없으나 떡과 수정과는 식감과 향 그리고 맛에 익숙치 않아 선호하지 않습니다.

주의할 점

이슬람에서는 술과 돼지고기를 엄격히 금하고 있습니다. 그러므로 같이 식사를 한다면 돼지고기와 술은 제외시키는게 좋으며 고기는 반드시 할랄제품을 이용해 조리해야 합니다.

어서오세요. 머리 어떻게 해드릴까요?

حَلَّاق
이발사

أَهْلًا وَسَهْلًا. كَيْفَ تُرِيد أَنْ أَقُصّ؟

아흘란 와 싸흘란. 케이파 투리-드 안 아꿋쓰?

당신은 이 사진처럼 나의 머리를 잘라 주실 수 있습니까?

هَان جِين
한진

هَلْ يُمْكِن أَنْ تَقُصّ شَعْرِي مِثْل هَذِهِ الصُّورَة؟

할 윰킨 안 타꿋쓰 샤으리 미쓸 하디힛 쑤-라?

네, 가능합니다. 당신이 원하는대로 해드리겠습니다.

حَلَّاق
이발사

نَعَمْ. مُمْكِن. سَأَفْعَل كَمَا تُرِيد.

나암, 뭄킨. 싸아프알 카마 투리-드

고맙습니다. 사진처럼 똑같이 잘라주시길 부탁드립니다.

هَان جِين
한진

شُكْرًا. قُصّ تَمَامًا مِثْل الصُّورَة مِنْ فَضْلِك.

슈크란. 꿋쓰 타마-만 미쏠 수-라 민 파들리크

알겠습니다. 당신은 짧은 머리 원하십니까?

حَلَّاق
이발사

حَسَنًا. هَلْ تُرِيد شَعْر قَصِير؟

하싸난. 할 투리-드 샤으르 까씨-르?

네, 이 사진 보다 더 짧게 잘라주세요.

هَان جِين
한진

نَعَمْ. قُصّ أَقْصَر مِنْ هَذِهِ الصُّورَة.

나암. 꿋쓰 아끄싸르 민 하디힛 쑤-라

(잠시 뒤) (بَعْد قَلِيل)

حَلَّاق
이발사

끝났습니다. 당신 머리 마음에 드십니까?

خَلَاص. هَلْ يُعْجِبُك شَعْرُك؟

칼라-쓰. 할 유으지부크 샤으루크?

هَان جِين
한진

네. 나의 마음에 듭니다. 여기를 조금 더 잘라 주실수 있습니까?
그리고 면도 부탁드립니다.

نَعَم، يُعْجِبُني. هَلْ يُمْكِن أَنْ تَقُصّ أَكْثَر هُنَا؟ وَحِلَاقَة مِنْ فَضْلِك.

나암, 유으지브니 할 융킨 안 타꿋쓰 아크싸르 후나? 와 힐라-까 민 파들리크

حَلَّاق
이발사

알겠습니다. 즉시 준비해 드리겠습니다.

حَاضِر. سَأَقُوم بِإِحْضَارِهَا لَك عَلَى الْفَوْر.

하-뒤르. 싸아꿈 비 이흐다-리하 라크 알랄 파우르

더 짧은 [아끄싸르]	أَقْصَر	이발사 [할라-끄]	حَلَّاق
끝, 그만 [칼라-쓰]	خَلَاص	머리카락 [샤으르]	شَعْر
면도 [힐라-까]	حِلَاقَة	~처럼 [미쓸]	مِثْل
나는 ~을 수행하다 [싸아꿈 비]	سَأَقُوم بِ	당신이 원하는 대로 [카마 투리-드]	كَمَا تُرِيد
즉시 [알랄 파우르]	عَلَى الْفَوْر	정확히, 똑바로 [타마-만]	تَمَامًا

• 아랍의 이발소와 미용실

아랍 미용실은 한국과 많이 다릅니다. 모든 아랍국가에서 남성과 여성이 한 미용실에서 같이 있는 것은 불가능하므로 한국의 70~80년대처럼 남성은 이발소 여성은 미용실을 이용해야 합니다. 남성 이발소는 외부에서 내부를 유리로 통해 볼 수 있는 반면 여성 미용실은 모두 막혀 있어 외부에서 내부를 보는 것은 쉽지 않습니다. 아랍남성은 머리카락이 모두 짧고 곱슬이기 때문에 한국처럼 다양한 헤어스타일을 재연하는 것은 쉽지 않으며 미용 기구들도 많이 열악해 큰 기대는 하지 않는 것이 좋습니다.

이발소의 장점은 한국처럼 이발과 면도를 같이 사용 할 수 있다는 것입니다. 이발시 면도는 무료로 할 수 있으니 원한다면 꼭 받으시길 바랍니다. 면도기를 이용하지 않고 한국의 이발소처럼 작은 면도칼을 이용하여 면도를 하며 실을 이용해 얼굴 잔털 제거도 가능하니 이용해 본다면 좋은 경험이 될것 입니다.

여성 미용실은 여성들만 출입이 가능해 프라이빗한 공간이라고 여기며 네일아트도 같이 겸하는 곳도 있어 다 같이 차도 마시고 수다도 떠는 사랑방(하렘 – 여성만 출입이 가능한 장소) 같은 느낌입니다.

좋은 미용실 소개 좀 해주세요.

عَرِّفْنِي عَلَى أَجْمَل صَالُون.

[아릿프니 알라 아즈말 쌀-룬]

머리가 조금 길어 보입니다.

يَبْدُو أَنَّ شَعْرِي طَوِيلًا قَلِيلًا.

[야브두 안나 샤으리 따윌-란 깔릴-란]

면도는 무료입니까?

هَل الْحِلَاقَة مَجَانِيَّة؟

[할릴 힐라-까 마자-니야?]

짧게 잘라 주세요.

قُصَّ بِشَكْل قَصِير.

[꿋쓰 비샤클 까씨-르]

자연스럽게 해주세요.

أُرِيد طَبِيعِيًّا.

[우리-드 따비-이얀]

나는 머리를 염색하길 원합니다.

أُرِيد أَنْ أَصْبَغ شَعْرِي.

[우리-드 안 아쓰바그 샤으리]

조금만 다듬어 주세요.

رَتِّب / رَتِّبِي قَلِيلًا.

[랏팁(남) / 랏티비 깔릴-란]

단발머리 원합니다.
어깨까지 잘라 주세요.

أُرِيد شَعْر قَصِير. قُصِّي حَتَّى الْكَتِف.

[우리-드 샤으르 까씨-르. 꿋씨- 하탈 카티프]

헤어스타일을 바꾸길 원합니다.

أُرِيد أَنْ أُغَيِّر سُتَايِل الشَّعْر.

[우리-드 안 우가이르 쑤타-일 샤으르]

나는 파마를 원합니다.
어떤 스타일이 있습니까?

أُرِيد شَعْر مُمَوَّج. أَيّ سُتَايِل يُوجَد؟

[우리-드 샤으르 무마와즈. 아이 쑤타-일 유-자드?]

어휘
플러스

머리모양	تَسْرِيحَة الشَّعْر [타쓰리-하 앗샤으르]
콧수염	شَارِب [사-립]
턱수염	لِحْيَة [리흐야]
이발기, 바리깡	مَاكِينَة قُصّ الشَّعْر [마-키-나 꿋쓰 앗샤으르]
가위	مَقَصّ [마깟쓰]
스펀지	إِسْفَنْج [이쓰판즈]
면도기	شَفْرَة حِلَاقَة [샤프라 힐라-까]
곱슬머리	شَعْر مُجَعَّد [샤으르 무잣아드]
생머리	شَعْر نَاعِم [샤으르 나-임]
고데기	مِكْوَاة تَجْعِيد الشَّعْر [미크와 타즈이-드 앗샤으르]
헤어왁스	شَمْع لِلشَّعْر [샴아 릿 샤으르]
헤어스프레이	سِبْرَاي الشَّعْر [씨비라 앗샤으르]
분무기	مِرَشَّة حَلَّاق [미랏샤 할라-끄]
빗	مُشْط [무슈뜨]

단식의 달 '라마단 (رَمَضَان)'

이슬람을 국교로 두고 있는 57개국에서 진행되는 라마단은 아랍어로 〈더운 달〉이라는 의미이며 이슬람 선지자 무함마드가 이슬람을 계시 받은 것을 기념하는 달이기도 합니다. 이슬람력으로 9월 1년에 한번 그리고 한 달 동안 단식을 진행하는 성대한 종교적 행사입니다.

과거 이슬람 초기 시절에는 단식이라는 종교적 의무가 없었지만 선지자 무함마드가 유대교인이 금식을 진행하는 종교적 신념에 반해 이를 토대로 시작되었습니다. 한 달 동안 해가 떠있는 낮에는 식사가 불가하며 해가 지면 식사를 하고 밤 12시쯤 한번 더 간단하게 먹습니다. 음식뿐만 아니라 물도 마셔서는 안되며 침까지 모두 뱉어 버리는 사람도 있습니다. 이 기간에는 흡연, 성교 또한 금지되며 부자인 자들은 가난한 자들의 삶을 간접 체험하고 종교적 성찰의 기회로 삼으며 다 같이 고난을 견디는 것에 큰 의의를 둡니다.

이 기간 금식에서 제외되는 대상은 임산부, 신생아, 중증환자, 여행가, 전쟁 중인 군인 등 처럼 영양 공급이 필요한 사람들은 제외되지만 개인의 선택으로 단식 수행이 가능합니다.

참고로 보통 월드컵 기간이 항상 라마단 기간과 겹칩니다. 축구 대표팀 선수들은 해외 여행신분 자격으로 금식 대상에서 제외되지만 현지 자국민들은 단식을 진행하므로 하나되는 마음에서 같이 단식을 진행합니다.

친구야, 나는 질문이 있어요. 당신들은 몇 개의 명절이 있습니까?

عِنْدِي سُؤَالٌ يَا صَدِيقَتِي. كَمْ عِيدًا عِنْدَكُمْ؟

인디 수알 야 싸디-까티. 캄 이-단 인다쿰?

مِين جُون

민준

우리에게는 2개의 명절이 있습니다.
그것은 이드 알피뜨르와 이드 알아드하입니다.

عِنْدَنَا عِيدَانِ. هُمَا عِيدُ الْفِطْرِ وَعِيدُ الْأَضْحَى.

인다나 이-단. 후마 이-드 알피뜨르 와 이드 알아드하

فَاطِمَة

파티마

이드 일피뜨르는 언제 시작하고 당신은 그날 무엇을 합니까?

مَتَى يَبْدَأُ عِيدُ الْفِطْرِ وَمَاذَا تَفْعَلُونَ ذَلِكَ الْيَوْمَ؟

마타 야브다 이-드 알피뜨르 와 마-다 타푸알룬- 달리칼 야움?

مِين جُون

민준

이드 알피뜨르는 라마단이 끝난 이후에 시작합니다.

يَبْدَأُ عِيدُ الْفِطْرِ بَعْدَ الْإِنْتِهَاءِ مِنْ رَمَضَانَ.

야브다 이-드 알피뜨르 바으다 인티하- 민 라마단

فَاطِمَة

파티마

그리고 우리는 새옷을 입고 친척을 방문합니다.

وَنَلْبَسُ الْمَلَابِسَ الْجَدِيدَةَ وَنَزُورُ الْأَقَارِبَ.

와 날바쓰 알말라-비쓰 알자디-다 와 나주-룰 아까-립

전통 음식들을 먹고 서로 서로 선물을 주고 받습니다.

نَتَنَاوَلُ الْأَطْعِمَةَ الْعَرَبِيَّةَ التَّقْلِيدِيَّةَ وَنَتَبَادَلُ هَدَايَا بَعْضَنَا بَعْضًا.

나타나-와 알아뜨이마 알아라비야 앗타끌리-디야 와 나타바-달 하다-야 바으다나 바으단

이드 알아드하는 언제 시작하고 당신은 그날 무엇을 하십니까?

مَتَى يَبْدَأُ عِيدُ الْأَضْحَى وَمَاذَا تَفْعَلُونَ ذَلِكَ الْيَوْمَ؟

마타 야브다 이-드 알아드하 와 마-다 타프알룬 달리칼 야움?

مِين جُون

민준

فَاطِمَة
파티마

이드 알아드하는 핫지가 끝나고 시작합니다.

يَبْدَأُ عِيدُ الأَضْحَى بَعْدَ الِانْتِهَاءِ مِنَ الْحَجِّ.

야브다 이-드 알아드하 바으다 인티하- 미날 핫즈

이드 알아드하 이것은 이슬람 세계에서 가장 큰 명절입니다.

عِيدُ الأَضْحَى هُوَ أَكْبَرُ عِيدٍ فِي الْعَالَمِ الإِسْلَامِيِّ.

이-드 알아드하 후와 아크바르 이-드 필 알-라밀 이슬라-미

우리는 명절 예배를 들이고 양이나 소와 같은 동물을 도축합니다.

نُصَلِّي صَلَاةَ الْعِيدِ وَنَذْبَحُ حَيَوَانًا مِثْلَ خَرُوفٍ أَوْ بَقَرٍ.

누쌀리 쌀라-탈 이-드 와 나드바하 하야와-난 미쓸라 카루-프 아우 바까르

우리는 많은 아랍 음식들을 요리하여 가난한 자들과 함께 음식들을 먹습니다.

نَطْبُخُ كَثِيرًا مِنَ الأَطْعِمَةِ الْعَرَبِيَّةِ وَنَأْكُلُ الأَطْعِمَةَ مَعَ الْفُقَرَاءِ.

나뜨부크 케씨-란 미날 아뜨이마 아라비야 와 나으쿨 알아뜨이마 마알 푸까라

친척들 [아까-립]	أَقَارِب	단식종료절 [이-드 알피뜨르]	عِيدُ الْفِطْر
선물들 [하다-야]	هَدَايَا	희생절 [이-드 알아드하]	عِيدُ الأَضْحَى
서로서로 [바으두나 바으단]	بَعْضُنَا بَعْضًا	끝, 마침 [인티하- 민]	انْتِهَاءُ مِنْ
성지순례 [알핫즈]	اَلْحَجّ	라마단(단식의달) [라마단]	رَمَضَان
가난한자들 [푸까라]	فُقَرَاء	새옷 [말라-비쓰 자디-다]	مَلَابِس جَدِيدَة

• 아랍의 명절

단식 종료절(عيد الْفِطْر)

단식종료절은 단식의 달 라마단이 끝난 이후 시작하는 명절이며 이슬람력으로 10월 중에 진행됩니다. 3일동안 진행되며 라마단 기간 한 달을 무사히 마친 것을 기념하는 날이기도 합니다. 이 날은 모두 몸을 정갈하게 씻고 새 옷을 입고 가족과 친척들을 방문하여 서로 아랍 전통 음식을 나누어 먹으며 덕담과 선물들을 주고 받습니다.

희생절(عيد الْأَضْحَى)

희생절은 이슬람 세계에서 가장 큰 명절이라고 일컫습니다. 성지 순례인 핫지가 끝나고 시작하며 이 기간에는 양이나 소처럼 동물을 이슬람 율법에 맞게 도축한 후 요리하여 가난한 이웃과 나누어 먹습니다. 동물을 도축하는 이유는 아브라함이 자신의 아들 이스마엘을 제물로 바치기 위해 목을 베려는 것을 본 하느님이 만족해 하며 아들 대신 양을 제물로 바치라고 했던 것에서 유래 되었기 때문입니다.

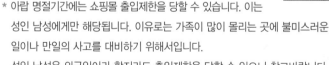

* 아랍 명절기간에는 쇼핑몰 출입제한을 당할 수 있습니다. 이는
성인 남성에게만 해당됩니다. 이유로는 가족이 많이 몰리는 곳에 불미스러운
일이나 만일의 사고를 대비하기 위해서입니다.
성인 남성은 외국인이라 할지라도 출입제한을 당할 수 있으니 참고바랍니다.
(국가마다 다르니 현지에서 확인)

한국에는 설날과 추석 명절이 있습니다.	فِي كُورِيَا الْجَنُوبِيَّة عِيدسُول وَعِيدتُشو سُوك. [피 쿠-리알 자누-비야 이-드 설 와 이-드 추석]
설은 음력으로 새해입니다.	عِيد سُول هُوَ رَأْس السَّنَة فِي التَّقْوِيم الْقَمَرِيّ. [이-드 설 후와 라으쓰 싸나 핏 따꾸위-밀 까마리]
추석은 가을에 보름달 명절입니다.	تُشو سُوك هُوَ عِيد الْبَدْر فِي الْخَرِيف. [추석 후와 이-드 알바드르 필 카리-프]
우리는 명절에 한국 전통음식들을 먹습니다.	نَأْكُل الْأَطْعِمَة الْكُورِيَّة التَّقْلِيدِيَّة فِي الْعِيد. [나으쿨 알아뜨이마 쿠-리야 타끌리-디야 필 이-드]
우리는 명절에 어른을 방문하고 모든 가족이 모입니다.	نَزُورُ الْكِبَار وَتَتَجَمَّع كُلَّ الْعَائِلَات فِي الْعِيد. [나주-룰 키바-르 와 타타잠마아 쿨랄 아-일라-트 필 이-드]
우리는 주로 명절에 한복을 입습니다.	نَلْبَس هَانْبُوك عَادَةً فِي الْعِيد. [날바쓰 한복 아-다탄 필 이-드]
한복은 한국 전통복장입니다.	هَانْبُوك هِيَ الْمَلَابِس الْكُورِيَّة التَّقْلِيدِيَّة. [한복 히얄 말라-비쓰 알쿠-리야 타끌리-디야]
당신(남)은 사우디아라비아 메카로 언제 떠납니까?	مَتَى سَتَنْتَقِل إِلَى مَكَّة بِالسُّعُودِيَّة؟ [마타 싸탄타낄 일라 멧카 빗 쑤우-디야]
자비스럽고 축복받은 라마단되세요.	رَمَضَان كَرِيم وَمُبَارَك. [라마단 케림 와 무바-라크]
행복하고 축복받은 명절되세요.	عِيد مُبَارَك وَسَعِيد. [이-드 무바-라크 와 싸이-드]
매년 당신들이 잘 지내길 바랍니다.	كُلُّ عَام وَأَنْتُمْ بِخَيْر. [쿨루 암 와 안툼 비카이르]

떡	كَعْكَة أُرْز [카으카 우르즈]
떡국	حَسَاء كَعْكَة الْأُرْز [하싸-아 카으카 알우르즈]
가래떡	كَعْك أُرْز أَبْيَض [카으카 우르즈 아브야드]
꿀떡	كَعْك أُرْز بِالْعَسَل [카으카 우르즈 빌 아쌀]
백설기	كَعْك أَبْيَض مَصْنُوع مِنَ الْأُرْز [카으카 아브야드 마쓰누-아 미날 우르즈]
세배	اَلتَّحِيَّة فِي رَأْس السَّنَة الْجَدِيدَة [앗타히야 피 라으쓰 앗싸나 알자디-다]
윷놀이	لُعْبَة يُوت [루으바 윷]
팽이치기	لُعْبَة خُذْرُوف [루으바 쿠드루-프]
연날리기	تَطْيِير الطَّائِرَات الْوَرَقِيَّة [타뜨이-르 앗따-이라-트 알와라끼야]
명절선물, 세뱃돈	عِيدِيَّة [이-디야]

크리스마스가 중동에서 시작되었다?

중동지역에서 섬기던 태양신의 시작점을 기원전부터 12월 25일로 보았는데 긴 어둠에서 빠져나와 빛이 힘을 얻고 만물이 소생하는 시점으로 생각해 이날을 휴일로 지정하며 즐기기 시작했습니다. 크리스마스의 기원은 옛날 터키에 가난한 세 자매가 있었는데 이들은 항상 빠듯하고 가난한 삶에 지쳐 삶을 포기하려고 할 때 성 니콜라스 주교가 기도를 통해 그녀들의 지친  심신을 치유하고 앞으로의 축복을 빌며 몰래 결혼 지참금을 전해주었다고 합니다. 이를 계기로 트리에 양말을 걸어 두고 산타클로스 할아버지로부터 선물 받기를 기다리는 관습이 시작되었습니다. 과거에는 이슬람 종교 보수주의자들의 타 종교 행사 제지로 다른 종교인과의 화합이 많지 않았으나 최근에는 놀라울 정도로 달라졌습니다. 이러한 변화는 아랍의 지도자들이 미국이나 유럽에서 유학한 젊은 30~40대로 바뀌고 있기 때문입니다. 대표적인 예가 사우디아라비아의 왕세자 무함마드 빈 살만인데 그의 절친은 미국 전 대통령 트럼프 사위이자 미국계 유대인 재러드 쿠슈너입니다. 이슬람을 믿는 무슬림과 유대교를 믿는 유대인이 서로 절친 사이가 된다는 건 과거에 상상도 할 수 없었습니다. 이런 젊은 지도자들이 서구권의 문명과 문화를 접한 경험을 토대로 하루가 다르게 변화하는 세계의 흐름을 따라가기 위해 종교 보수주의자에게 반기를 들며 21세기에 맞는 신(新)이슬람 시대를 만들어가고 있습니다. 앞으로 더욱더 많은 종교의 화합을 통해 이슬람에서 말하는 진정한 평화의 시대가 오기를 간절히 기도해 봅니다.

• 가족

أُسْرَة (عَائِلَة)

우쓰라 (아-일라)

아분 / 왈-리드 / 바바	أَبّ / وَالِد / بَابَا	아버지
움므 / 왈-리다 / 마마	أُمّ / وَالِدَة / مَامَا	어머니
왈-리단	وَالِدَان	부모
아크	أَخ	남자형제
알아쿠 아크바르	آلأَخ الأَكْبَر	큰형
알아쿠 아쓰가르	آلأَخ الأَصْغَر	작은 남동생
우크트	أُخْت	여자형제
알우크틀 쿠브라	آلأُخْت الكُبْرَى	큰누나
알우크틀 쑤그라	آلأُخْت الصُّغْرَى	작은 여동생
잣드	جَدّ	할아버지
잣다	جَدَّة	할머니
암 / 암마	عَمّ / عَمَّة	삼촌/숙모
까립 / 아까-립	قَرِيب / أَقَارِب	친척 (단수/복수)
이븐	اِبْن	아들
이브나 / 빈트	اِبْنَة / بِنْت	딸
하피-드 / 하피-다	حَفِيد / حَفِيدَة	손자 / 손녀
자와즈 / 자와자	زَوَج / زَوْجَة	배우자 (남편/부인)
하빕 / 하비-바	حَبِيب / حَبِيبَة	연인 (남자친구 / 여자친구)

• 과일

فَاكِهَة
파-키하

파와-키흐	فَوَاكِه	과일들(복수)
부르투깔	بُرْتُقَال	오렌지
툿파-하	تُفَّاح	사과
룸만	رُمَّان	석류
파라-울라	فَرَاوَلَة	딸기
투으트	تُوْت	산딸기
샴맘	شَمَّام	메론
밧띠-크	بَطِّيخ	수박
이납	عِنَب	포도
카우크	خَوْخ	복숭아
아푸-카-두	أَفُوكَادُو	아보카도
만주	مَانْجُو	망고
카라즈	كَرَز	체리
바루꾸-끄	بَزْقُوق	자두
틴	تِين	무화과
라이문	لَيْمُون	레몬
마우즈	مَوْز	바나나
아나-나-쓰	أَنَاناس	파인애플

سِيَاحَة
씨야-하

싸파르 / 리흘라	سَفَر / رِحْلَة	여행 / 여정
마칸 씨야-히	مَكَان سِيَاحِيّ	관광지
마칸 마슈후-르	مَكَان مَشْهُور	명소
마트하프	مَتْحَف	박물관
카리-따	خَرِيطَة	지도
아불 하을	أَبُو الْهَوْل	스핑크스
하람 / 아흐람	هَرَم / أَهْرَام	피라미드 (단수/복수)
무르쉬드 씨야-히	مُرْشِد سِيَاحِيّ	관광 가이드 (남)
무르쉬다 씨야-히야	مُرْشِدَة سِيَاحِيَّة	관광 가이드 (여)
마쓰지드 / 자-미으	مَسْجِد / جَامِع	모스크 / 사원
루쑤-묫 두쿨	رُسُومُ الدُّخُول	입장료
쑤-라	صُورَة	사진
나흐룻 닐	نَهْرُ النِّيل	나일강
바스 씨야-히	بَاص سِيَاحِيّ	관광버스
푼두끄	فُنْدُق	호텔
마뜨암	مَطْعَم	식당
자울라 핏 싸흐라	جَوْلَة فِي الصَّحْرَاء	사막투어
하플라 / 미흐라잔	حَفْلَة / مِهْرَجَان	축제 / 파티

مَطَار

마따-르

자와-즈 싸파르	جَوَازُ السَّفَر	여권
타으쉬-라	تَأْشِيرَة	비자
타으쉬-라툿 두쿨	تَأْشِيرَةُ الدُّخُول	입국비자
타드키라툿 따야란	تَذْكِرَةُ الطَّيَرَان	항공권
우믈라 아즈나비야	عُمْلَة أَجْنَبِيَّة	외화
샤리카툿 따야란	شَرِكَةُ الطَّيَرَان	항공사
쑤끄 후르라	سُوق حُرَّة	면세점
자마-리크	جَمَارِك	세관
루쑤-물 자마-리크	رُسُومُ الْجَمَارِك	관세
앗두쿨	اَلدُّخُول	입국
알무가-다라	اَلْمُغَادَرَة	출국
쌀-라툴 인티돠-르	صَالَةُ الإِنْتِظَار	대기실
암티아	أَمْتِعَة	수하물
이쓰틸라-물 암티아	اِسْتِلَامُ الأَمْتِعَة	수하물 찾는 곳
타흐윌-룻 리흘라-트	تَحْوِيلُ الرِّحْلَات	환승
앗싸르프	اَلصَّرْف	환전
마드칼	مَدْخَل	입구
마크라즈	مَخْرَج	출구

مُوَاصَلَات
무와-쌀라-트

바—쓰 / 우—투—비쓰 / 하—필라	بَاص / أُوتُوبِيس / خَافِلَة	버스
메트루	مِتْرُو	지하철
끼따—르	قِطَار	기차
끼따—르 싸리—아	قِطَار سَرِيع	고속기차
싸이야—라	سَيَّارَة	자동차
타—크씨 / 싸이야—라 우즈라	تَاكْسِي / سَيَّارَة أُجْرَة	택시
다르라—자	دَرَّاجَة	자전거
다르라—자 나—리야	دَرَّاجَة نَارِيَّة	오토바이
따—이라	طَائِرَة	비행기
마핫따	مَحَطَّة	정류장 / 역
샤—리아 / 따리—끄	شَارِع / طَرِيق	길
이샤—라툴 무루—르	إِشَارَةُ الْمُرُور	신호등
마으바르 무샤	مَعْبَر مُشَاة	횡단보도
타드키라 / 타다—키르	تَذْكِرَة / تَذَاكِر	티켓 (단수/복수)
야민	يَمِين	오른쪽
야싸—르	يَسَار	왼쪽
아마—마	أَمَام	앞
와라	وَرَاء	뒤

• 국적

جِنْسِيَّة
진씨야

쑤우-디 / 쑤우-디야	سُعُودِيّ / سُعُودِيَّة	사우디아라비아 사람 (남/여)
이마-라-티 / 이마-라-티야	إِمَارَاتِيّ / إِمَارَاتِيَّة	아랍에미리트 사람 (남/여)
쿠와이티 / 쿠와이티야	كُوَيتِيّ / كُوَيتِيَّة	쿠웨이트 사람 (남/여)
우마-니 / 우마-니야	عُمَانِيّ / عُمَانِيَّة	오만 사람 (남/여)
야마-니 / 야마-니야	يَمَانِيّ / يَمَانِيَّة	예멘 사람 (남/여)
까따리 / 까따리야	قَطَرِيّ / قَطَرِيَّة	카타르 사람 (남/여)
바흐레이니 / 바흐레이니야	بَحْرَينِيّ / بَحْرَينِيَّة	바레인 사람 (남/여)
우르두니 / 우르두니야	أُرْدُنِّيّ / أُرْدُنِّيَّة	요르단 사람 (남/여)
루브나-니 / 루브나-니야	لُبْنَانِيّ / لُبْنَانِيَّة	레바논 사람 (남/여)
필라쓰띠-니 / 필라쓰띠-니야	فَلَسْطِينِيّ / فَلَسْطِينِيَّة	팔레스타인 사람 (남/여)
미쓰리 / 미쓰리야	مِصْرِيّ / مِصْرِيَّة	이집트 사람 (남/여)
리-비 / 리-비야	لِيبِيّ / لِيبِيَّة	리비아 사람 (남/여)
자자-이리 / 자자-이리야	جَزَائِرِيّ / جَزَائِرِيَّة	알제리 사람 (남/여)
투-니씨 / 투-니씨야	تُونِسِيّ / تُونِسِيَّة	튀니지 사람 (남/여)
마그리비 / 마그리비야	مَغْرِبِيّ / مَغْرِبِيَّة	모로코 사람 (남/여)
쿠-리 / 쿠-리야	كُورِيّ / كُورِيَّة	한국 사람 (남/여)
야-바-니 / 야-바-니야	يَابَانِيّ / يَابَانِيَّة	일본 사람 (남/여)
씨-니 / 씨-니야	صِينِيّ / صِينِيَّة	중국 사람 (남/여)

عَاصِمَة
아-씨마

앗리야-드	اَلرِّيَاض	리야드 (사우디아라비야)
마쓰까뜨	مَسْقَط	무스카트 (오만)
싼아	صَنْعَاء	사나 (예멘)
아부-다브이	أَبُو ظَبْي	아부다비 (아랍에미리트)
마디-나툴 쿠와이트	مَدِينَةُ الْكُوَيْت	쿠웨이트시 (쿠웨이트)
앗다으하	اَلدَّوْحَة	도하 (카타르)
암만	عَمَّان	암만 (요르단)
바그다-드	بَغْدَاد	바그다드 (이라크)
라-마알라	رَامَ الله	라말라 (팔레스타인)
알까-히라	اَلْقَاهِرَة	카이로 (이집트)
따라-불루쓰	طَرَابُلُس	트리폴리 (리비야)
튀니스	تُونِس	투니스 (튀니지)
앗리바-뜨	اَلرِّبَاط	라바트 (모로코)
알카르뚬	اَلْخَرْطُوم	카르툼 (수단)
바이루-트	بَيْرُوت	베이루트 (레바논)
알마나-마	اَلْمَنَامَة	마나마 (바레인)
디마슈끄	دِمَشْق	다마스쿠스 (시리야)
알제	اَلْجَزَائِر	알제리 (알제)

두바이	دُبَيّ	두바이 (아랍에미리트)
줏다	جُدَّة	제다 (사우디아라비야)
멧카	مَكَّة	메카 (사우디아라비야)
알메디-나 무나와라	ٱلْمَدِينَة ٱلْمُنَوَّرَة	메디나 (사우디아라비야)
앗담맘	ٱلدَّمَام	담맘 (사우디아라비야)
할랍	حَلَب	알레포 (시리야)
알마우씰	ٱلْمَوْصِل	모술 (이라크)
알이쓰칸다리야	ٱلْإِسْكَنْدَرِيَّة	알렉산드리아 (이집트)
알우끄쑤르	ٱلْأُقْصُر	룩소르 (이집트)
다합	دَهَب	다합 (이집트)
샤름 앗셰이크	شَرْم الشَّيْخ	샤름 엘 셰이크 (이집트)
알가르다까	ٱلْغَرْدَقَة	후르가다 (이집트)
쑤-싸	سُوسَة	수스 (튀니지)
딴자	طَنْجَة	탕헤르 (모로코)
쉐프샤윈	شَفْشَاوِن	쉐프샤오엔 (모로코)
앗다-룰 바이돠	ٱلدَّارُ ٱلْبَيْضَاء	카사블랑카 (모로코)
파-스	فَاس	페스 (모로코)
마르라-케쉬	مَرَّاكِش	마라케시 (모로코)

자말	جَمَل	낙타
바까르	بَقَر	소
카루-프 / 가남	خَرُوف / غَنَم	양
히마-르	حِمَار	당나귀
낏뜨	قِطّ	고양이
칼브	كَلْب	개
다자-즈	دَجَاج	닭
킨질	خِنْزِير	돼지
필-	فِيل	코끼리
히싼	حِصَان	말
아르납	أَرْنَب	토끼
따이르	طِير	새
싸을랍	ثَعْلَب	여우
주라-파	زُرَافَة	기린
끼르드	قِرْد	원숭이
아싸드	أَسَد	사자
나므르	نَمْر	호랑이
둡	دُبّ	곰

• 사무실

라이-쓰 / 라이-싸	رَئِيس / رَئِيسَة	사장 / 회장 (남/여)
무왓돠프 / 무왓돠파	مُوَظَّف / مُوَظَّفَة	직원 (남/여)
자밀 / 자밀-라툴 아말	زَمِيل / زَمِيلَةُ الْعَمَل	동료 (남/여))
샤리카	شَرِكَة	회사
마크탑 / 따-윌라	مَكْتَب / طَاوِلَة	책상 / 탁자
와씨-까 / 와싸-이끄	وَثِيقَة / وَثَائِق	서류 (단수/복수)
쿰비-티르	كُمْبِيوتِر	컴퓨터
틸리-푼	تِلِيفُون	전화기
하-팁 마흐물	هَاتِف مَحْمُول	휴대폰
라끄뭇 틸리-푼	رَقْمُ التِّلِيفُون	전화번호
팍쓰	فَاكْس	팩스
알-라툿 나씨크	آلَةُ النَّسِخ	복사기
타꾸윔	تَقْوِيم	달력
닷바-싸	دَبَّاسَة	스템플러
깔람	قَلَم	펜
와라까	وَرَقَة	종이
아흐두르 일랏 샤리카	أَحْضُر إِلَى الشَّرِكَة	나는 출근 한다
얀타히 미날 아말	يَنْتَهِي مِنَ الْعَمَل	퇴근 하다

جِسْم
지씀

라으쓰	رَأْس	머리
샤으르	شَعْر	머리카락
자브하	جَبْهَة	이마
아인	عَيْن	눈
안프	أَنْف	코
우든	أُذُن	귀
팜	فَم	입
싸드르	صَدْر	가슴
카티프	كَتِف	어깨
디라-아	ذِرَاع	팔
야드	يَد	손
이쓰바아	إِصْبَع	손가락
바뜬	بَطْن	배
라디프	رَدْف	엉덩이
파크드	فَخْذ	허벅지
루크바	رُكْبَة	무릎
리즐	رِجْل	다리
까담	قَدَم	발

따끄쓰	طَقْس	날씨
무나-크	مُنَاخ	기후
샴쓰	شَمْس	태양
무슈미쓰	مُشْمِس	해가나는
마따르	مَطَر	비
뭄띠르	مُمْطِر	비가오는
가임	غَيْم	구름
가-임	غَائِم	흐린
쌀즈	ثَلْج	눈
무쓸리즈	مُثْلِج	눈이오는
다-피 / 라띠-프	دَافِئ / لَطِيف	따뜻한 / 청명한
하-르	حَارّ	더운
바-리드	بَارِد	추운
라비-아	رَبِيع	봄
싸이프	صَيْف	여름
카리-프	خَرِيف	가을
쉬타	شِتَاء	겨울
파쓸	فَصْل	계절

• 색깔

아흐마르 / 하므라	أَحْمَر / حَمْرَاء	빨간색 (남/여)
아브야드 / 바이돠	أَبْيَض / بَيْضَاء	하얀색 (남/여)
아즈라끄 / 자르까	أَزْرَق / زَرْقَاء	파랑색 (남/여)
아쓰와드 / 싸우다	أَسْوَد / سَوْدَاء	검은색 (남/여)
아크돠르 / 카드라	أَخْضَر / خَضْرَاء	녹색 (남/여)
아쓰마르 / 싸므라	أَسْمَر / سَمْرَاء	갈색 (남/여)
아쓰파르 / 싸프라	أَصْفَر / صَفْرَاء	노랑색 (남/여)
와르디 / 와르디야	وَرْدِيّ / وَرْدِيَّة	분홍색 (남/여)
부르투깔–리 / 부르투깔–리야	بُرْتُقَالِيّ / بُرْتُقَالِيَّة	주황색 (남/여)
라마–디 / 라마–디야	رَمَادِيّ / رَمَادِيَّة	회색 (남/여)
핏디 / 핏디야	فِضِّيّ / فِضِّيَّة	은색 (남/여)
다하비 / 다하비야	ذَهَبِيّ / ذَهَبِيَّة	금색 (남/여)
바나프싸지 / 바나프싸지야	بَنَفْسَجِيّ / بَنَفْسَجِيَّة	보라색 (남/여)

• 쇼핑

تَسَوُّق

타싸우끄

쑤-끄	سُوق	시장
쑤-끄 타끌리-디야 / 샤으비야	سُوق تَقْلِيدِيَّة / شَعْبِيَّة	전통 / 재래시장
마르카즈 타쌋우끄	مَرْكَز تَسَوُّق	쇼핑센터
마트자르 케비-르	مَتْجَر كَبِير	백화점
비캄	بِكَمْ	얼마
싸만 / 씨으르	ثَمَن / سِعْر	가격
히쌉 / 파-투라	حِسَاب / فَاتُورَة	계산서 / 영수증
다프으	دَفْع	결제
풀루-쓰 / 누꾸-드 / 말	فُلُوس / نُقُود / مَال	돈
비따-까툴 이으티만	بِطَاقَة الإئْتِمَان	신용카드
아라바툿 타쌋우끄	عَرَبَة التَّسَوُّق	쇼핑카트
탄질-라-트 / 타크피-다-트	تَنْزِيلَات / تَخْفِيضَات	세일
말라-비쓰	مَلَابِس	옷
히다	حِذَاء	신발
반딸룬	بَنْطَلُون	바지
무쓰타흐돠라-트 타즈밀	مُسْتَحْضَرَات التَّجْمِيل	화장품
하끼-바	حَقِيبَة	가방
하디야	هَدِيَّة	선물

أَطْعِمَة عَرَبِيَّة
아뜨이마 아라비야

케바-바	كَبَاب	케밥
샤-와르마	شَاوَرْمَا	샤와르마
쿠프타	كُفْتَة	쿠프타
알쿠샤리	ٱلْكُشَرِيّ	쿠샤리
알만사프	ٱلْمَنْسَف	만사프
알마쓰꾸-프	ٱلْمَسْقُوف	마쓰꾸프
킵바	كِبَّة	킵바
알쿠스쿠스	ٱلْكُسْكُس	쿠스쿠스
따-진	طَاجِن	따진
캡싸	كَبْسَة	캡사
알무싸킨	ٱلْمُسَخِن	무싸킨
하리-라	حَرِيرَة	하리라
훔무스	حُمُّص	홈무스
팔라-필	فَلَافِل	팔라페
앗탑불-라	ٱلتَّبُّولَة	탑불라
알물루-키야	ٱلْمُلُوخِيَّة	물루키야
바-바 가누-즈	بَابَا غَنُوج	바바가누쉬
만디	مَنْدِي	만디

• 음식

ظَعَام
따암

라흠	لَحْم	고기
우르즈	أُرز	쌀
쿱준 / 쿠브즈 / 훕즈	خُبْز	빵
자이트	زَيْت	기름
자이툰–	زَيْتُون	올리브
쑷카르	سُكَّر	설탕
밀하	مِلْح	소금
필필(풀풀) 아쓰와드	فِلْفِل أَسْوَد	후추
쌀싸	صَلْصَة	소스
바하–라–트	بَهَارَات	향신료
풀	فُول	콩
바이드	بَيْض	달걀
슈–르바 / 하싸	شُورْبَة / حَسَاء	스프 / 국물
주브다	زُبْدَة	버터
주브나	جُبْنَة	치즈
마으쿨–라트 바흐리야	مَأْكُولَات بَحْرِيَّة	해산물
따암 타끌리디	طَعَام تَقْلِيدِي	전통음식
따암 아라비	طَعَام عَرَبِيّ	아랍음식

حَمَّام
함맘

민샤파	مِنْشَفَة	수건/타월
미르아-	مِرْآة	거울
하우드 가씰-릴 와즈흐	حَوْض غَسِيل الْوَجْه	세면대
마아	مَاء	물
마아 싸-킨	مَاء سَاخِن	뜨거운 물
미르하-드	مِرْحَاض	변기
푸루샤 아쓰난	فُرْشَاة أَسْنَان	짓솔
마우준 아쓰난	مَعْجُون أَسْنَان	치약
무잦파프 샤으르	مُجَفَّف شَعْر	헤어드라이어
샴-부-	شَامْبُو	샴푸
싸-분-	صَابُون	비누
민딜-	مِنْدِيل	화장지
미그따쓰	مِغْطَس	욕조
무낫뒤프	مُنَظِّف	세제
두-슈	دُوش	샤워기
카흐라바	كَهْرَبَاء	전기
싹카-나	سَخَّانَة	보일러
마쓰리프 / 미쓰라프	مَصْرِف	배수구

따빕 / 따비-바	طَبِيب / طَبِيبَة	의사(남/여)
싸이달리 / 싸이달리야	صَيْدَلِيّ / صَيْدَلِيَّة	약사(남/여)
무마르리드 / 무마르리돠	مُمَرِّض / مُمَرِّضَة	간호사(남/여)
마리-드 / 마리-돠	مَرِيض / مَرِيضَة	환자(남/여), 아픈
무쓰따슈파	مُسْتَشْفَى	병원
싸이달리야	صَيْدَلِيَّة	약국
다와	دَوَاء	약
쑤다-아	صُدَاع	두통
쑤다-아 니쓰피	صُدَاع نِصْفِيّ	편두통
알람	أَلَم	통증
알람 필 바뜬	أَلَم فِي الْبَطْن	복통
주캄 / 바르드	زُكَام / بَرْد	독감 / 감기
훔마 / 하라-라	حُمَّى / حَرَارَة	열 / 온도
끼으 / 까으	قَيْء	구토
일티하불 마이다	اِلْتِهَابُ الْمَعِدَة	위염
일티하불 암아	اِلْتِهَابُ الْأَمْعَاء	장염
후끄나	حُقْنَة	주사
와쓰파 띱비야	وَصْفَة طِبِّيَّة	처방전

샤르끄	شَرْق	동쪽
가릅	غَرْب	서쪽
자눕	جَنُوب	남쪽
샤말	شَمَال	북쪽
야민	يَمِين	오른쪽
야싸-르	يَسَار	왼쪽
아마-마	أَمَامَ	앞
와싸뜨	وَسَط	가운데
씨플	سِفْل	밑
알라 / 파우까	عَلَى / فَوْق	위
타흐타	تَحْتَ	아래
자-닙	جَانِب	옆
바이나	بَيْنَ	사이
알지하 무까-발라	آلْجِهَةُ الْمُقَابَلَة	건너편
민 ○○ 일라 ○○	مِنْ 00 إِلَى 00	○○에서 ○○까지
까립	قَرِيب	가까운
바이-드	بَعِيد	먼
다킬 / 카-리즈	دَاخِل / خَارِج	내부 / 외부

자발	جَبَل	산
바흐르	بَحْر	바다
싸흐라	صَحْرَاء	사막
나흐르	نَهْر	강
아르드	أَرْض	지구, 땅
와-하	وَاحَة	오아시스
자지-라	جَزِيرَة	섬
싸크르	صَخْر	바위
와-딘	وَادٍ	계곡
싸마	سَمَاء	하늘
까르야	قَرْيَة	시골
라말	رَمَل	모래
하와	هَوَاء	공기
리-흐	رِيح	바람
질잘	زِلْزَال	지진
나줌	نَجْم	별
까마르	قَمَر	달
만돠르	مَنْظَر	풍경

● 종교

دِين
딘

이슬람	إِسْلَام	이슬람
마쓰지드 / 자—미으	مَسْجِد / جَامِع	모스크 / 사원
알꾸르아눌 케림	ٱلْقُرْآنُ الْكَرِيم	코란
알라	الله	하느님
이맘 (이슬람 종교 지도자)	إِمَام	이맘
샤하—다	شَهَادَة	신앙고백
쌀라—트	صَلَاة	예배
자카—트	زَكَاة	헌금
싸움 / 씨얌	صَوْم / صِيَام	단식
핫즈	حَجّ	성지순례
순니	سُنِّيّ	수니파
쉬—이	شِيعِيّ	쉬아파
알마씨—히야 / 앗나쓰라—니야	ٱلْمَسِيحِيَّة / ٱلنَّصْرَانِيَّة	기독교
카니—싸	كَنِيسَة	교회
카—쑬—리—키야	كَاثُولِيكِيَّة	천주교
카니—싸 카—쑬—리—키야	كَنِيسَة كَاثُولِيكِيَّة	성당
알부—디야	ٱلْبُوذِيَّة	불교
마으바드 부—디	مَعْبَد بُوذِيّ	절

• 주방

مَطْبَخ
마뜨바크

샤우카	شَوْكَة	포크
밀아까	مِلْعَقَة	숟가락
씻킨-	سِكّين	칼
따바끄 / 싸흔	طَبَق / صَحْن	그릇 / 접시
쌀라-자	ثَلَّاجَة	냉장고
푸룬	فُرْن	오븐
하우드	حَوْض	싱크대
푸룬 마이쿠루웨이프	فُرْن مَيْكُرُوَيْف	전자레인지
쿱 / 핀잔	كُوب / فِنْجَان	컵 / 찻잔
마끌라-	مَقْلَاة	후라이펜
이브리-끄	إِبْرِيق	주전자
라우하 타끄띠-으	لَوْحَة تَقْطِيع	도마
마우끼둘 가-즈	مَوْقِدُ الْغَاز	가스레인지
가-즈	غَاز	가스
갓쌀-라	غَسَّالَة	세탁기
마-이다	مَائِدَة	식탁
키자-나	خِزَانَة	찬장
이브리-끄 타쓰킨 카흐라바-이	إِبْرِيق تَسْخِين كَهْرَبَائِي	전기주전자(커피포트기)

● 직업

عَمَل
아말

미흐나 / 와뒤-파	مِهْنَة / وَظِيفَة	직업
무다르리쓰 / 무다르리싸	مُدَرِّس / مُدَرِّسَة	선생님 (남/녀)
라이-쓰 / 라이-싸툴 마드라싸	رَئِيس / رَئِيسَةُ الْمَدْرَسَة	교장 (남/녀)
우쓰타-드 / 우쓰타-다	أُسْتَاذ / أُسْتَاذَة	교수 (남/녀)
무한디쓰 / 무한디싸	مُهَنْدِس / مُهَنْدِسَة	기술자 (남/녀)
카-팁 / 카-티바	كَاتِب / كَاتِبَة	작가 (남/녀)
슈르띠 / 슈르띠야	شُرْطِيّ / شُرْطِيَّة	경찰 (남/녀)
따빕 / 따비-바	طَبِيب / طَبِيبَة	의사 (남/녀)
무마르리드 / 무마르리돠	مُمَرِّض / مُمَرِّضَة	간호사 (남/녀)
땃바-크 / 땃바-카	طَبَّاخ / طَبَّاخَة	요리사 (남/녀)
타-지르 / 타-지라	تَاجِر / تَاجِرَة	상인 (남/녀)
무디-으 / 무디-아	مُذِيع / مُذِيعَة	아나운서 (남/녀)
준디 / 준디야	جُنْدِي / جُنْدِيَّة	군인 (남/녀)
무간니 / 무간니야	مُغَنٍّ / مُغَنِّيَة	가수 (남/녀)
무맛씰 / 무맛씰라	مُمَثِّل / مُمَثِّلَة	배우 (남/녀)
무타르짐 / 무타르지마	مُتَرْجِم / مُتَرْجِمَة	통역사 (남/녀)
싸-이끄 / 싸-이까	سَائِق / سَائِقَة	운전기사 (남/녀)
무뒤-프 / 무뒤-파	مُضِيف / مُضِيفَة	승무원 (남/녀)

• 채소

바쌀	بَصَل	양파
바쌀 아크돠르	بَصَل أَخْضَر	파
바따-따 / 바따-띠쓰	بَطَاطَا / بَطَاطِس	감자
바따-따 훌르와	بَطَاطَا حُلْوَة	고구마
따마-띰 / 반두-라	طَمَاطِم / بَنْدُورَة	토마토
풀풀 / 필필	فُلْفُل / فِلْفِل	고추
쑴	ثُوم	마늘
말르푸-프	مَلْفُوف	양배추
키야-르	خِيَار	오이
바-딘잔	بَاذِنْجَان	가지
쿠-싸	كُوسَة	애호박
까르아	قَرْع	호박
싸바-니크	سَبَانِخ	시금치
피뜨르	فِطْر	버섯
자자르	جَزَر	당근
피즐	فِجْل	무
카쓰	خَس	(양)상추
카즈바라	كُزْبَرَة	고수

هِوَايَة

히와-

쿠라툴 까담	كُرَةُ الْقَدَم	축구
쿠라툿 쌀라	كُرَةُ السَّلَّة	농구
쿠라툿 따-윌라	كُرَةُ الطَّاوِلَة	탁구
쿠라툴 야드	كُرَةُ الْيَد	핸드볼
쿠라툿 따-이라	كُرَةُ الطَّائِرَة	배구
티니쓰	تِيس	테니스
씨바-하	سِبَاحَة	수영
끼라-아	قِرَاءَة	독서
타쌀루꿀 지발	تَسَلُّقُ الْجِبَال	등산
루쿱 다르라-자	رُكُوب دَرَّاجَة	자전거 타기
루으바	لُعْبَة	게임
무샤-하다툴 아플람	مُشَاهَدَةُ الْأَفْلَام	영화감상
따브크	طَبْخ	요리
판눌 카뜨	فَنُّ الْخَط	서예
일티까-뜨 쑤와-르	إِلْتِقَاط صُوَر	사진촬영
히야-카	حِيَاكَة	뜨개질
마슈굴-라-트 야다위야	مَشْغُولَات يَدَوِيَّة	수예
누즈하 빗 싸이야-라	نُزْهَة بِالسَّيَّارَة	드라이브

● 표현

케비-르 / 케비-라	كَبِير / كَبِيرَة	큰 (남/여)
싸기-르 / 싸기-라	صَغِير / صَغِيرَة	작은 (남/여)
자디-드 / 자디-다	جَدِيد / جَدِيدَة	새로운 (남/여)
까딤 / 까디-마	قَدِيم / قَدِيمَة	오래된 (남/여)
싸리-으 / 싸리-아	سَرِيع / سَرِيعَة	빠른 (남/여)
까씨-르 / 까씨-라	قَصِير / قَصِيرَة	짧은 (남/여)
와-씨으 / 와-씨아	وَاسِع / وَاسِعَة	넓은 (남/여)
와씨크 / 와씨카	وَسِخ / وَسِخَة	더러운 (남/여)
나뒤-프 / 나뒤-파	نَظِيف / نَظِيفَة	깨끗한 (남/여)
자밀- / 자밀-라	جَمِيل / جَمِيلَة	아름다운 (남/여)
라띠-프 / 라띠-파	لَطِيف / لَطِيفَة	귀여운 (남/여)
다키 / 다키야	ذَكِيّ / ذَكِيَّة	똑똑한 (남/여)
자우안 / 자우아-나	جَوْعَان / جَوْعَانَة	배고픈 (남/여)
아뜨샨 / 아뜨샤-나	عَطْشَان / عَطْشَانَة	목마른 (남/여)
샤브안 / 샤브아-나	شَبْعَان / شَبْعَانَة	배부른 (남/여)
가드반 / 가드바-나	غَضْبَان / غَضْبَانَة	화가 난 (남/여)
카-이프 / 카-이파	خَائِف / خَائِفَة	무서운 (남/여)
뭄타-즈 / 뭄타-자	مُمْتَاز / مُمْتَازَة	멋있는 / 훌륭한 (남/여)

مَدْرَسَة
마드라싸

라우다 아뜨팔	رَوْضَة أَطْفَال	유치원
마드라싸 입티다–이야	مَدْرَسَة اِبْتِدَائِيَّة	초등학교
마드라싸 이으다–디야	مَدْرَسَة إِعْدَادِيَّة	중학교
마드라싸 싸–나위야	مَدْرَسَة ثَانَوِيَّة	고등학교
자–미야	جَامِعَة	대학교
파쓸 / 싸프	فَضْل / صَف	교실
힛싸 / 다르쓰 / 무하–다라	حِصَّة / دَرْس / مُحَاضَرَة	수업 / 강의
말압	مَلْعَب	운동장
쌉부–라	سَبُّورَة	칠판
마크탑	مَكْتَب	책상
쿠르씨	كُرْسِيّ	의자
임티한	اِمْتِحَان	시험
키탑 / 쿠툽	كِتَاب / كُتُب	책 (단수/복수)
마크타바	مَكْتَبَة	도서관 / 서점
까–아	قَاعَة	강당
싸칸 자마–이	سَكَن جَمَاعِيّ	기숙사
마뜨암 앗뚤랍	مَظْعَم الطُّلَّاب	학생식당
타을림	تَعْلِيم	교육

무왓돠프 / 무왓돠파	مُوَظَّف / مُوَظَّفَة	직원(남/여)
무디-르 / 무디-라	مُدِير / مُدِيرَة	지배인 (남/여)
루-비	لُوبِي	로비
마크타불 이쓰티끄발	مَكْتَبُ الْإِسْتِقْبَال	프런트
비따-까 후위야	بِطَاقَة هُوِيَّة	신분증
라끄물 구르파	رَقْمُ الْغُرْفَة	방번호
따-비꿀 아으왈	طَابِقُ الْأَوَّل	1층
따-비낏 싸-니	طَابِقُ الثَّانِي	2층
무마르르	مُمَرّ	복도
구르파 빗 싸리-르	غُرْفَة بِالسَّرِير	싱글룸
구르파 빗 싸리-라인	غُرْفَة بِالسَّرِيرَين	트윈룸
구르파 아프돨	غُرْفَة أَفْضَل	더 좋은 방
구르파 아크바르	غُرْفَة أَكْبَر	더 큰 방
슙바-크 / 나-피다	شُبَّاك / نَافِذَة	창문
마이 싸-킨	مَاء سَاخِن	온수
마뜨암	مَطْعَم	식당
마끄하	مَقْهى	카페
무싸-아다	مُسَاعَدَة	도움

1	안녕하세요. 반갑습니다. (인사)	اَلسَّلَامُ عَلَيْكُمْ. [앗쌀라-무 알라이쿰]
2	안녕하세요. 반갑습니다. (답변)	وَعَلَيْكُم السَّلَام. [와 알라이쿰 쌀람]
3	안녕하세요.	مَرْحَبًا. [마르하반]
4	어서오세요. 환영합니다. (인사)	أَهْلًا وَسَهْلًا. [아흘란 와 싸흘란]
5	안녕하세요. (답변)	أَهْلًا بِك. [아흘란 비크]
6	나는 당신을 만나 기쁩니다. (남/여)	أَنَا مَسْرُور بِلِقَائِك / مَسْرُورَة بِلِقَائِك. [아나 마쓰루-르 빌리까이크 / 마쓰루-라 빌리까이크]
7	어떻게 지내세요? / 당신은 잘 지내십니까?	كَيْف الْحَال / كَيْف حَالُك؟ [케이파 할 / 케이파 할루크?]
8	나는 하느님 덕택에 잘 지냅니다.	أَنَا بِخَيْر وَالْحَمْدُ الله. [아나 비카이르 왈 함두릴라]
9	만나서 반가웠습니다.	فُرْصَة سَعِيدَة. [푸르싸 싸이-다]
10	또 만나요 / 안녕히 가세요.	إِلَى اللِّقَاء / مَع السَّلَامَة. [일랏 리까 / 마앗 쌀라-마]
11	여권 여기 있습니다.	هَذَا هُوَ جَوَاز السَّفَر. [하다 후와 자와-즈 싸파르]

12	나는 입국비자를 어디서 구매 합니까?	أَيْنَ أَشْتَرِي أُشِيرَةَ الدُّخُول؟ [아이나 아슈타리 타우쉬-라탓 앗두쿨?]
13	나는 시간이 많이 없습니다. 빨리 빨리!	لَيْسَ عِنْدِي وَقْت كَثِير يَلَا يَلَا! [라이싸 인디 와끄트 케씨-르 얄라 얄라!]
14	다음 비행은 언제입니까?	مَتَى الرِّحْلَةَ الْقَادِمَةَ؟ [마타 앗리흘라 알까-디마?]
15	이 좌석은 어디입니까?	أَيْنَ هَذَا الْمَقْعَد؟ [아이나 하달 마끄아드?]
16	당신은 매우 친절합니다. (남/여)	أَنت كَرِيم / كَرِيمَة جِدًّا. [안트 케림 / 케리-마 짓단]
17	나는 아픕니다. 당신들은 약이 있습니까? (남/여).	أَنَا مَرِيض / مَرِيضَة. هَل عِنْدكُمْ دَوَاء؟ [아나 마리-드 / 마리-돠 할 인다쿰 다와?]
18	나(남/여)는 채식주의자입니다.	أَنَا نَبَاتِيّ/ نَبَاتِيَّة. [아나 나바-티(남)/나바-티야(여)]
19	고맙습니다. 수고하세요.	شُكْرًا. يُعْطِيك الْعَافِيَة. [슈크란 유으띠-크 알아-피야]
20	나의 가방이 이 공항에 도착하지 않았습니다.	لَمْ تَصِل حَقِيبَتِي فِي هَذَا الْمَطَار. [람 타씰 하끼-바티 피 하달 마따-르]
21	나는 방 하나를 예약하길 원합니다.	أُرِيد أَنْ أَحْجِز غُرْفَة وَاحِدَة. [우리-드 안 아흐지즈 구르파 와-히다]
22	하룻밤에 얼마입니까?	كَمْ سِعْرا فِي لَيْلَة وَاحِدَة؟ [캄 씨으르 피 라일라 와-히다?]

| 23 | (천번) 대단히 고맙습니다. | أَلْف شُكْر. |
| | | [알프 슈크르] |

| 24 | 당신(남)은 나를 도와 주실 수 있습니까? 부탁드립니다. | هَلْ يُمْكِن أَنْ تُسَاعِدَنِي؟ مِنْ فَضْلِك. |
| | | [할 윰킨 안 투싸-이다니? 민 파들리크] |

| 25 | 아침식사는 몇 시에 시작합니까? | فِي أَيِّ سَاعَة يَبْدَأ الْفُطُور؟ |
| | | [피 아이 싸-아 야브다 알푸뚜-르?] |

| 26 | 방에 문제가 있습니다. | تُوجَد مُشْكِلَة فِي الْغُرْفَة. |
| | | [투자드 무쉬킬라 필 구르파] |

| 27 | Wi-Fi가 방에서 잘 작동하지 않습니다. | لَا يَعْمَل وَاي فَاي جَيِّدًا فِي الْغُرْفَة. |
| | | [라 야으말 와이파이 자이단 필 구르파] |

| 28 | 이 호텔 근처에 식당이 있습니까? | هَلْ يُوجَد مَطْعَم بِالْقُرْب مِنْ هَذَا الْفُنْدُق؟ |
| | | [할 유자드 마뜨암 빌꾸릅 민 하달 푼두끄?] |

| 29 | 나는 그곳으로 어떻게 가야 합니까? | كَيْفَ أَذْهَب إِلَي هُنَاك؟ |
| | | [케이파 아드합 일라 후나-크?] |

| 30 | 이곳에서 그곳으로 가는데 얼마나 걸립니까? | كَمْ مِنَ الْوَقْت يَسْتَغْرِق الذَّهَاب مِنْ هُنَا إِلَى هُنَاك؟ |
| | | [캄 미날 와끄트 야쓰타그리끄 앗다합- 민 후나 일라 후나-크?] |

| 31 | 실례합니다. 메뉴판 부탁드립니다. | لَوْسَمَحْت، قَائِمَة الطَّعَام مِنْ فَضْلِك. |
| | | [라우 싸마흐트, 까-이마탓 따암 민 파들리크] |

| 32 | 나는 이 음식을 원합니다. | أُرِيد هَذَا الطَّعَام. |
| | | [우리-드 하닷 따암] |

| 33 | 당신들은 전통요리가 있습니까? | هَلْ عِنْدَكُمْ طَعَام تَقْلِيدِيّ؟ |
| | | [할 인다쿰 따암 타끌리디?] |

34	나는 목이 마릅니다. 마실 것이 있습니까?	أَنَا عَطْشَان. هَلْ عِنْدَكُمْ مَشْرُوبَات؟
		[아나 아뜨샨. 할 인다쿰 마슈루-바-트?]

35	나는 이 음식을 주문 하지 않았습니다.	لَمْ أَطْلُبْ هَذَا الطَّعَام.
		[람 아뜰룹 하닷 따암]

36	이 음식은 정말 맛있습니다.	هَذَا الطَّعَام لَذِيذَ جِدًّا.
		[하닷 따암 라디-드 짓단]

37	화장실은 어디 있습니까?	أَيْنَ دَوْرَةُ الْمِيَاه؟
		[아이나 다으라툴 미야?]

38	이 호텔 근처에 카페가 있습니까?	هَلْ يُوجَد مَقْهًى بِالْقُرْب مِنْ هَذَا الْفُنْدُق؟
		[할 유자드 마끄하 빌꾸룹 민 하달 푼두끄?]

39	제가 당신들께 사겠습니다.	سَأَدْفَع لَكُمْ.
		[싸아드파아 라쿰]

40	다음에 다시 방문 하겠습니다. 하느님 뜻이라면.	سَأَزُور مَرَّة أُخْرَى. إِنْ شَاءَ الله.
		[싸아주르 마르라 우크라. 인샤-알라]

41	나는 ○○으로 가길 원합니다.	أُرِيد أَنْ أَذْهَب إِلَى ○○.
		[우리-드 안 아드합 일라 ○○]

42	지하철 정류장은 어디 있습니까?	أَيْنَ مَحَطَّةُ الْمِتْرُو؟
		[아이나 마핫따툴 메트로?]

43	그곳은 여기서 가깝습니까?	هَلْ هُنَاك قَرِيب مِنْ هُنَا؟
		[할 후나-크 까립 민 후나?]

44	그곳은 여기서 멉니까?	هَلْ هُنَاك بَعِيد عَنْ هُنَا؟
		[할 후나-크 바이-드 안 후나?]

45	나는 그곳으로 걸어갈 수 있습니까?	هَلْ يُمْكِن أَنْ أَمْشِي إِلَى هُنَاك؟
		[할 윰킨 안 암쉬 일라 후나-크?]

46	한국 대사관은 어디에 위치해 있습니까?	أَيْنَ تَقَع سِفَارَة كُورِيَا الْجَنُوبِيَّة؟
		[아이나 타까으 씨파-라 쿠-리얄 자누-비야?]

47	이 티켓은 얼마입니까?	بِكَمْ هَذِهِ التَّذْكِرَة؟
		[비캄 하디힛 타드키라?]

48	버스터미널은 어디입니까?	أَيْنَ مَحَطَّة الْحَافِلات؟
		[아이나 마핫따툴 하-필라-트?]

49	기차역은 어디 있습니까?	أَيْنَ مَحَطَّة الْقِطَار؟
		[아이나 마핫따툴 끼따-르?]

50	1등석 부탁드립니다.	اَلدَّرَجَة الْأُولَى مِنْ فَضْلِك.
		[앗다자라툴 울-라 민 파들리크]

51	당신들은 ㅇㅇ이 있습니까?	هَلْ عِنْدَكُمْ ㅇㅇ؟
		[할 인다쿰 ㅇㅇ?]

52	나는 이것을 원합니다.	أُرِيد هَذَا.
		[우리-드 하다]

53	이것은 비쌉니다. 당신은 더 저렴한 것이 있습니까?	هَذَا غَالٍ. هَلْ عِنْدَك أَرْخَص؟
		[하다 갈린. 할 인다크 아르카쓰?]

54	제일 좋은 걸로 주세요.	أَعْطِنِي الْأَجْمَل.
		[아으띠니 알아즈말]

55	이곳에는 무엇이 있습니까?	مَاذَا يُوجَد هُنَا؟
		[마-다 유-자드 후나?]

| 56 | 제가 사진 한장 찍어도 될까요? | هَلْ يُمْكِن أَنْ آخُذ الصُّورَة الْوَاحِدَة؟ |
| | | [할 윰킨 안 아-쿠드 앗쑤-라 알와-히다?] |

| 57 | 빵 좀 더 주세요. | أَعْطِنِي الْخُبْز أَكْثَر مِنْ فَضْلِك. |
| | | [아으띠니 알쿠브즈 아크싸르 민 파들리크] |

| 58 | 이곳에서 가장 가까운 까르푸는 어디에 위치해 있습니까? | أَيْنَ يَقَع أَقْرَب كَارْفُور مِنْ هُنَا؟ |
| | | [아이나 야까으 아끄랍 카-르푸- 민 후나?] |

| 59 | 나는 ○○이 필요합니다. | أَحْتَاج إِلَى ○○. |
| | | [아흐타즈 일라 ○○] |

| 60 | 나는 ○○을 사길 원합니다. | أُرِيد أَنْ أَشْتَرِي ○○. |
| | | [우리-드 안 아슈타리 ○○] |

| 61 | 저는 차 한대를 빌리길 원합니다. | أُرِيد تَأْجِير سَيَّارَة وَاحِدَة. |
| | | [우리-드 타으쥐-르 싸이야-라 와-히다] |

| 62 | 하루에 이 자동차 가격은 얼마입니까? | كَمْ ثَمَن السَّيَّارَة فِي الْيَوْم؟ |
| | | [캄 싸만 싸이야-라 필 야움?] |

| 63 | 나는 이것을 선택하겠습니다. | سَأَخْتَار هَذَا. |
| | | [싸아크타-르 하다] |

| 54 | 렌터카 회사은 어디에 있습니까? | أَيْنَ شَرِكَات إِيجَار السَّيَّارَات؟ |
| | | [아이나 샤리카-트 이자-르 싸이야-라-트?] |

| 65 | 나는 한국 차를 원합니다. | أُرِيد سَيَّارَة كُورِيَّة. |
| | | [우리-드 싸이야-라 쿠-리야] |

66	몇 시까지 이 차를 반납해야 합니까?	حَتَّى أَيِّ سَاعَة يَجِب أَن أُعِيد هَذِهِ السَّيَّارَة؟
		[핫타 아이 싸-아 야지브 안 우이-드 하디힛 싸이야-라?]

67	가득 채워 주세요.	إِمْلَئِه ا تَمَامًا مِن فَضْلِك.
		[이믈라이흐 타마-만 민 파들리크]

68	보증금 가격은 얼마입니까?	كَم سِعر التَّأْمِين؟
		[캄 씨으르 앗타으민?]

69	입장료가 얼마입니까?	كَم رُسُومُ الدُّخُول؟
		[캄 루쑤-뭇 두쿨?]

70	우리 함께 사진 찍을 수 있을까요?	هَل يُمْكِن أَن نَأْخُذ الصُّورَة مَعًا؟
		[할 융킨 안 나으쿠드 앗쑤-라 마안?]

71	저는 약을 원합니다.	أُرِيد دَوَاء.
		[우리-드 다와]

72	여기에서 가장 가까운 약국은 어디입니까?	أَينَ أَقْرَب صَيدَلِيَّة مِن هُنَا؟
		[아이나 아끄랍 싸이달리야 민 후나?]

73	나는 여기에 심한 통증이 있습니다.	عِنْدِي أَلَم شَدِيد هُنَا.
		[인디 알람 샤디-드 후나]

74	나는 이 약을 하루에 몇 번 복용해야 합니까?	كَم مَرَّة أَتَنَاوَل هَذَا الدَّوَاء فِي الْيَوْم؟
		[캄 마르라 아타나왈 하닷 다와 필 야움?]

75	당신들은 다른약 있습니까?	هَل عِنْدَكُم دَوَاء آخَر؟
		[힐 인다쿰 다와 아-카르?]

76	나는 어디가 아픕니까?	مَاذَا عِنْدِي؟
		[마-다 인디?]

77	나는 이 병원으로 가길 원합니다.	أُرِيد أَن أَذهَب إِلَى هَذَا المُستَشفَى. [우리-드 안 아드랍 일라 하달 무쓰타슈파]
78	앰뷸런스 좀 불러 주세요.	أُطلُب سَيَّارَةَ الإِسعَاف مِن فَضلِك. [우뜰룹 싸이야-라탈 이쓰아-프 민 파들리크]
79	오늘 당신 건강은 어떠 합니까?	كَيفَ صِحَّتُك اليَوم؟ [케이파 씻하투크 알야움?]
80	나는 당신께 빨리 회복하길 희망합니다.	أَتَمَنَّى لَك الشِّفَاء العَاجِل. [아타만나 라크 쉬파-아 알아-질라]
81	저는 언어센터에 등록을 원합니다.	أُرِيد التَّسجِيل فِي مَركَز اللُّغَات. [우리-드 앗타쓰질 피 마르카즈 루가-트]
82	나는 아랍어를 공부 하길 원합니다.	أُرِيد أَن أَدرُس اللُّغَةَ العَرَبِيَّة. [우리-드 안 아드루쓰 루가탈 아라비야]
83	나는 질문이 있습니다.	عِندِي سُؤَال. [인디 수알]
84	입학시험은 언제 있습니까?	مَتَى يُوجَد اِمتِحَان الدُّخُول؟ [마타 유-자드 임티한 앗두쿨?]
85	가장 좋은 학원을 소개해 주실 수 있습니까?	هَل يُمكِن أَن تُعَرِّفنِي عَلَى أَفضَل مَعهَد؟ [할 윰킨 안 투아르리파니 알라 아프달 마으하드?]
86	저는 영어와 한국어를 말할 수 있습니다.	يُمكِن أَن أَتَكَلَّم اللُّغَة الإِنجِلِيزِيَّة وَالكُورِيَّة. [윰킨 안 아타칼람 루갈 인질리-지야 왈 쿠-리야]
87	저는 이것을 알고 싶습니다.	أُرِيد أَن أَعرِف هَذَا. [우리-드 안 아으리프 하다]

88	여기에 적어 주실 수 있습니까?	هَلْ يُمْكِن أَنْ تَكْتُب هُنَا؟
		[할 윰킨 안 타크툽 후나?]

89	이것은 맞나요 틀리나요?	هَلْ هَذَا صَحِيح أَوْ خَطَأ؟
		[할 하다 싸히 아우 카따?]

90	잠시만요, 천천히 부탁드립니다.	دَقِيقَة، شُوَي شُوَي مِنْ فَضْلِك.
		[다끼-까, 슈와이 슈와이 민파들리크]

91	나는 좋은 임대 아파트를 찾고 있습니다.	أَبْحَث عَنْ شَقَّة فَاخِرَة لِلإيجَار.
		[아브하쓰 안 샷까 파-키라 리 이-자-르]

92	나는 가구가 구비된 아파트를 원합니다.	أُرِيد شَقَّة مَفْرُوشَة.
		[우리-드 샷까 마푸루-샤]

93	제가 지금 아파트를 볼 수 있을까요?	هَلْ يُمْكِن أَنْ أُشَاهِد هَذِهِ الشَّقَّة الآن؟
		[할 윰킨 안 우샤-히드 하디힛 샷까 알안?]

94	경비 비용은 매달에 얼마 입니까?	كَمْ أُجْرَةُ الْحَارِس فِي كُلِّ شَهْر؟
		[캄 우즈라툴 하-리쓰 피 쿨리 샤흐르?]

95	당신들은 이 집보다 더 큰 것 이 있습니까?	هَلْ عِنْدكُمْ أَكْبَر مِنْ هَذَا الْبَيْت؟
		[할 인다쿰 아크바르 민 하달 바이트?]

96	더 저렴하게 부탁드립니다. 왜냐하면 나는 학생(남/여)이거든요.	أَرْخَص مِنْ فَضْلِك. لِأَنَّنِي طَالِب / طَالِبَة.
		[아르카쓰 민 파들리크. 리안나니 딸립/딸-리바]

97	정말 고맙습니다.	وَاللهِ شُكْرًا.
		[왈라히 슈크란]

98	우리 같이 한식당으로 갈까요?	هَلْ نَذْهَب مَعًا إِلَى الْمَطْعَمِ الْكُورِيّ؟
		[할 나드합 마안 일랄 마뜨아밀 쿠-리?]

| 99 | 이 음식은 할랄입니다. | هَذَا الطَّعَام حَلَال. |
| | | [하닷 따암 할랄] |

| 100 | 맛있게 드세요. | بِالْهَنَاء وَالشَّفَاء. |
| | | [빌하나 와 쉬파] |